新世纪应用型高等教育财经类课程规划教材

互联网金融
Internet Finance

主　编　郑大川
副主编　柯建飞
主　审　董　腾

大连理工大学出版社

图书在版编目(CIP)数据

互联网金融 / 郑大川主编. -- 大连：大连理工大学出版社，2022.2(2023.3重印)
新世纪应用型高等教育财经类课程规划教材
ISBN 978-7-5685-3613-4

Ⅰ．①互… Ⅱ．①郑… Ⅲ．①互联网络－应用－金融－高等学校－教材 Ⅳ．①F830.49

中国版本图书馆 CIP 数据核字(2022)第 023532 号

大连理工大学出版社出版

地址：大连市软件园路 80 号　邮政编码：116023
发行：0411-84708842　邮购：0411-84708943　传真：0411-84701466
E-mail：dutp@dutp.cn　URL：https://www.dutp.cn
大连日升彩色印刷有限公司印刷　大连理工大学出版社发行

幅面尺寸：185mm×260mm　印张：13.75　字数：253 千字
2022 年 2 月第 1 版　　　　　　　　2023 年 3 月第 2 次印刷

责任编辑：齐　欣　　　　　　　　　责任校对：孙兴乐
封面设计：张　莹

ISBN 978-7-5685-3613-4　　　　　　　　定　价：45.00 元

本书如有印装质量问题,请与我社发行部联系更换。

前言 Preface

  进入 21 世纪，互联网大潮在科技推动下席卷而来。信息时代的汹涌大浪改变了我们周围的一切。在强大的互联网技术面前，我们的衣食住行都发生了重要变化。同时改变的，还有拥有着三百多年历史的现代金融。

  1995 年 10 月，在美国诞生了全球第一家网络银行"安全第一网络银行"。开业之初，人们在这家网络银行只能开出电子支票和支付账单，只能上网了解美元的汇率信息。谁也没有想到，其拉开了互联网时代的大幕。经过不到 30 年的发展，互联网对金融的影响已经渗透到各个方面。

  互联网扁平化的特征改变了金融业态的形式。金融机构已经不再也不能拘泥于传统的经营模式。在互联网推动下，金融创新层出不穷，金融产品日益丰富。商业银行的市场垄断地位受到挑战，倒逼着银行提升服务质量和丰富服务种类。基金公司不再和传统金融机构捆绑在一起，互联网为基金公司提供了无限的销售渠道。证券公司更多地专注对公业务，因为互联网证券的个人业务已经如火如荼地发展起来。

  互联网金融已经渗透到我们生活的方方面面，影响着我们未来前进的方向。如今，我们不需要为了办理一笔 20 元的转账去银行排队；不需要为了开立一个股票市场的账户去证券公司的柜台，填上无数的表格；也不需要为暂时缺少几百元现金，而看着心爱的商品被别人买走。互联网金融已经成为生活的一部分。

  然而我们要知道，互联网金融并没有改变金融的本质，它改变的是金融的形态。互联网金融是金融行业和互联网技术及大数据、云计算、移动通信、区块链等现代信息技术的深度结合，是资金融通、支付、结算等传统金融活动在互联网上的延伸，也是现代互联网企业对传统金融行业的渗透，是金融业务通过现代互联网技术实现其利益最大化的手段，也是互联网企业借助金融实现其业务布局的有效途径。互联网是金融活动的新载体。在这一新载体上，金融活动被赋予了互联网的特征，产生了新的变化，两者的结合能够更好地实现金融的本质功能，同时也能促进互联网的全方位发展。

  二十大报告明确指出中国式现代化是全体人民共同富裕的现代化，要求着力坚持把实现人民对美好生活的向往作为现代化建设的出发点和落脚点，着力维护和促进社会公平正义，着力促进全体人民共同富裕，坚决防止两极分化。互联网精神恰好暗合了共同富裕的精神。互联网金融的理论基础为"长尾理论"，这是对传统金融"二八效应"的有力补充。长尾理论要求关注 80% 的大部分群体。这些人群也是实现共同富裕的重点对象。从这一点上说，互联网金融是实现共同富裕的有效途径。在使用这本教材进行授课和自学时，也应当牢牢把握这一点。

认清了这一点，我们就能更好的把握互联网金融的发展，对这一新兴事物的发展进行更好地引导和规范，避免其带来风险和危害。因此，我们有必要对互联网金融进行全面的学习，了解其发展规律，掌握基本知识，防范潜在风险。作为金融及相关专业的学生，更是有必要掌握相关知识，拓宽专业知识面，更好地在未来的职业道路上成长。为此，编者编写了本教材。

本教材的编者多年从事金融专业教学工作，长期跟踪金融发展前沿动态，明确互联网金融发展对人才培养的要求。

本教材结合互联网金融自身特点及我国的发展现状，对互联网金融相关知识进行系统梳理和深度解析。全书分为十章，从互联网金融的不同业态，包括互联网支付、互联网银行、互联网保险、互联网基金、互联网证券、互联网金融平台，分别展开介绍。同时，介绍了区块链这一新技术在金融领域的应用，拓宽了互联网金融的边界。最后，强调了互联网金融的风险和监管。本教材注重实训练习，结合学生熟悉的生活场景，设计了相关的实训练习，提高了学生在学习过程中的体会程度。大量使用新案例是本教材的特点。每章都有"案例导入"和"案例分析"，通过案例展开教学，最大限度地提高专业知识学习的兴趣和直观性。

本教材随文提供视频微课供学生即时扫描二维码进行观看，实现了教材的数字化、信息化、立体化，增强了学生学习的自主性与自由性，将课堂教学与课下学习紧密结合，力图为广大读者提供更为全面并且多样化的教材配套服务。

本教材适用于高等学校金融学、国际贸易、工商管理等相关专业的在校学生，也适用于互联网金融行业的从业人员、政府金融行业的监管部门相关人员。

本教材由闽江学院互联网创新研究中心负责人郑大川任主编；由福建工程学院互联网金融与区块链研究中心负责人柯建飞任副主编；福建工程学院林宗得、蔡火莲，闽江学院厉泽宇、林晴、朝德日古参与了编写。济宁学院董腾审阅了全书并提出了宝贵意见。北京知链科技有限公司提供了教材配套的区块链实训平台及部分案例。具体编写分工为：第一章、第九章由郑大川编写，第二章由林宗得编写，第三章由林晴编写，第四章由蔡火莲编写，第五章由厉泽宇编写，第六章由朝德日古编写，第七章和第八章由柯建飞编写，第十章练习一、练习二由郑大川编写，第十章练习三由柯建飞编写。

在编写本教材的过程中，编者参考、引用和改编了国内外出版物中的相关资料以及网络资源，在此表示深深的谢意！相关著作权人看到本教材后，请与出版社联系，出版社将按照相关法律的规定支付稿酬。

限于水平，书中仍有疏漏和不妥之处，敬请专家和读者批评指正，以使教材日臻完善。

编　者

2023 年 2 月

所有意见和建议请发往：dutpbk@163.com
欢迎访问高教数字化服务平台：https://www.dutp.cn/hep/
联系电话：0411-84708462　84708445

目录

第一章 互联网金融概述 / 1

导入案例 / 1

第一节 互联网金融基本概念 / 2

第二节 互联网金融的金融属性 / 4

第三节 互联网金融与传统金融的区别 / 6

第四节 互联网金融的发展历程 / 7

第五节 互联网金融相关理论 / 9

第六节 互联网金融模式 / 14

第七节 互联网金融和共同富裕 / 15

本章小结 / 16

关键术语 / 16

习　题 / 16

案例分析 / 16

第二章 互联网支付 / 18

导入案例 / 18

第一节 互联网支付概述 / 19

第二节 互联网支付发展历程 / 23

第三节 互联网支付的传导路径与支付清算体系 / 25

第四节 互联网支付发展前景 / 31

第五节 我国互联网支付弯道超车的秘密 / 39

本章小结 / 39

关键术语 / 40

习　题 / 40

案例分析 / 40

第三章　互联网银行 / 42

　　导入案例 / 42
　　第一节　互联网银行概述 / 45
　　第二节　互联网银行的业务 / 50
　　第三节　互联网银行的系统与构成 / 53
　　第四节　互联网银行的经营模式 / 55
　　第五节　互联网银行的营利模式 / 57
　　第六节　互联网银行的行业技术 / 58
　　第七节　互联网银行的风险及监管 / 61
　　第八节　第二个"一百年"我国互联网银行的发展之路 / 63
　　本章小结 / 65
　　关键术语 / 65
　　习　题 / 65
　　案例分析 / 66

第四章　互联网保险 / 67

　　导入案例 / 67
　　第一节　互联网保险的定义与业务范围 / 68
　　第二节　互联网保险的发展历史 / 70
　　第三节　互联网保险的特点及优势 / 75
　　第四节　互联网保险的运营模式 / 77
　　第五节　互联网保险发展趋势 / 82
　　第六节　互联网保险企业文化和社会主义核心价值观 / 86
　　本章小结 / 87
　　关键术语 / 88
　　习　题 / 88
　　案例分析 / 88

第五章　互联网基金 / 90

　　导入案例 / 90
　　第一节　互联网基金的基本概念 / 91
　　第二节　互联网基金的发展历史 / 94

目 录

　　第三节　互联网基金的特点及优势 / 100

　　第四节　互联网基金的运营模式 / 103

　　第五节　互联网基金发展趋势 / 106

　本章小结 / 109

　关键术语 / 110

　习　题 / 110

　案例分析 / 110

第六章　互联网证券 / 112

　导入案例 / 112

　　第一节　互联网证券概述 / 113

　　第二节　互联网证券的运营模式 / 118

　　第三节　互联网证券发展趋势 / 123

　本章小结 / 128

　关键术语 / 128

　习　题 / 128

　案例分析 / 129

第七章　互联网金融平台 / 130

　导入案例 / 130

　　第一节　互联网金融平台的基本概念 / 131

　　第二节　互联网金融平台的分类 / 133

　　第三节　互联网金融平台的运营模式 / 136

　　第四节　互联网金融平台风险管理及监管趋势 / 143

　　第五节　互联网金融平台和社会信用建设 / 148

　本章小结 / 149

　关键术语 / 149

　习　题 / 149

　案例分析 / 150

第八章　区块链及其在金融领域的应用 / 151

　导入案例 / 151

　　第一节　区块链的概念及其分类 / 152

　　第二节　区块链技术的一些基本概念与模拟 / 155

第三节　区块链技术的商业价值及其实践探索 / 161

第四节　区块链在金融中的实践 / 163

第五节　区块链金融的前景与挑战 / 169

第六节　审慎发展区块链金融 / 171

本章小结 / 172

关键术语 / 172

习　题 / 173

案例分析 / 173

第九章　互联网金融风险与监管 / 174

导入案例 / 174

第一节　互联网金融的风险特征 / 177

第二节　互联网金融的风险类型 / 178

第三节　互联网金融监管的必要性与基本框架 / 182

第四节　我国互联网金融监管政策 / 187

本章小结 / 193

关键术语 / 193

习　题 / 193

案例分析 / 194

第十章　互联网金融综合实训练习 / 195

练习一　大学生互联网金融投资理财案例分析 / 195

练习二　家庭互联网金融资产配置案例分析 / 198

练习三　区块链在证券中的应用 / 199

参考文献 / 207

第一章 互联网金融概述

教学目标与要求

1. 掌握互联网金融基本概念
2. 掌握互联网金融的特点
3. 了解互联网金融的金融属性
4. 掌握互联网金融和传统金融的差异
5. 掌握互联网金融的优势
6. 了解互联网金融的发展历程
7. 了解互联网金融模式

导入案例

"五一"假期银联网络交易金额 1.91 万亿元,创历年同期最高

5月6日,中国银联发布2021年"五一"假期银联网络交易数据,"五一"长假5天的交易金额为1.91万亿元,较去年同期增长5.5%,总量为历年"五一"同期最高。云闪付App交易笔数与金额较去年同期分别增长18.5%与46.9%。5月1日至5月5日期间,重点在线旅行社平台的银联移动交易笔数较去年同期笔数同比增长550%,金额同比提升613%。

今年"五一"为5天长假,补偿式出游、消费热情高涨,"吃、购、游"是大多数老百姓假日生活消费的主旋律。中国银联大数据部负责人表示,今年"五一"假期的餐饮、宾馆住宿和百货购物等相关行业的消费金额同比增速靠前。餐饮行业消费金额同比增长超过30%,其中西藏、青海和安徽等地的消费金额同比增速最快,均超过40%;宾馆住宿类消费金额同比增长18.2%,其中西藏、上海和青海等地的消费金额同比增长最快,均在6成以上;百货购物方面的消费金额同比增长19%,其中浙江、四川和湖南等地的消费金额同比增速位居全国前列。"五一"假期前夕,"银联五一缤纷惠 银联携手银行伴你游"惠民活动正式启动,为消费者出行、购物、

娱乐、餐饮等提供诸多优惠。在5月1日至5月3日开唱的中国银联·2021上海草莓音乐节上,一批知名乐队、乐手与乐迷一同开启2021年的音乐生活方式,云闪付App支付满20元就送音乐节现场专享红包。银联手机闪付现场支付满10元立减5元则为现场乐迷提供了餐饮、酒水、礼品支付保障。现场不少观众表示,使用云闪付App、银联手机闪付不仅非常流畅,还能享受到实实在在的优惠,两种支付方式都收获一大批年轻粉丝。在出行方面,五一活动对重点在线旅行社平台的消费带动效果显著。5月1日至5月5日期间,重点在线旅行社平台的银联移动交易笔数较去年同期笔数同比增长550%,金额同比提升613%。

境外方面,"五一"期间,澳门成为游客热门旅行目的地,入境游客创新冠疫情以来高峰。在澳门,银联卡已实现受理全覆盖。境内发行的银联卡在澳门交易量相较4月同期,增长近1倍,基本恢复疫情前交易规模。其中,日用百货、珠宝工艺等购物类场景受到游客欢迎,交易量与2019年疫情前同期相比增长11%。

为助游客受惠,商家获客,银联携澳门大批知名商户推出低至7折专属优惠,有力支持澳门旅游经济复苏。数据显示,推出银联优惠活动的商户,"五一"假期交易量环比四月日均增长72%。

顺应内地游客支付习惯,澳门2万家商户已开始支持银联移动支付服务。今年"五一",越来越多赴澳游客开始享受扫码支付带来的便捷。澳门银联二维码交易笔数相比2019年"五一"假期大幅增长26倍。

(资料来源:中国金融新闻网 记者:李国辉 2021-05-06)

第一节 互联网金融基本概念

一、互联网金融的定义

现有对互联网金融的定义主要集中在两种类型。第一类定义认为互联网金融是对传统金融的颠覆,强调互联网去中心化的特点。谢平将其定义为涵盖因为互联网技术和互联网精神的影响,从传统银行、证券、保险、交易所等金融中介到无中介瓦尔拉斯一般均衡之间的所有金融交易和组织形式。另一类定义则强调传统金融和互联网技术的结合。在2015年国家十部委联合发布的《关于促进互联网金融健康发展的指导意见》中指出,互联网金融是传统金融机构与互联网企业利用互联网技术和信息通信技术实现资金融通、支付、投资和信息中介服务的新型金融业务模式。

　　从第一类定义来看,其强调了互联网金融对传统金融行业的颠覆。他们认为,在消除金融中介的作用之后,互联网金融能够有效消除信息不对称和交易成本,从而实现或逼近瓦尔拉斯一般均衡。其强调互联网去中心化的特点,从另一方面弱化了金融行业的逐利本质属性,忽略了在没有金融中介和金融管理中心的市场下,金融风险加大的可能性大大增加。从第二类定义来看,其强调互联网金融是传统金融在互联网下的延伸和发展,强调互联网金融的金融本质,强调对互联网金融的监管。

　　综上所述,互联网金融是金融行业和互联网技术、大数据、云计算、移动通信、区块链等现代信息技术的深度结合,是资金融通、支付、结算等传统金融活动在互联网上的延伸,也是现代互联网企业对传统金融行业的渗透,是金融业务通过现代互联网技术实现其利益最大化的手段,也是互联网企业借助金融实现其业务布局的有效途径。互联网金融没有改变金融的本质,没有改变融资方式,也没有增加金融的基本功能要素。互联网是金融活动的新载体。在这一新载体上,金融活动被赋予了互联网的特征,产生了新的变化,两者的结合能够更好地实现金融的本质功能,同时也能促进互联网的全方位发展。

二、互联网金融的特点

1. 以信息技术作为支撑

　　互联网金融是建立在信息技术高速发展基础上的。它的发展和科技进步密不可分。现代信息技术是互联网金融发展的前提条件。随着信息技术的发展,互联网生成的大量无序数据能够得以收集,互联网上的交易能够以毫秒级的速度实现;移动通信的高速发展使得互联网能够随时随地提供金融服务;区块链的产生能够解决金融交易中的信任问题,这些都是传统金融行业难以实现的。

2. 以大数据分析作为基础

　　互联网为金融业务提供了便利,由此提供了海量的业务数据。随着数据挖掘、机器学习技术和云计算水平的提高,大数据分析成为开展互联网金融业务活动的基础。在互联网和大数据分析的结合下,互联网金融业务能够更加精准、更加细化,能够为需求者提供个性化的服务,满足顾客的需求。

3. 以低价便捷的金融服务作为手段

互联网金融最吸引客户的特点就是低价和便捷的服务。在互联网时代，特别是移动通信和智能手机已经得到普及的情形下，低廉的上网成本和几乎无处不在的移动上网可能性大大降低了金融服务的门槛。人们不需要再到服务的实体网点排长长的队伍，通过互联网随时就能得到自己想要的金融服务。金融机构也不需要耗费巨资到处开设服务实体场所，大大降低了经营成本。

4. 需要新形式的风险防范

互联网金融面临的风险不仅具有传统金融风险的特征，更具有传染性强、信息不对称强、时效性强、波动性加大四大新特征。互联网的便利性使得享受金融服务降低了成本和门槛，参与者众多，从而导致风险传染更加广泛。互联网的匿名性质使得金融活动参与各方不一定能够掌握真实信息，大多数互联网金融活动又缺少信用度高的中介机构扮演"担保人"的角色，这就加剧了信息不对称。互联网时代突破了时空限制，信息瞬息万变，金融市场的变化更加敏感，信息和操作的时效性大大加强。以上原因导致互联网金融市场更容易受到微小事件的冲击，冲击带来的范围大大扩大，强度大大提升，"蝴蝶效应"更加明显，金融市场价格波动更加剧烈。

第二节　互联网金融的金融属性

从本质上看，互联网金融和传统金融活动并无区别。互联网金融并没有改变其金融内涵。它的基本功能仍然是通过一系列金融活动实现提供资金融通便利、提供价格发现机制、提供资金优化渠道、提供资产交易场所、提供宏观调控的条件、提供风险管理的工具等功能。通过这些功能，互联网金融和传统金融服务一样，能够有效推动国民经济的健康发展。

一、实现社会投资的作用

互联网金融和传统金融行业一样，其最基本的作用是将闲余的社会零散资金集中，从而形成社会投资，其他功能都是这一基本功能的派生。

在保障当前消费后，人们手上的资金盈余需要产生新的价值。当盈余的资金在互联网金融体系中集中起来而形成数额巨大的存量资金后，可以在金融系统中配置给资金需求方，转化为社会发展所需要的资本投入，具体表现为购置或更新生产设备和中间产品、购买生产活动所需的生产要素。

这一功能通常称为金融的聚敛功能。互联网金融因为其便利性，更能够吸引大量的零散资金，从而更好地发挥金融的"蓄水池"作用。

二、提升社会福利的作用

基于大数据的互联网金融能够更加便捷地为消费者提供短期或是中长期的贷款，从而使得消费者提前获得由于消费商品或服务所带来的效用提升，生产者或是销售商也能扩大商品或服务的出售，获得利润。互联网金融带来的消费金融能够在需求和供给两个方面提升社会福利，从而推进社会发展。

互联网金融还能根据大数据的分析，精准而方便地为大众带来个人保险、投资理财、跨境消费等各项服务，大大减少了传统金融服务的高成本，降低了传统金融服务的门槛，使更多的人享受到了现代金融服务的便利，从而也提升了社会福利。

三、转化流动性的作用

互联网金融提供了各种金融产品和金融服务，使资金在"汇聚"的同时实现了流动性的转化。各项中短期资金转化为大额资金进行中长期的投资资本，供投资者顺利完成中长期投资。同时，互联网金融也能通过中长期资产证券化业务将中长期资金转化为短期资产，提高资金的流动性，增强资金利用率。

四、提高资金效率的作用

互联网金融作为金融体系的重要一环，参与资源分配的过程。在金融体系中，资金作为强流动性的要素，在利润最大化的驱动下自动在各个行业和生产环节进行分配。不同成本、不同期限的资金结构在金融体系中得以合理构建，从而使得资金分配更加合理，生产生活更加有序。

五、进行宏观调控的作用

互联网金融的规模日益庞大，已经是金融体系的重要组成部分。对互联网金融进行监管调控，能起到宏观经济调控的作用。对互联网金融进行调控，能直接调整货币投放量，引导资金投资流向，平稳金融市场的产品价格波动。互联网金融市场为宏观经济政策，尤其是货币政策提供了新的场所，并充分发挥了宏观经济调控的作用。

六、反映市场的功能

随着互联网金融市场规模的日益壮大,交易量与日俱增。大量的交易体现了市场态度,最终的交易价格是市场供求状况的客观反映。互联网金融资金在企业和行业间的流动,反映了行业资源分配的情况。互联网金融也是货币流动的重要场所,反映了货币市场供求的变化情况。

互联网金融与传统金融的区别

第三节 互联网金融与传统金融的区别

一、互联网金融和传统金融的差异

互联网金融是时代发展的产物。在技术快速发展的时代,传统金融在某些新的领域表现出了短板和不足。互联网金融只是填补了传统金融在新时代的空白和不足,是对传统金融的补充和延伸,但绝不是对传统金融的取代或颠覆。互联网金融和传统金融的差异主要表现在以下三个方面:

1. 服务对象不同

传统金融越来越趋向于服务重点客户。而互联网金融基于"长尾理论"主要聚焦于传统金融行业不够重视的长尾客户。低成本的运营特点也使得互联网金融有能力为更多的普通民众提供服务,从而具有更好的普惠特性。

2. 服务基础不同

传统金融行业以传统的营销思维作为服务基础,注重客户关系,强调在过程中维护客户关系。互联网金融以客户数据作为服务基础,利用客户各种结构化信息进行业务和风险防控,通过大数据分析的结果提供相应的服务,从而弱化了客户关系。

3. 监管机制不同

传统金融行业已经存在几百年历史,经营模式已经日趋成熟,担保抵押、贷后管理等方式是传统金融进行风险防控的主要方式,监管机制也相对完善。互联网金融是新生事物,发展速度迅猛,业态和模式变化快,监管速度往往跟不上互联网金融发展的速度,监管容易处于滞后状态。同时,互联网金融天生有去中心化的基因,导致其更倾向通过公众投票的方式开展业务活动。监管机构出于对新生事物的保护,在其初生阶段,监管措施相对松散。

二、互联网金融的优势

互联网金融是建立在信息技术基础上的金融服务,具有天然的互联网特征,这就使得互联网金融具有交易成本较低、中间成本较低、交易更加便捷快速、交易透明度高、参与广泛等优势。

1. 交易成本较低

互联网金融通过云计算、大数据、机器学习、人工智能、区块链等技术手段大大减少了传统金融行业中的寻找客户、尽职调查、风险防控等环节的成本支出,还能减少经营所需的物理场所和人员需求,从而降低交易成本。这是互联网金融的重要优势。

2. 中间成本较低

完善的互联网模式下金融交易以数据为驱动,金融资源的供求双方信息披露充分,交易过程透明,定价市场化程度高,信用评级客观,风险防控及时,因此完善的互联网金融平台作为资源匹配的中间媒介能够大大降低传统金融媒介机构的运营成本。

3. 交易更加便捷快速

互联网金融平台在撮合成交和定价方面效率更高,资金的供求双方能够通过信息沟通自由匹配,实现金融脱媒。交易环节的简化使得交易更加便捷快速。

4. 交易透明度高

成熟的互联网金融在一定程度上能够降低信息不对称程度,提高资源匹配的效率。互联网金融简化了诸多交易环节,使得暗箱操作的空间不复存在。完备的供求信息和科学的交易过程大大提高了交易的透明度。

5. 参与广泛

互联网金融能够提供传统金融行业不愿或不能提供的金融服务,大大丰富了金融市场的产品品种。较低的服务门槛有助于帮助小微企业和贫困人群提供金融服务,填补传统金融行业的市场空缺。

第四节 互联网金融的发展历程

美国是最早孕育互联网金融的国家。作为信息革命的发源地,美国的互联

互联网金融

网发展早于其他国家和地区,为互联网金融的产生奠定了基础。1995年10月,在美国诞生了全球第一家网络银行"安全第一网络银行"(Security First Network Bank,SFNB)。二十世纪九十年代中期,美国嘉信理财公司率先开通了在线理财交易系统。至此,互联网金融时代拉开序幕。

迄今为止,我国互联网金融的发展大致可以分为四个阶段:

第一阶段(1996年—2004年)是互联网金融的萌芽阶段。其间,传统商业银行和证券公司开始线上业务的尝试。1996年,中国银行构建了网上银行系统,开启了中国网上银行的先河。1997年华融信托投资公司湛江营业部上线了网上交易平台。至2002年底,我国国有银行和股份制商业银行全部建立了网上银行。2004年,中国移动的"移动证券"和中国联通的"掌上股市"带领投资者进入了初级的移动投资阶段。但是这一阶段的网上金融业务本质上是传统金融业务的搬家过程,并没有体现互联网金融的内涵,无法体现真正意义上的互联网金融。

第二阶段(2005年—2012年)是互联网金融的成长阶段。2004年12月,为扩大电子商城的交易量,阿里巴巴集团创新性地推出了基于信用担保机制的支付解决方案"支付宝"。由于基于信用担保机制的支付和淘宝网的交易相辅相成,所以"支付宝"得到了快速的发展。随后,腾讯公司基于社交网络推出了专业在线支付平台"财付通"。依靠大量的QQ用户,财付通也得以迅速推广。2011年,中国人民银行发放了第一批第三方支付牌照。随着互联网第三方支付的快速发展,网络借贷开始出现,这对传统金融机构,特别是商业银行产生了极大的冲击。这就倒逼传统金融机构深化互联网金融方向的变革。

第三阶段(2013年—2014年)是互联网金融的起飞阶段。其特征是互联网金融在中国呈现了爆发式野蛮增长,各种互联网金融模式层出不穷,也浮现出了大量风险问题。2013年,阿里巴巴和天弘基金联手推出网上理财业务"余额宝"。同年,中国人民银行发放了第二批第三方支付牌照。2014年3月,李克强总理在政府工作报告上首次提到互联网金融。同年7月,以互联网银行为特征的五家民营银行获得批准筹建。2014年,在"支付宝"基础上,阿里巴巴成立了蚂蚁金服,独立运行金融业务。在这期间,互联网保险业务和互联网理财业务也得到了爆发性的增长。

第四阶段(2015年—至今)是互联网金融的规范阶段。2015年7月,中国人民银行联合十部门出台《关于促进互联网金融健康发展的指导意见》。随后短短两年时间,国家各部门出台《互联网金融风险专项整治工作实施方案》《互联网保险风险专项整治工作实施方案》《股权众筹风险专项整治工作实施方案》等二十余项相关文件,对互联网金融的规范发展进行约束和引导。2017年以来,对互联网金融的监管更加严厉。国家互联网金融风险专项整治工作领导小组办公室先后出台《关于规范整顿"现金贷"业务的通知》《关于加大通过互联网开展资产管理业务整治力度及开展验收工作的通知》《关于开展P2P网络借贷机构合规检查工作的通知》等管理办法,对部分互联网金融服务进行了叫停和整顿。2020年和2021年出台的《商业银行互联网贷款管理暂行办法》《网络小额贷款业务管理暂行办法(征求意见稿)》《关于进一步规范商业银行互联网贷款业务的通知》等相关文件表明互联网金融监管工作将会长期持续下去。

第五节　互联网金融相关理论

一、长尾理论

自2004年美国《连线》杂志主编克里斯·安德森在他的著作《长尾理论》中第一次提出以后,长尾理论就成为互联网行业发展的重要指引方针之一。根据克里斯·安德森的阐述,"我们的文化和经济中心正在加速转移,从需求曲线头部的少数大热门(主流产品和市场)转向需求曲线尾部的大量利基产品和市场",我们可以将长尾理论理解为:在经济社会发展的未来进程中,针对传统需求曲线头部的热门产品逐渐丧失主导作用,相反地,需求曲线中处于无穷长的尾端需求会产生巨大作用,将改变企业在市场中的领导地位。从市场结构来看,热门产品在大部分情况下是需求的流行方向,但是市场头部已经存在固有的领导者。大量的个性化和零散的需求形成了市场更重要的部分。长尾效应的本质就是强调满足"个性化和差异性"的需求,通过积少成多,把需求曲线长尾部分的利润进行累积,从而形成大的市场规模。

"长尾"实际上是统计学中幂律和帕累托分布特征的表达。长尾理论曲线如图1-1所示。曲线中凸起部分称为"头部",右边相对平缓的部分称为"尾部"。这里的"尾部"有两个特点:一是细,因为长尾部分是份额很少的市场,是不被传统理论重视的市场;二是长,因为客户众多,累加起来可以形成规模庞大的市场。

长尾理论是传统二八理论的颠覆。二八理论指出20%的头部会产生80%的重要影响,而剩下的80%,即所谓的"长尾",影响微弱,不值得投入大量资源,

互联网金融

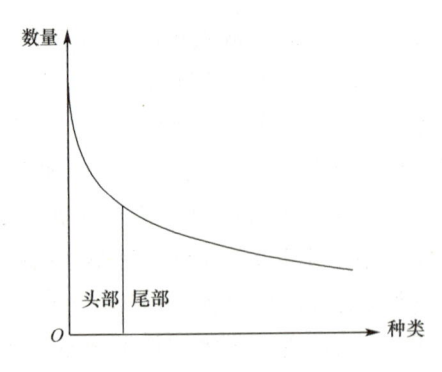

图 1-1 长尾理论曲线

甚至可以放弃。安德森通过大量数据进行了实证研究,证明了关注"长尾"是可以产生和头部相同的利润价值的,甚至要更高。在二八理论长期影响下,市场头部集中了大量的企业,竞争激烈。长尾理论为新兴企业带来了希望,为新兴企业开拓了新的市场领地。因此,长尾理论从诞生的第一天起就和互联网经济形成了天然的契合,成为引领互联网经济发展的重要指引理论。

长尾理论与二八理论比较见表 1-1。

表 1-1　　　　　　　　长尾理论与二八理论比较

比较项目	长尾理论	二八理论
经济假设	丰饶经济	资源稀缺
市场导向	需求方规模经济	供给方规模经济
战略手段	差异化战略	低成本战略(标准化服务)
市场目标	不放弃尾部的利基市场	关注头部市场
客户服务	提供个性化需求	进行消费者教育,提供大众化需求
企业愿景	小市场与大市场相匹配	成为市场领导者

在金融行业,传统金融机构关注重点客户,为其提供全方位的金融服务,而对于大量的普通客户,却未能或不愿给予适当的关注。在长尾理论的指引下,互联网金融正好可以填补这一市场空白,从而带来快速的发展。

二、蓝海战略

蓝海战略是欧洲工商管理学院 W. 钱·金和勒妮·莫博涅基于 30 多个产业所做行动的研究提出的企业发展战略理论。他们将企业面对的市场分为"红海"和"蓝海"。"红海"代表已有的成熟市场,特点是市场饱和度高,利润前景有限,竞争进入白热化阶段;"蓝海"代表未来的新兴市场,充满创新,其间蕴藏着巨大的利润空间和高速成长的机会。红海战略以波特竞争理论为基础,假定产业结构和产业边界已经固化,企业为有限的市场份额开展激烈竞争,却无法实现市场的总体扩张,是典型的"内卷"形态。而以创新理论为基础的蓝海战略,理论基础是价值创新理论,即要求不是单纯依赖提高产品的技术竞争力,而是通过为顾客创造更多价值来争取市场边界的突破。蓝海战略并非着眼于竞争,而是力图使客户和企业的价值都出现飞跃,由此开辟一个全新的、非竞争性的市场空间。

蓝海战略包含的两大核心法则:

(1)规则再造。发掘现有市场边界之外的需求。

(2)价值创新。创造差异化且低成本的有效供给。蓝海战略认为市场边界和产业结构并非一成不变,企业可以通过产业边界的重塑来拓展市场发展空间,在全新的市场上没有竞争者,先进入的企业成为市场的主角,能得到迅速发展。蓝海战略以价值创新理论为基础,在战略上同时追求差异化和低成本,在降低成本的同时为客户提供差异化价值。

蓝海战略共提出六项原则。其中,四项战略制定原则:重建市场边界、注重全局而非数字、超越现有需求、遵循合理的战略顺序;两项战略执行原则:克服关键组织障碍、将战略执行建成战略的一部分。

互联网的发展和信息技术的变革为开辟新蓝海提供了技术基础。在互联网加持下,大量的新兴市场被发掘。互联网金融就是对互联网产业及金融产业边界拓展而开辟的新市场,蕴藏了巨大的需求和商机。互联网金融规避在现有市场上和传统金融机构正面竞争,而是通过差异化发现新市场和客户新需求。同时,互联网金融天然具有低成本的优势。因此,蓝海战略成为互联网金融的重要理论支撑。

长尾理论和蓝海战略都是对传统竞争理论的拓展,两者有相同的任务,存在不少相同的特征,两者一起为互联网金融的发展提供了理论依据。长尾理论与蓝海战略的比较见表 1-2。

表 1-2　　　　　　　　　　长尾理论与蓝海战略比较

比较项目	长尾理论	蓝海战略
理论核心	聚沙成塔	价值创新
理论基础	范围经济理论	企业家创新理论
战略手段	创造市场规模	创造规则,重建市场边界
客户服务	提供个性化市场规模	超越现有需求
企业愿景	扩大长尾,获得规模效应	远离红海,创造蓝海

三、普惠金融理论

普惠金融的基本概念强调共享理念,与金融排斥针锋相对。但是,目前各方的表述并不统一。联合国 2006 年对此做出了初步界定。近年来,更加全面的是中国国务院《推进普惠金融发展规划(2016—2020 年)》和中国人民银行原行长周小川在 2015 年的表述。前者认为"普惠金融是指立足机会平等要求和商业可持续原则,以可负担的成本为有金融服务需求的社会各阶层和群体提供适当、有效的金融服务";后者强调"为每一个人在有需求时都能以合适的价格享受到及时、有尊严、方便、高质量的各类型金融服务"。中国证监会中证金融研究院副研究员星焱 2016 年归纳了普惠金融的"5+1"界定法。"5"即从现有表述中提炼的普惠金融基本概念的五个核心要素:可得性、价格合理性、便利性、安全性、全面性;"1"即面对特定的服务客体。他指出,当金融服务或金融产品至少符合"5"中之一,同时针对了普惠金融的特有服务客体时,就可以将其界定为普惠金融的经济行为范畴。

(一)五个核心要素

1. 可得性

它是普惠金融最基本的度量指标。客观上,它是指金融网点或金融产品在地域和空间上的覆盖密度;主观上,它是指相关金融服务在总人口(或成年人)中的获得比率。

2. 价格合理性

这是针对金融服务或金融产品定价的指标。一要具有一定的消费者剩余,即让消费者感觉价格优惠,或者不存在价格排斥和歧视;二要具有一定的生产者剩余,即让金融机构成本可负担、商业可持续。

3. 便利性

在具有可得性的前提下,衡量获得金融服务的时间成本、空间成本和交易成本。

4. 安全性

在具有可得性的前提下,一是相关金融服务的合法性;二是金融账户和托管资金的安全指数;三是发生纠纷时,对金融消费者正当权益的保护力度。

5. 全面性

在存、取、贷、汇、保险等基本金融服务可得的前提下,进一步强调服务的多样性,包括投融资、理财、担保、支付、结算以及征信、金融教育、权益保护等全方位的个人服务和公共服务体系。

(二)服务客体的界定

为了更好地界定普惠金融,必须明确它的服务客体。只有核心要素和服务客体同时符合要求,该金融服务才能称之为"真正"的普惠金融。在现有的概念表述中,普惠金融服务客体被界定为"社会各阶层""每一个人"。但是,若简单地理解为"每一个人",则所有金融服务都可以理解为普惠金融,势必造成普惠金融概念的宽泛化和无效性。按照联合国《建设普惠金融体系蓝皮书》(2006)和我国政府的《推进普惠金融发展规划(2016—2020年)》,普惠金融服务客体主要是指弱势群体,通常包括低收入者、小微企业、老年人和残障人士等特殊人群。他们财富占有少、个体多,统计上具有长尾分布特征,因此可以称之为"长尾群体"。

2016年1月,国务院发布《推进普惠金融发展规划(2016—2020年)》,首次从国家层面确立普惠金融的实施战略,勾勒出我国普惠金融未来发展的路线图。互联网金融借助互联网等现代技术工具实现金融的互联网化与互联网的金融化的交互发展,突破普惠金融实施载体覆盖的广度、深度和区域范畴,成为落实普惠金融战略的有效手段与渠道。

经过五年的建设和发展,2020年是《推进普惠金融发展规划(2016—2020年)》的收官之年。根据2021年中国人民银行发布的《中国普惠金融指标分析报告(2020年)》,我国已经基本建成了与全面建成小康社会相适应的普惠金融服务体系。《中国普惠金融发展报告(2021)》指出,在普惠金融基础设施以及支付体系日益完善、银行信贷全面覆盖中小微弱的大背景下,未来五年可以在普惠保险、创业投资以及多层次资本市场三个领域发力,构建一个相对完整的普惠金融生态体系。

互联网金融的出现为普惠金融提供了新的工具和手段。

互联网金融可以降低交易成本,弥补普惠金融发展的短板。普惠金融发展的最大障碍在于成本和收益的不匹配,导致中小微企业被排除在主流金融市场之外。互联网平台降低了交易成本和运营成本,提高了资金融通效率,能够通过整合大众、小额的资金需求形成规模优势,这为实现普惠金融的目标提供了技术支持。

互联网金融借助技术与机制优势,拓展了面对的服务群体。互联网信息化传播的特性打破了传统金融受制于营业网点的局限,降低了金融服务的准入门槛。互联网天生服务长尾群体的特性使其具备了明显的普惠特性。

大数据技术的应用,确保了互联网金融发展的可持续性。互联网时代大数据、云计算及深层次数据挖掘技术可以降低信息甄别成本、搜集成本,更加准确地评估企业、个人的信用水平,提高风险管理的效率,降低风险成本,有效提升资源的配置效率,缓解普惠金融风险管控和盈利之间的矛盾。

第六节　互联网金融模式

按照互联网金融发展路径，互联网金融模式可以分为两类：金融互联网化模式和互联网金融化模式。金融互联网化模式即传统金融机构将金融业务从物理场所扩展上线，通过互联网开展相关业务活动，如网上银行、手机银行、金融超市、股票在线交易系统等。近年来，随着电子商务，尤其是跨境电商的迅速发展，金融机构在互联网上还建立了网上商城。传统金融机构已经拥有完备的客户数据，能够顺利地借助大数据分析协助开展互联网金融活动。互联网金融化模式是指互联网企业，包括互联网门户网站、电子商务企业等以线上业务为主营业务的企业进入金融领域，提供金融服务。互联网企业拥有先进的互联网技术和积累的线上客户数据，能够顺利进入金融领域，为客户提供具有互联网特色的金融产品和服务。

按照经营业务特点，互联网金融模式有互联网支付、互联网融资、互联网保险、互联网基金、互联网证券、互联网金融服务平台、数字货币等模式。互联网支付是指用户借助网络发出支付指令，实现货币资金转移的行为。互联网融资包括P2P、众筹和互联网银行等方式，即通过互联网进行资金匹配，从而提高全社会资金要素的充分运用。互联网保险是指保险机构依托互联网和移动通信等技术，通过自营网络平台、第三方网络平台等订立保险合同、提供保险服务的业务。互联网基金是基于互联网进行的基金开发、销售活动。由于基金"汇聚成河"的基本理念特别符合互联网长尾理论所倡导的"积少成多"，因此互联网基金得到了快速的发展，目前已经成为基金销售的重要方式。互联网证券是指金融市场参与者通过互联网进行经济权益的交易，是证券公司利用互联网渠道为市场参与者提供的交易平台。由于降低了交易成本，提高了交易便捷度，互联网证券提高了交易频率，增加了交易信息，使得交易标的物价格更能充分反映市场供求状况的变化。互联网金融服务平台是指利用互联网提供金融服务信息汇聚、搜索、比价及金融产品销售并为金融产品销售提供第三方服务的平台，其表现方式主要为第三方资讯平台、搜索平台以及在线金融超市三类。数字货币是互联网金融的新形式，是价值的数字化表现。它基于节点网络和数字加密算法而产生，其基本特征是去中心化。基于区块链原理的比特币、莱特币、以太币等数字货币交易规模日益庞大，开始对传统金融市场产生影响。

第七节　互联网金融和共同富裕

一、共同富裕的概念和内涵

共同富裕,最早源于我国改革开放总设计师邓小平。邓小平1985年率先提出:让一部分人先富起来,先富带动后富,最终实现共同富裕。1992年南方谈话,邓小平对共同富裕提出更清晰的结构设计:让一部分地区有条件先发展起来,先发展起来的地区带动后发展的地区,最终达到共同富裕。近年来,习近平针对共同富裕目标多次进行了强调和深入阐述。2015年10月29日,习近平在党的十八届五中全会第二次全体会议上的讲话中指出:"我们必须坚持发展为了人民、发展依靠人民、发展成果由人民共享,作出更有效的制度安排,使全体人民朝着共同富裕方向稳步前进,绝不能出现'富者累巨万,而贫者食糟糠'的现象。"2020年10月,习近平关于《中共中央关于制定国民经济和社会发展第十四个五年规划和二〇三五年远景目标的建议》的说明指出:"共同富裕是社会主义的本质要求,是人民群众的共同期盼。我们推动经济社会发展,归根结底是要实现全体人民共同富裕。"2021年8月17日,习近平总书记主持召开中央财经委员会第十次会议,研究扎实促进共同富裕问题。他强调,共同富裕是社会主义的本质要求,是中国式现代化的重要特征,要坚持以人民为中心的发展思想,在高质量发展中促进共同富裕。

二、互联网金融是共同富裕的重要途径

互联网金融天生的特性成为实现共同富裕的重要途径。首先,互联网金融通过更低的交易费用和融资费用,降低了资源配置的成本,也降低了获得资金的门槛,使得更多的中小微企业参与到社会财富的分配过程中。其次,互联网金融以长尾理论为依据,以普惠金融为出发点,提高了全民的金融参与度,特别是为弱势群体和边远地区人群提供了进行金融活动的工具和机会,为实现共同富裕拓宽了边界。再次,互联网金融的发展提高了全民的数字经济素质。未来是信息技术的时代,社会经济的发展离不开信息技术,共同富裕所描绘的生活场景也是信息化的新生活。互联网金融的普及在很大程度上降低了全民的"数字鸿沟"。在互联网金融发展的进程中,大量的老百姓真正提升了网络生活的能力,融入了新时代的发展中。

互联网金融

三、共同富裕是互联网金融的最终目标

经济增长,人民幸福,全民共享发展成果。互联网金融的发展,通过促进技术创新、产业升级和财富增长全力创"富";通过提高普惠性、降低资源成本和培育数字经济素养实现"共"享。互联网金融绝不能扩大财富分配的两极化,共同富裕才是互联网金融的最终目标。

本章小结

互联网金融是金融行业和现代信息技术的深度结合,是传统金融活动在互联网上的延伸,也是现代互联网企业对传统金融行业的渗透。互联网金融没有改变金融的本质,而是赋予了金融行业新的特点。和传统金融行业相比,互联网金融具有交易成本低、中间成本低、交易更加便捷快速、交易透明度高、参与广泛等优势。我国互联网金融已经发展了二十余年,经历了萌芽、成长、起飞阶段,现在正处于行业整体的规范阶段,未来我国互联网金融将结束无序的野蛮发展时期,走上健康规范之路。

关键术语

互联网金融

习 题

1. 简述互联网金融的特点。
2. 简述互联网金融的金融属性。
3. 比较互联网金融的差异和优势。
4. 简述互联网金融的发展历程。

案例分析

2019年12月,字节跳动内部孵化的松鼠证券正式注册成立,这是它布局券商赛道的开端。此后一年多的时间里,字节跳动在证券赛道上屡屡曝出惊人之举。

2020年4月,字节跳动在其此前推出的"海豚股票"App上开放了一系列测试功能,包括互联网券商平台常见的开户功能和交易功能,通过添加客服微信即可申请内测权限。据媒体爆料,彼时海豚股票平台上已有三家券商入驻,分别为

海通证券、国信证券和国盛证券,它们给出的佣金率甚至仅有万分之1.2,一时引得业内议论纷纷。

据媒体报道,字节跳动获得批准的牌照类型包含1、4、5、6以及9类,而另一家互联网跨境券商富途证券所持有的牌照则为1、2、4、5、7、9类。相比之下,字节跳动似乎放弃了更难申请的第2类(期货交易合约)和第7类(提供自动化交易服务)牌照,优先拿下了门槛更低的5类(就期货合约提供意见)牌照。有业内分析人士认为,字节跳动此举意在通过5号牌照的投顾权限,将券商布局提前覆盖到期货板块。

以一系列金融牌照作为立足点,字节跳动已经渗入金融领域的多条赛道。2018年6月,字节跳动通过收购华夏保险获得保险经纪人牌照,随即开始在"今日头条"App上销售保险产品。

2020年7月,有媒体指出字节跳动已经获得一张网络小贷牌照,其牌照主体为深圳市中融小额贷款股份有限公司(以下简称中融小贷)。业内人士认为,字节跳动很有可能是通过该公司的控股股东获得了牌照。值得注意的是,2020年3月,中融小贷曾发生过一轮高管大换血,而新任董事长、总经理以及董事均来自字节跳动,也难怪业内会传出字节跳动通过它拿下支付牌照的说法。

同年8月入手的几张券商牌照略过不提,字节跳动又在9月通过多层股权穿透控制了武汉合众易宝科技有限公司(以下简称合众易宝),借此拿下其手中的支付牌照。这之后,字节跳动又上线了"抖音支付"这一新功能,引起了行业内不小的轰动。

今年1月31日,字节跳动还成立了海南字跳商业保理有限公司,除了主业务外,该企业经营范围还包含了企业征信业务,这被一些分析人士解读为字节跳动进军产业链金融的预兆。

字节跳动布局金融业务的用意非常明显。目前来看,字节跳动仍然极为依赖广告业务带来的营收,2019年字节跳动营收达1 400亿元,其中广告收入就占到了近1 200亿元,占比超过八成。这样单一的营收模式对于字节跳动来说有很大风险,尤其是考虑到目前广告行业竞争加剧的情况,开拓新业务分担广告业务的压力确实很有必要。

此外,字节跳动金融业务的想象力也不止于此。有分析人士认为,若是日后抖音支付客户逐渐增多,就能通过贷款、保险、基金、财富管理等利润率高,同时也易于标准化的业务展开变现。最理想的状态,大概是从字节跳动的身上再长出一个"蚂蚁集团"——但这注定需要长期的投入和持之以恒的用户教育。字节跳动最终能否成功?或许只有时间才能给出答案。

问题: 思考为何字节跳动要频繁调整金融版图?金融业务对互联网企业有何帮助?互联网企业发展金融业务的优势和劣势分别有哪些?

第二章 互联网支付

教学目标与要求

1. 了解互联网支付的特点
2. 了解互联网支付的发展历程
3. 理解互联网支付的运作原理
4. 掌握互联网支付的发展前景

导入案例

国际支付巨头 PayPal 正式完全进入中国市场

美国 eBay 的全资子公司 PayPal 宣布,接手中国第三方支付平台"国付宝",持股比例由 70%增至 100%,成了中国首家全外资的第三方支付机构。不让支付宝、微信支付、京东支付等国内互联网巨头专美于前,PayPal 透过中国全资控股公司美银宝,通过"两步走"的收购方式拿下"国付宝"。

行遍全球 200 多个市场,却在中国碰壁的 PayPal,是在 2018 年 3 月全国"两会"宣告放开外商投资支付机构准入限制后,中国人民银行宣布受理外商投资支付机构的支付业务申请,直到 2019 年 9 月 30 日人行批准"国付宝"股权变更申请,PayPal 通过旗下美银宝信息技术(上海)收购"国付宝"70%的股权,成为"国付宝"实际控制人,拿下支付牌照,才进入中国支付服务市场。

PayPal 也是第一家进入中国境内市场的外资支付机构。一年三个月后,PayPal 再接再厉拿到最后的 30%股权,成了外资第一家第三方支付平台。此次 PayPal 正式完成收购"国付宝"100%股权,接下来就看这个国际支付巨头在中国支付领域能掀起什么样的浪花了。

(资料来源:搜狐网 2021-01-11)

第二章 互联网支付

第一节 互联网支付概述

支付系统是经济体系中经济金融交易的基础,而效率及安全的支付系统是现代化国家不可或缺的条件。过去支付系统大抵仰赖纸张形式的支付方式。伴随着电子技术的突飞猛进,各种电子支付工具不断推陈出新,崭新的电子支付系统正在快速地发展中。这其中尤以互联网支付的发展及影响最受瞩目。本章将深入分析互联网支付的特质。

一、互联网支付的定义

互联网支付,也称网上支付(Online Payment),是指交易双方为某种商品或服务,通过互联网技术,以计算机、手机等移动终端机设备为工具,最后通过移动通信网络完成交易。因此,互联网支付是互联网技术和支付系统的融合。2015年7月18日发布的《关于促进互联网金融健康发展的指导意见》中指出:互联网支付是指通过计算机、手机等设备,依托互联网发起支付指令、转移货币资金的服务。

按照互联网支付具体业务流程不同,互联网支付模式可以分为银行网关支付、支付账户支付、快捷支付三种。银行网关支付需要支付机构和商业银行合作,在支付款项时,支付业务将跳转至合作银行的支付网关,由银行核验付款方和收款方相关信息后,进行扣款支付,完成支付业务。支付账户支付需要支付机构为交易双方各自开立虚拟账户,用以进行交易记录和资金信息记录。这一支付模式需要付款方事先将资金预存或充值进虚拟账户,以便付款业务顺利完成。快捷支付模式是支付机构为便利尚未在商业银行开通网上支付账户的客户进行的支付创新。付款方仅需输入支付账户密码、手机验证码,支付机构即可向合作银行发出扣款指令,进行扣款,完成支付业务。

按照传导路径分类,互联网支付主要有网银支付、移动支付、第三方支付及非法定数字货币支付四种模式。网银支付是由银行提供网络支付渠道,为网银账号客户提供线上支付服务的支付方式。移动支付是支付业务在移动通信网络上的扩展和延伸,它为支付业务提供了更加便捷的渠道。提供移动支付的可以是商业银行,也可以是新兴的第三方支付平台。第三方支付是近年来互联网金融支付方式最重要的创新。第三方支付是付款过程中的媒介,通过这一媒介可

互联网金融

以提高商品和服务交易的安全性,提高交易活动的效率。非法定数字货币支付是随着区块链概念而兴起的新型支付方式,其最重要的特点就是去中心化。去中心化的支付方式具有记录不可更改性,大大提高了支付的保密性和安全性。

二、传统支付流程和互联网支付流程

(一)传统支付流程

传统支付主要有现金支付和票据支付。

(1)现金支付

现金支付是指在商品买卖活动中,当商品所有权转移时,立即交付现金的形式,即"银货两讫"。但现金支付有其缺点:容易受到时间和空间的限制;不利于大宗交易;有安全性顾虑。现金支付流程如图2-1所示。

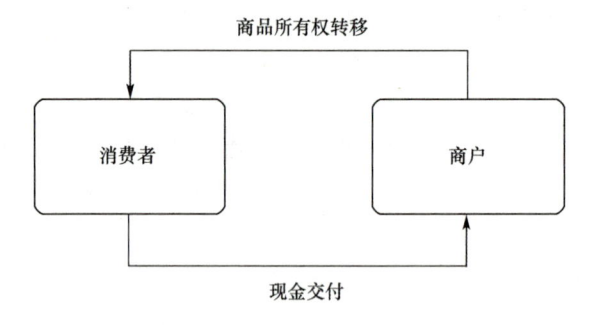

图2-1 现金支付流程

(2)票据支付

根据票据法所规定的票据有汇票、本票、支票三种。票据支付是指付款人或承兑人在票据到期时,依据票面金额对持票人支付现金的支付方式。票据支付可以解决现金支付的缺点,但其本身也存在缺点:票据伪造、遗失;使用票据的条件较严格;有时间上的限制。票据支付流程如图2-2所示。

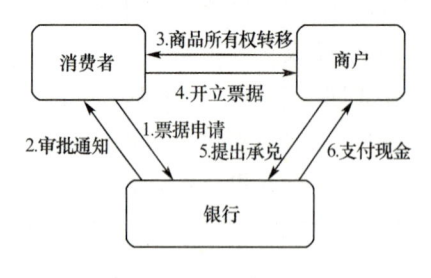

图2-2 票据支付流程

(二)互联网支付流程

互联网支付通过第三方机构提供的支付平台与银行之间的支付接口建立链接,实现即时支付、资金结算等功能。消费者和商户之间可采用信用卡、电子钱包、电子支票和电子现金等多种电子支付方式进行网上支付,达到节省交易成本和提高交易效率的效果。根据支付的参与者,整个互联网支付流程共分为8个步骤,如图2-3所示。

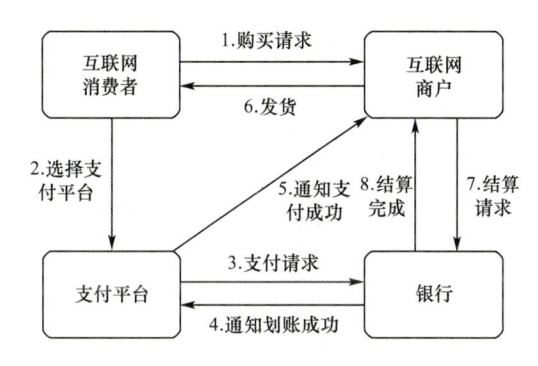

图 2-3 互联网支付流程

(1)消费者选购商品,向商户提出购买请求。

(2)消费者选择支付平台。

(3)支付平台通过银行对商户和消费者信息进行认证,并向银行提出支付请求。

(4)银行对商户和消费者信息进行核实,认证无误后通知支付平台划账成功。

(5)支付平台向商户通知支付成功。

(6)支付流程完成,商户发货给消费者。

(7)消费者确认完成收货,商户向银行提出结算请求。

(8)商户和银行完成对账,银行向商户支付货款,结算完成。

三、互联网支付的特点

互联网支付不仅具有表面上反应简单、迅速、便捷的经济优势,还涉及数字化、移动化,满足了人们随时随地的交易需求,并且符合大数据时代对一切信息数字化的要求,方便记录和查询。与传统支付方式相比,互联网支付具有以下特点:

(1)信息流代替现金流。互联网支付采用先进的技术通过数字的流转来完成信息传输,其各种支付方式都采用数字化的方式进行款项支付;传统的支付方式则是通过现金的流转、票据的转让及银行的汇兑等物理实体的流转来完成款项支付的。

（2）基于互联网开放平台。互联网支付的工作环境基于一个开放的公共通信网络系统平台,因此对网络可靠性的依赖程度较高;而传统支付则在较为封闭的系统中运作。

（3）较高的安全性。互联网支付的全过程都是使用数字化方式进行的,这可以保护交易双方不被非法支付和违约,也可避免被冒名顶替和伪币的产生;而传统支付容易有假钞或伪造票据的情形发生。

（4）互联网支付的技术支持。互联网支付除了对软、硬件设施的要求很高以外,其工具和支付过程具有无形化、电子化的特点,因此互联网支付技术只依靠普通的防伪技术是不够的,必须通过用户密码、软硬件加密和解密技术及防火墙等网络安全技术和设备来保护支付的安全性;而传统支付则没有这么高的技术要求。

（5）快捷高效的支付方式。互联网支付具有方便、快捷、高效、经济的优点。用户可以足不出户在短时间完成整个支付过程;而传统支付必须当面交付金钱。

四、互联网支付系统的功能

（1）认证功能:互联网支付系统使用数字签名和数字证书等手段实现对交易过程中各方的认证。

（2）数据加密和解密功能:互联网支付系统使用安全的加密和解密技术对支付信息进行加密,保证数据传输的保密性与完整性。

（3）保证信息完整性功能:使用数字摘要算法来判断电子信息完整性,以及确认电子支付的真实性。

（4）认定功能:当交易双方出现异议、纠纷时,保证对业务的不可否认性。互联网支付系统必须在交易过程中生成并提供足够充分的证据来迅速辨别纠纷中的是非。

（5）能够处理贸易业务的多边支付问题:互联网业务的支付需涉及消费者、商户和银行等多方,而商户和消费者不能互相读取其订单或支付信息,所以为保证支付的顺利进行,可利用双重签名来确认多方的支付信息。

五、互联网支付产生的金融效应

（1）加快货币流通速度。根据国内多位学者的研究，互联网支付对货币流通速度加快的因素如下：首先，移动支付的低转换成本降低了人们对不付息电子货币的需求，会加快货币流通速度，并影响货币供给与货币控制；其次，大额支付使货币流通呈现一定的增长趋势；最后，第三方互联网支付通过创新的财富管理服务，使得资金在资本市场和实体经济间的循环速度和频率有所提高。

（2）金融机构的中介地位下降。网民数量增多造成使用互联网支付的机会增加，拥有众多受众的互联网金融会逐渐替代具有中介功能的金融机构的部分业务而使其中介地位下降，尤其反映在小额支付结算类业务的部分。但另一方面，金融机构有效利用第三方支付资源与其合作不仅可以促进银行网络业务的发展，同时也有利于帮助银行开发更多中间业务。

（3）重构现代金融信用体系。在货币市场，货币能够正常流通是依赖于信用的。互联网第三方支付的出现帮助了买卖双方，起到了信用中介的作用，降低了交易风险。同时，第三方支付记录了大量的个人用户，乃至企业的交易记录，因此形成了一种新型的信用资源，有效地利用这些信用资源能弥补传统信用体系的不足。

第二节 互联网支付发展历程

从人类发展历史角度来看，每当一项新技术或新产品被发明出来，就会对人类文明的发展起到重要的作用。尽管我们的社会在经济繁荣和萧条之间来回摇摆，但是技术的累积，却几乎是单向的，不管人们是否接受这项技术，它还是会一直积累下去。自从互联网出现，它的技术一直积累与创新，发展出各式各样依托互联网技术的应用。互联网支付发展的核心变化可概括为：起源于银行卡产业发展，伴随C2B支付壮大；由互联网支付到移动支付；由单一支付平台向全面的金融服务生态系统发展。若从新的支付技术或产品的出现作为每一阶段的分界来看，互联网支付的发展历程可分为以下五个阶段。

1. 起步阶段(1993年以前)

在这个阶段现代信用卡的雏形已出现。信用卡发展可追溯至十八世纪中叶。在一百多年前，在信用卡的发源地——美国，莫里斯(Auther Morris)发明了标榜"先享受,后付款"的信用卡。不过,后来因美国经济大恐慌蒙受损失。第二次世界大战期间,美国联邦储备理事会下令战争期间禁止使用信用卡,其因此而受挫。1951年金融家弗兰克·麦克纳马拉创办了第一张塑料付款卡——大来卡。这是现代信用卡的雏形,但这时候网络尚未出现,因此并不具规模。

2. 萌芽阶段(1993—1998年)

第一个透过网络的支付形态出现。1993年,VISA成为第一家使用先进的互联网技术来处理交易的组织。新科技运用降低成本,客户稳定增加,使信用卡业务成为银行一个重要获利来源。VISA及MasterCard两大信用卡的国际市场占有率超过80%。这两大信用卡组织同时跨足国际提款、国际转账及IC卡的系统,持卡人因此享有更便利、更完整的支付服务。但近几年来,更多新兴的互联网支付形态崛起,在激烈的市场之竞争之下,信用卡成长已渐趋迟缓。

3. 成长阶段(1998—2003年)

第一家第三方服务商出现。第一家第三方服务机构由Peter Thiel、Max Levchin及Luke Nosek在1998年创立。他们发现手持式计算机(PDA)的用户持续增加,因此想提供在PDA上传输加密信息的技术,但一开始并没有适合的商业应用。后来他们发现该技术可以用在点对点支付上。当时消费者只能使用现金支付或信用卡交易,但这两种方式都不够便利,无法满足个人对个人的小额支付需求,因此一种可以让商户无须商业账户即可接受信用卡交易的支付方式出现了需求。交易通过中间商的账户处理,并收费较低的新型支付方式——第三方支付系统——便因此应运而生了。Paypal的服务在1999年第四季正式推出。

4. 百家争鸣阶段(2003—2016年)

电子商务及智能手机快速发展,促使互联网支付更加蓬勃发展。网络购物的兴起为第三方支付带来更多的市场空间,带动了第三方支付平台的发展。智能手机的迅速发展使得网上消费转移到移动端消费,再加上智能手机保有量和网民数量的持续增长,促使第三方支付平台业务蓬勃发展。随着第三方支付业务的扩展,全球第三方支付服务机构也逐渐增多,包括Apple Pay、Google Pay,Amazon(AMZN-US)、Facebook(FB-US)等科技巨头以及Stripe、Square(SQ-US)等新的支付新创公司。在我国,2011年5月26日,中国人民银行下发了第一批27家第三方支付牌照。国内最大的第三方支付平台支付宝(中国)网络技术有限公司获得首张《支付业务许可证》。2013年,支付宝推出了"余额宝"产品,开启从移动支付走向普惠理财的先河。2014年,微信推出微信红包功能,推动微信支付进入快速发展通道。2015年12月,中国银联推出了"云闪付"产品。2016年2月,Apple Pay进入中国市场。

5. 互联网支付规范阶段(2016年至今)

随着互联网支付的发展,平台规模越来越大,支付业务规模不断扩大,垄断力量日渐巨大。互联网支付开始出现"二选一"等明显的垄断排他行为。2016年以来,央行开始对互联网支付领域进行了规范和整顿,以建设一个公平竞争的市场环境。2016年7月1日,中国人民银行发布的《非银行支付机构网络支付业务管理办法》开始施行,标志着央行对互联网支付的监管和规范拉开序幕。2019年至今,央行约谈了13家从事互联网金融业务的企业,提出整改,并要求企业支付业务回归本源。

互联网支付的传导路径与支付清算体系

第三节 互联网支付的传导路径与支付清算体系

一、传导路径

从传导路径的视角看互联网支付,主要有网银支付、移动支付、第三方支付及非法定数字货币四类。其中非法定数字货币是指由私人发行或无发行主体的数字货币,有别于中央银行发行具有国家信用的法定数字货币。数字货币一般采用数字加密算法的技术,因此也称为加密货币。有关这部分会在本书第八章详细叙述,本章只介绍前面三种传导路径。

(一)网银支付

1. 网银支付的定义

网上银行是利用Internet和HTML技术,为客户提供综合、统一、安全、实时的全方位银行服务,包括对私、对公的各类银行业务,也可以为用户提供跨国的支付与清算等其他贸易和非贸易的银行业务服务。而网银支付是用户通过向自己所拥有的借记卡、信用卡的发卡行申请开通该行网上银行,从而可以直接使用网络银行进行支付。网银支付是银行、互联网和计算机三位一体的实现。

2. 网银支付的参与主体

(1)消费者。消费者通过互联网搜索技术寻找符合自己需求的商品或服务,并通过交易平台与商户进行信息交流,确认商品,网络下单,签署买卖合同,选择自己所拥有的网络支付工具进行支付。

(2)商户。商户是在网络交易过程中,提供商品或服务的单位。商户依据消费者的需求向网上银行发出交易支付指令,并发起资金结算请求。

(3)网上银行。消费者和商户根据不同的规定进行支付和清算请求,网上银行为消费者和商户提供资金账户,并保证每次请求认证是确实和有效的。

(4)支付网关。支付网关是各个组件通信和数据转换、加密的服务器,同时也是平台联结各相关交易方的安全接口。它的主要功能在于传递各相关交易方的信息数据,所有的交易信息都要通过支付网关进入银行的交易结算系统,从而完成整个交易过程。

3. 网银支付的应用场景

网银支付主要包括网上支付和手机银行支付两种模式:

(1)网上支付有两种模式。第一种模式是用户(消费者)登录商业银行的自营商城,选购商品或服务生成订单,经商户页面跳转至该行的网银页面。用户可以选择在该银行开立的任一账户,通过交易验证后完成支付。另一种模式是用户(消费者)登录外部商户,用户选购商品或服务后,选择付款银行,经商户页面跳转至该银行网关后,输入卡号、身份证号、手机号、CVV2等信息完成身份验证后进行支付。

(2)手机银行支付模式主要是过银行手机 App 支付。银行手机 App 支付是指交易订单生成后,用户使用商业银行手机客户端进行支付,包括扫码支付、外部商户跳转调用商业银行 App 支付和商业银行 App 内场景支付等。

(二)移动支付

1. 移动支付的定义

移动支付也称手机支付,是指用户使用手机或平板计算机(PDA)等移动终端设备接入通信网络或使用近距离通信技术完成信息交换,对其所消费的商品或服务进行支付的一种支付模式。

2. 移动支付的应用场景

移动支付的应用场景主要有二维码扫码支付和 NFC 支付两种。

(1)二维码扫码支付

二维码扫码支付是国内目前最主要的移动支付方式。二维码扫码支付是一种基于账户体系搭起来的新一代无线支付方案。在该支付方案下,商家可把账号、商品价格等交易信息汇编成一个二维码,并印刷在各种报纸、杂志、广告、图书等载体上发布。用户通过手机客户端扫二维码,便可实现与商家在支付宝或微信等账户进行支付结算。最后,商家根据支付交易信息中的用户收货、联系资料,就可以进行商品配送,完成交易。其主要代表产品是支付宝、财付通。二维码扫码支付具有技术成熟、使用简单、支付便捷及成本较低的特点。虽然二维码扫码支付是很好的新型支付方式,但是我们不得不承认它仍有很多不足之处,其中最让人诟病的就是安全性问题。

(2)NFC支付

NFC支付是一种非接触式的支付方式,不需要网络也可实现支付功能。但使用非接触式的智能卡支付不算是移动支付,手机芯片有支付功能的才是移动支付。NFC技术是RFID技术(非接触式射频识别)的延伸,但有别于RFID技术只可读取信息,NFC技术可以进行信息互相交流。近场支付模式下,必须有银行卡,具有NFC的智能手机、NFC近场通信技术和受理终端,主要代表产品是Apple Pay。

3.移动支付的特征

移动支付之所以能够迅速普及,与移动支付自身的优良特征密不可分。移动支付主要有以下三个特征:可移动性、可得性、便利性。

(1)可移动性。可移动性是移动支付的最重要特征。移动支付通过移动网络可以随时随地使用,这极大地扩大了移动支付的使用范围。传统的银行卡支付,需要在有专门支付终端的地方才可以使用,而移动支付只需要一部手机就可以完成,而手机在当今社会基本上普及了,移动支付的快速发展与此密不可分。

(2)可得性。移动支付用户可以实时查看交易账单和账户余额,而且目前部分移动支付也提供了类似信用卡"先消费后还款"的功能,如此一来就激起了消费者对移动支付的兴趣。

(3)便利性。便利性极大地降低了移动支付的时间成本和空间成本。首先,移动支付只需要扫描二维码的瞬间就可以完成支付,所以时间成本极低。其次,手机可以随身携带,进而通过手机完成的移动支付的空间成本也相当小。

(三)第三方支付

1.第三方支付的定义

根据2010年央行颁布的《非金融机构支付服务管理办法》,第三方支付是指非金融机构作为商户与消费者的支付中介,通过网联对接而促成交易双方进行交易的网络支付模式。由此定义可知,第三方支付被界定为非金融机构,并由中国人民银行进行监管。随着网联的接入,第三方支付行业已形成由央行监管,链接用户、第三方支付平台、银行间系统、商户的服务闭环。

2. 第三方支付的运作原理

在第三方支付模式中,消费者在电子商务平台选购商品后,使用第三方平台提供的指定账户进行货款支付,由央行监管并由第三方通知商户货款到账、要求发货;买方收到货物,并检验商品进行确认后,就可以通知第三方付款给商户,第三方再将款项转至商户账户上。第三方支付作为目前主要的网络交易手段和信用中介,最重要的是起到了在网上商家和银行之间建立起连接,实现第三方担保和技术保障的作用。第三方支付的交易流程如下:

(1)消费者在电子商务网站选择商品并下单购买,买卖双方在网上达成交易意向;

(2)消费者选择利用第三方支付机构作为交易中介,消费者选择支付方式后,将货款划到第三方支付机构账户;

(3)第三方支付机构将消费者已经付款的信息通知商户,并要求商户在规定时间内发货;

(4)商家收到消费者已付款通知后按订单发货给消费者;

(5)消费者收到货物并验证后通知第三方支付机构;

(6)第三方支付机构将其账户上的货款划入商家账户中,交易完成。

3. 第三方支付的特征

在通过第三方支付平台的交易中,买方选购商品后,使用第三方支付平台提供的账户进行货款支付,由对方通知商户货款到达、进行发货;买方检验物品后,就可以通知第三方支付平台付款给商户。第三方支付平台的出现,从理论上讲,杜绝了电子交易中的欺诈行为,这也是由它的以下特征决定的:

(1)第三方支付平台的支付手段多样且灵活,用户可以使用网络支付、电话支付、手机短信支付等多种方式进行支付。

(2)第三方支付平台不仅具有资金、信息传递的功能,而且可以对交易双方进行约束和监督。例如,第三方支付平台不仅可以将消费者的钱划入商户账户,而且如果出现交易纠纷,比如商户收到消费者订单后不发货或者消费者收到货物后找理由拒绝付款,第三方支付平台会对交易进行调查核实,并且对违规方进行处理,基本能监督和约束交易双方。

(3)第三方支付平台是一个为网络交易提供保障的独立机构。例如,支付宝就相当于一个独立的金融机构,当消费者购买商品的时候,钱不是直接打到商户的银行账户上而是先打到支付宝的银行账户上,当消费者确认收到货并且没问题时就会通知支付宝把货款划到商户的账户里面,支付宝在交易过程中保障了交易的顺利进行。

二、互联网支付清算体系

1. 国内支付清算体系

网上支付跨行清算系统于 2010 年 8 月正式上线,主要支持网上银行跨行零售业务的处理,业务指令逐笔发送、实时轧差、定时清算。过去,银行网银间的跨行清算需要通过银行行内业务系统来完成,是一种间接模式,而网上支付跨行清算系统的建立改变了这样的间接模式,它实现了与银行网银系统的直接连接,大大提高了互联网在线支付业务的清算效率。网上支付跨行清算系统不仅支持银行网银系统接入,而且允许符合条件的非金融支付服务机构(第三方支付机构)的接入。网上支付跨行清算系统如图 2-4 所示。

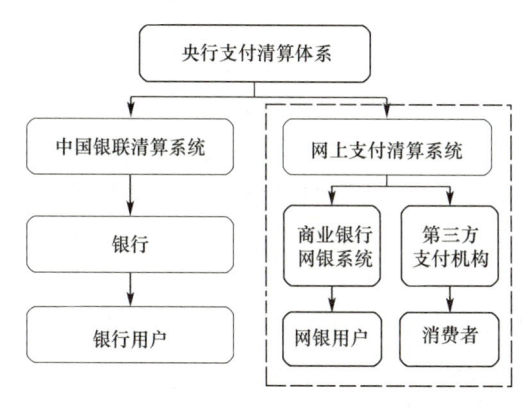

图 2-4 网上支付跨行清算系统(虚线框)

2017 年 8 月,央行支付结算司印发《中国人民银行支付结算司关于将非银行支付机构网络支付业务由直连模式迁移至网联平台处理的通知》。通知表示,自 2018 年 6 月 30 日起,支付机构受理的涉及银行账户的网络支付业务全部通过网联清算平台处理。"网联"的全称是"非银行支付机构网络支付清算平台"。其旨在为支付宝、财付通这类非银行的第三方支付机构搭建一个共有的转接清算平台,受央行监管。目前第三方支付机构一律都要接入网联清算平台,不允许接入银联清算平台。网联清算平台清算流程如图 2-5 所示。

2. 跨境支付清算体系

2015 年 10 月 8 日,为统一行业规范,提高业务处理效率,维护支付清算秩序,由中国人民银行主导建设的人民币跨境支付系统(Cross-border Interbank Payment System,简称"CIPS 系统")正式上线运行,为境内外金融机构人民币跨境和离岸业务提供资金清算、结算服务。

互联网金融

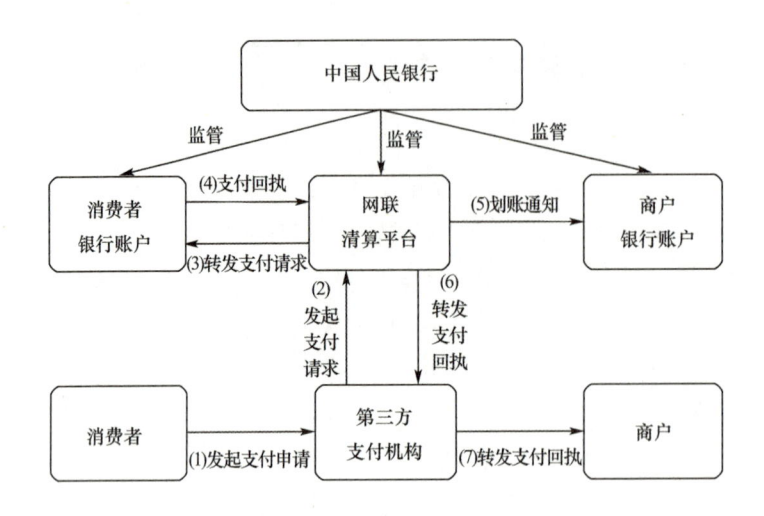

图 2-5 网联清算平台清算流程

跨境电商支付涉及国际贸易、外汇管理等环节，复杂程度较高。跨境电商第三方支付行业发展迅速，支付宝、财付通、富友支付等多家第三方支付机构已经获得跨境电商外汇支付业务试点资格，拥有跨境支付牌照，被允许通过银行为小额电子商务交易双方提供跨境互联网支付所涉及的外汇资金集中收付和相关结汇服务。

互联网跨境支付业务发生的外汇资金流动，涉及资金结售汇与收付汇。从目前支付业务发展情况看，我国第三方跨境支付结算的方式有：

(1) 跨境支付购汇方式。这是指第三方支付企业为境内消费者的境外电子商务交易提供人民币支付、外币结算的服务。其中，一类是以支付宝公司的境外收单业务为典型的代理购汇支付，另一类是以好易联为代表的线下统一购汇支付。两种购汇支付方式主要区别为：在代理购汇类型中，第三方支付企业只是代理购汇的中间人，实际购汇主体仍是客户；统一购汇支付则以支付公司名义，在电子平台后方通过外汇指定银行统一购汇，购汇主体为第三方支付企业。跨境支付购汇流程如图 2-6 所示。

(2) 跨境收入结汇方式。第三方支付企业为境内商户收到跨境外币提供人民币结算支付服务，即第三方支付机构收到境外消费者支付的外币货款后，由第三方支付机构集中统一到银行办理结汇，再付款给国内商户。跨境收入结汇流程如图 2-7 所示。

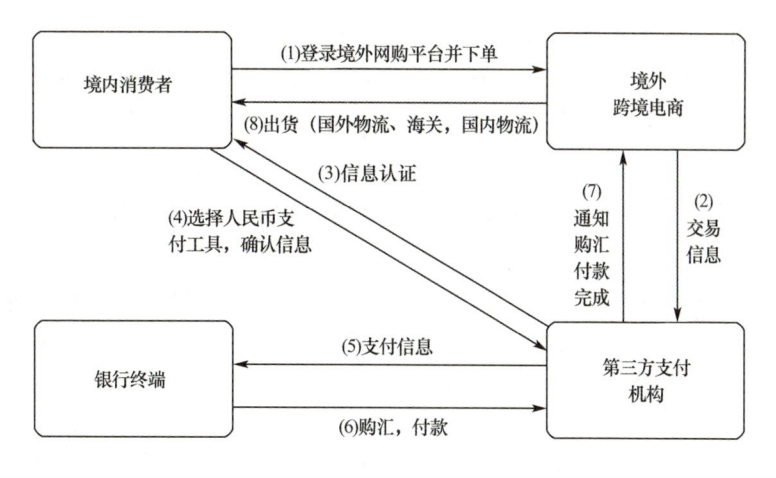

图 2-6　跨境支付购汇流程

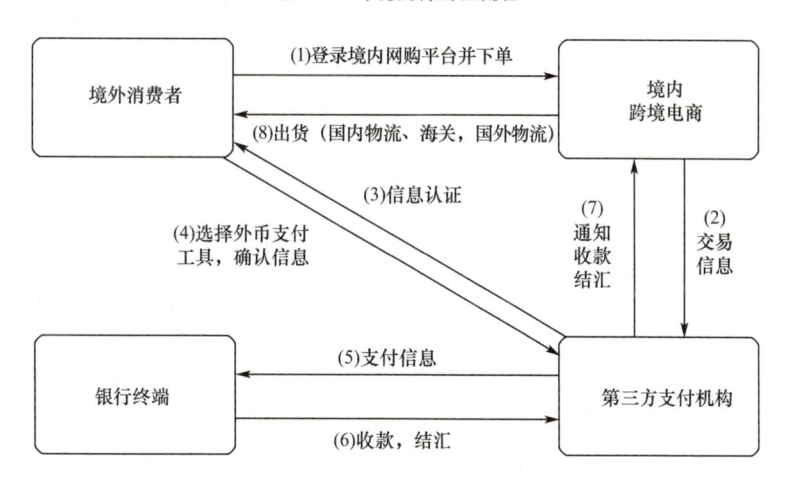

图 2-7　跨境收入结汇流程

第四节　互联网支付发展前景

一、我国互联网支付发展现状

根据第 47 次中国互联网络发展状况统计报告,截至 2020 年 12 月,我国网络支付用户规模达 8.54 亿,较 2020 年 3 月增长 8 636 万,占网民整体的 86.4%,其中透过手机网络支付用户规模达 8.53 亿,较 2020 年 3 月增长 8 744 万,

互联网金融

占手机网民的86.5%。

2020年上半年,我国互联网移动支付交易规模领先全球。互联网支付模式多元发展,支付业务合规化进程加速,整体相关产业的运行态势持续向好,促使我国交易规模连续三年居全球首位。从以下两个方面可看出我国2020年上半年在互联网支付的进展:一是互联网支付应用场景不断多元开展。支付机构通过线上线下一体化支付、全国性服务补贴、商户培训指南等手段助力"小店经济"蓬勃发展。同时,支付机构利用大数据、人工智能等互联网技术,推动"信用县城"和"县城普惠金融"建设,扩展更多"+支付"的应用场景。二是互联网支付交易规模持续扩大。新冠肺炎疫情期间,线下商户向线上转化,互联网支付工具发挥惠民信息载体、电子钱包、信用媒介、收银记账等作用,促进互联网支付普及。以下从交易规模结构和市场竞争格局两方面来分析我国第三方移动支付的现况。

1. 交易规模结构

根据艾瑞市场咨询统计的2018Q2—2020Q4e中国第三方移动支付交易规模结构(图2-8),从个人应用、移动金融和移动消费等第三方移动支付的三大板块构成来看,我国第三方移动支付以个人应用类支付占比最高,这部分主要包括转账、信用卡还款场景等,但是个人应用类移动支付规模的同比增速从2018年以来明显放缓,占移动支付整体的比重从2018Q2的63.3%降到了2020Q3的54.2%。2020年前三季度移动消费板块占比增长迅速,尽管不是传统的促销季,但疫情影响消退伴随的消费反弹使得移动消费板块的占比接近疫情前的同期水平。同时,以理财、贷款场景为主的移动金融板块占比虽有略降,但从趋势看,移动金融类支付已进入长期快速增长车道。这是因为居民财富的持续积累以及对自身财富管理关注程度的不断提升,个人线上消费信贷产品的普惠下沉。移动金融类支付将成长为未来移动支付最重要的长期驱动力。

2. 市场竞争格局

从第三方移动支付市场竞争格局来看,根据艾瑞市场咨询2020Q2中国第三方移动支付交易规模市场份额(图2-9)显示,中国第三方移动支付市场依然保持头部两家大幅领先的情况。第一梯队的支付宝、财付通分别占据了55.6%和38.8%的市场份额。第二梯队的支付企业在各自的细分领域发展:其中,壹钱包利用金融科技能力持续为零售、金融、商旅等行业客户提供数字化升级服务,降本增效,壹钱包App持续开展"520""618"等重磅营销活动,保证用户体验与活跃;联动优势受益于平台化、智能化、链化、国际化战略,推出面向行业的"支

图 2-8 2018Q2—2020Q4e 中国第三方移动支付交易规模结构

数据来源：艾瑞市场咨询：2020Q3 中国第三方支付市场数据发布报告

付＋供应链"金融综合服务，促进交易规模平稳发展；另外，快钱在万达如购物中心、院线、文化旅游等场景快速扩展；苏宁支付致力于 O2O 化发展，为 C 端消费者、B 端商户提供便捷、安全的覆盖线上线下的全场景支付服务。

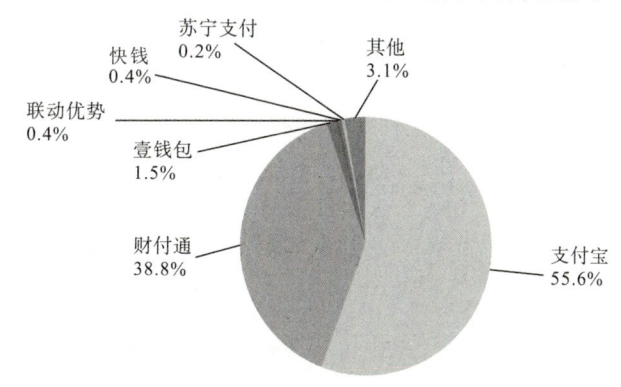

图 2-9 2020Q2 中国第三方移动支付交易规模市场份额

数据来源：艾瑞市场咨询：2020Q2 中国第三方支付市场数据发布报告

二、现阶段互联网支付存在的问题及防范对策

（一）易产生沉淀资金

1. 沉淀资金

与电子商务同步发展的第三方互联网支付通过承担信息中介和资金转换中介的作用，消除了网络购物买卖双方不信任的问题，而大多数第三方支付平台采用二次清算的模式，从而形成用户资金暂存在第三方支付平台的账户。沉淀资

金主要包括两个部分:消费者确认收货前产生时间差的在途资金和充值在用户虚拟账户的资金。在一笔交易中,第三方支付平台代收消费者支付的资金,在完成整个交易过程后第三方支付平台才会划拨至商户账户。在交易的过程中支付平台会产生大量资金沉淀,若该部分沉淀资金没有得到有效管理,很可能出现资金滥用、挪用、风险投资等风险,将会损害用户的权益,尤其是在第三方支付平台出现经营不善甚至破产清算退出市场时,被挪用的沉淀资金用户将无处索偿。近年来随着支付市场规模的快速增长,沉淀资金的数额也随之增加,因此沉淀资金的风险管理和资金利息分配问题更加受到人们的关注。

2.防范对策

2017年1月13日,中国人民银行发布《中国人民银行办公厅关于实施支付机构客户备付金集中存管有关事项的通知》,明确规定非银行支付(第三方支付)机构应将部分客户备付金交存至指定机构专用存款账户,由央行监管,首次交存的平均比例为20%,最终将实现全部客户备付金集中存管。至此,国家对第三方支付机构沉淀资金的监管,正式步入正轨。

(二)技术依赖性高

1.技术依赖

互联网支付的快速发展离不开互联网技术的进步,第三方支付机构进行信息传递和交易指令需要依托互联网技术,在用户获得更便捷的支付体验的同时,更强大、更复杂的硬件设备和软件技术的支持至关重要。因此,互联网技术自身的缺陷和不足日益显现出来,主要反映在:硬件设备故障的风险、网络故障的风险、内部软件程序风险、个人信息安全风险和移动端系统安全存在漏洞等。第三方互联网支付平台的技术水平、支付程序、软硬件设施都是考量互联网支付安全技术风险的重要因素。

2.防范对策

技术风险的防范可从两方面进行。首先,互联网支付机构自身要加强系统安全方面的检查。互联网支付机构依托互联网技术,因此应该加大技术层面的重视程度,针对现有的重点问题(如网络欺诈、安全漏洞等)进行技术升级,对技术科研加强投资,以支持互联网安全技术的改革和创新,更好地提高安全性,防范互联网技术风险的产生。其次,政府对第三方支付牌照审核时,可以考虑将第三方支付机构的技术安全管理体系纳入审核项目。

(三)金融犯罪的重要领域

1. 互联网支付领域的金融犯罪

互联网第三方支付业务在传统的银行转账资金链中增加了第三方支付机构一环。第三方支付机构的介入导致传统的资金链完整性产生断裂,若在缺乏有效监管的情况下,很可能成为为洗钱、非法套现、恶意欺诈等金融犯罪提供便利的途径。首先,不法分子可以在虚拟交易环境下制造虚假交易,以隐蔽的买卖形式将非法资金包装为合法所得。其次,第三方支付还可能成为一个潜在的跨境支付渠道,为境外违法所得的转移提供条件。再次,互联网第三方支付平台,无须通过银行即可实现跨行转账,这一渠道可能被不法分子利用,买卖双方制造虚假交易,买方通过第三方支付系统进行信用卡刷卡消费,卖方收到资金后可提现来实现信用卡套现,存在极大的安全隐患。最后,不法分子利用用户自身的防骗意识较为薄弱进行恶意欺诈。

2. 防范对策

互联网支付机构应确切履行企业的社会责任,加强注册用户的身份核实,并及时更新用户的数据资料。另外,建立一套鉴别可疑用户身份的相关机制。该机制除了易于发现可疑交易外,也可在可疑交易进行时记录交易过程,为洗钱、非法套现、恶意欺诈等违法犯罪活动的调查与起诉提供有利的证据。

(四)跨行业经营带来风险隐患

1. 跨行业经营风险

近年来,互联网支付平台的功能逐渐朝多样化发展,许多其他传统金融业务和线下业务都整合到了互联网支付平台,比如支付宝已经成功加入信用卡还款、购物娱乐、代缴费用、财富管理等业务,向一站式综合化互联网金融平台发展。但这种方式在为用户提供了便利的同时也存在巨大的风险,一旦第三方支付机构出现系统性风险,会迅速传导至互联网金融和传统金融领域,造成连锁效应。另外,由于互联网支付平台和银行之间密不可分的关系,互联网支付系统的问题会影响银行系统进而可能引发整个金融体系的动荡,影响社会经济的稳定运作。

2. 防范对策

目前,对于支付市场的准入、准出机制已经有了一定的监管基础,规定对申请支付牌照的平台进行审慎调查,包含公司信用、资本实力、内控合规制度等方面,管控支付牌照的发放。在坚持有效监管的基础上,第三方支付市场准入机制应该注重第三方支付市场的活力,监管思路应该逐渐从对注册资本、出资人限制等比较死板的准入要求向支付平台的技术能力、综合实力方向转变,根据支付业务模式的不同制定差异化的准入机制并严格贯彻,实现政府和市场的有机结合。此外,由于支付机构涉及大量用户的个人信息和账户信息,其市场退出不单单涉及企业方面,还涉及用户的权益和行业的稳定,因此需要建立完善的退出标准,确保用户的合法权益,维持金融市场稳定。

(五)监管法规相对滞后

1. 监管相对滞后

近年来,我国支付市场发展迅速,银行支付和非银行支付齐头并进,支付方式和产品不断推陈出新,支付服务质量也不断提升。互联网金融业务模式创新层出不穷,参与机构越来越多,金融产品愈加多样化,而我国现有的传统金融监管体系对互联网金融这一新兴业态没有固定的监管机构和专门的法律。互联网支付更是如此。我国立法存在滞后性,现行的法律体系还未出台一部完善的针对互联网支付的法律、法规,对互联网支付业务还没有完整的约束体系,因此许多互联网支付平台会在业务模式和监管合规方面触碰法律边界,使得第三方互联网支付机构的行为无法得到有效全面的约束。

2. 防范对策

因互联网第三方支付具有跨行业经营的特点,其较难适用于权责明晰的立体监管体系。从我国现有的"一行二会"监管模式来看,还存在许多不足之处,针对互联网金融和互联网支付没有特定的监管部门。为解决这一问题,建议以央行为主要监管机构,以银保监会等相关机构为辅,建立相对应的多层次支付监管体系,不同层次的监管单位各司其职、职责分明。同时建议尽快更新出台更适应第三方互联网支付发展新阶段的市场准入标准、业务范围、业务流程、安全技术风险、流动性风险、反洗钱风险等各类风险和客户权益保护的一套系统性的法律。

同时,充分发挥中国支付清算协会的行业自律组织作用,将合规的第三方支付企业全面纳入会员单位,在监管机构和会员中间进行有效的沟通,促进监管政策落实,发挥行业自律的专业性、综合性优势,加强会员之间的交流合作,推进行业信息数据共享,共同维护行业秩序。

(六)容易产生交易纠纷

1. 纠纷处理风险

纠纷处理风险是指互联网第三方支付机构在运营中因某些因素导致交易不能正常完成或造成消费者损失时,由于第三方支付机构未能有效解决而发生的风险。这些风险包括:买卖双方因交易纠纷所产生的风险,不法分子对消费者恶意欺诈引发纠纷处理的风险,第三方支付机构因软、硬件设备故障涉及相应纠纷

2.防范对策

买卖双方发生纠纷时,首先会向第三方支付机构寻求协助。第三方支付机构可自行采取相应的措施完善纠纷的处理,如此能够在买卖双方间建立起一定的公信力,也有利于机构的长远发展。另外,也可由自己行业的协会组成专门的处理纠纷小组,以行业协会担任第三方调停角色,为互联网支付产业建立一个良好有序的交易平台。

三、互联网支付发展前景

互联网用户的支付习惯从 PC 终端向移动终端过渡。虽然我国互联网支付业务整体规模保持持续增长,但处于风口浪尖的移动支付牌照最为稀缺,并且央行明确发过文件,表示不再新发牌照,所以牌照已经成为存量市场之争。

(一)交易规模和用户量迅速上升,市场集中度高

央行公开的数据显示,2020 年,全国银行业金融机构共办理非现金支付业务 3 547.21 亿笔,金额 4 013.01 万亿元,同比分别增长 7.16% 和 6.18%。银行业金融机构共处理网上支付业务 879.31 亿笔,金额 2 174.54 万亿元,同比分别增长 12.46% 和 1.86%;移动支付业务 1 232.20 亿笔,金额 432.16 万亿元,同比分别增长 21.48% 和 24.50%。非银行支付机构处理网络支付业务 8 272.97 亿笔,金额 294.56 万亿元,同比分别增长 14.90% 和 17.88%。从交易份额市场规模来看,当前电子商务前景的广阔、用户数量的不断增长吸引了越来越多的企业加入互联网支付行业。我国目前支付宝和财付通呈双寡头格局,两个市场规模占有量超过 90%,说明目前交易的市场集中度高,有利于互联网支付行业的规范化发展。

(二)越来越多的高科技手段应用到支付领域

互联网支付建立在互联网技术的基础上,随着信息技术的发展,支付领域也不断运用新科技以提高支付的便捷性和安全性。从密码支付、指纹支付到刷脸支付,以及闪付的出现,用户便利性大大提升。互联网技术的不断创新也使支付形式愈加多重化和复杂化。但在高科技手段的运用过程中,也要注意使用方法的普及性,有部分支付手段目前在国内接受度不高,通常是用户不了解使用方法或是已习惯于原来的支付方式所造成的。

(三)互联网支付行业国际化不断加强

国际化主要表现为:一是资本的国际化;二是交易的国际化。随着互联网技

术、人们生活水平、经济状况、政策开放性的一致扩大,人们对海外消费、跨境支付等全球性金融服务的需求也在稳步提升,互联网支付的便捷操作性也为海外交易提供了操作的可实现性。截至2020年3月,约有15家参与跨境外汇支付业务试点的支付机构,获得了《跨境支付许可证》。在中国广泛使用的支付宝、微信支付等支付工具也可以在国际市场开始使用。在国外的购物网站中,已经有部分用户接受支付宝付款,国际旅游过程中也可以享受支付宝、微信支付,不仅覆盖范围广,而且接受多种货币的转换。

(四)向提供集支付、财务管理、资金管理、营销等服务于一体的综合服务商发展

随着备付金集中存管、账户分类管理、客户实名制管理等监管要求的贯彻执行,基于银行账户的快捷支付模式和网关支付模式将可能逐步成为市场主体网络支付业务创新发展的主流。其中,快捷支付将在小额便捷支付领域中发挥重要作用,而支付账户支付将作为快捷支付的有效补充。因此,银行账户在网络支付业务中的主体地位将逐步得到强化。借鉴境外市场主体为客户提供多银行、多账户的多样化支付方式的选择模式,国内市场主体将强化银行账户在网络支付业务中的主体地位。由于具有业务操作流程便捷、客户体验好、方便账户及账务管理等优势特点,未来"客户选购商品服务、跳转网银登录后,可选择多账户支付"的模式或将成为银行网络支付业务模式的主流之一。

此外,在备付金集中存管等监管政策背景下,支付机构需要调整与商业银行的合作模式,将导入(增加)用户和支付业务流量作为与商业银行合作的立足之本。因此,除力推快捷支付服务外,支付机构也需着力发展跳转银行网关支付业务,依托中国人民银行支付清算系统或特许清算机构平台,推动网络支付交易量和网银客户的增加。

(五)更广泛应用多级别安全认证和交易限额管理手段

商业银行将基于自身风险防控要求和保障客户账户资金安全的目的,为客户提供短信验证码、动态口令、USB-Key等多级别安全认证工具,并协议约定或基于客户实际交易场景主动采取相应的互联网支付业务交易限额的管理措施,更好地保障和平衡互联网支付业务的安全性和便捷性。支付机构基于提供小额、快捷、便民小微支付服务的宗旨,遵循网络支付相关监管制度,在满足客户支付便捷性的同时,也将基于交易金额的高低辅以相应的交易验证方式,有效防范支付业务风险。

第五节　我国互联网支付弯道超车的秘密

2020年,我国的互联网支付已经发展到世界领先的水平。从支付机构来看,全国非银行支付机构处理网络支付业务8 272.97亿笔,金额294.56万亿元。银行处理电子支付业务2 352.25亿笔,金额2711.81万亿元。其中,移动支付用户人群约为8亿人,移动支付业务金额432.16万亿元。根据Statista发布的《FinTech Report 2021-Digital Payments》显示,2020年全球最大的互联网支付市场是中国,互联网支付规模达24 965亿美元,占比45.6%;其次为美国,互联网支付市场规模为10 354亿美元,占比18.91%;2020年欧洲市场规模为9 198亿美元,占比16.80%。中国互联网支付的规模甚至超过了美国和欧洲市场的总和。

我国互联网支付之所以能够在短短时间实现弯道超车,是和我国实施网络强国战略,加大互联网基础建设投入,构建高速、移动、安全、泛在的新一代信息基础设施分不开的,是我国社会主义制度优越性的体现。根据国家互联网信息办公室发布的第47次《中国互联网络发展状况统计报告》的数据,截至2020年12月,我国IPv4地址数量为38 923万个,IPv6地址数量为57 634块/32。我国网民使用手机上网的比例达99.7%。100 Mbps及以上接入速率的固定互联网宽带接入户数占固定宽带户总数的89.9%。光纤接入用户规模达4.54亿户,占固定互联网宽带接入用户数的93.9%。三家基础电信企业发展蜂窝物联网终端用户11.36亿户。这些基础建设为互联网支付奠定了坚实的发展基础。在此基础上,网络支付彰显巨大潜力,为国家和人民带来了信息红利。而这些互联网基础建设的成果,是离不开社会主义制度优越性的。正是由于社会主义制度的保障,我国才能在短时间内完成互联网基础设施领域这样巨量的投入,这一优势是其他西方国家所无法获得的。

本章小结

支付系统是经济体系中经济金融交易的基础,包含从传统的现金支付、票据支付到以互联网技术为基础的互联网支付。

互联网支付不仅具有表面上反应简单、迅速、便捷的经济优势,还涉及数字化、移动化,满足了人们随时随地的交易需求,并且符合大数据时代对一切信息数字化的要求,方便记录和查询。与传统的支付相比,互联网支付具有信息流代替现金流、基于互联网的开放平台、较高的安全性、互联网支付技术支持、支付方式快捷高效等特点。

从不同视角去看互联网支付有不同的分类方式,本章从传导路径的视角看互联网支付,主要有网银支付、移动支付、第三方支付及非法定数字货币四类。

互联网支付风险主要有沉淀资金风险、技术风险、金融犯罪风险、跨行业经营风险、法律滞后风险,以及纠纷处理风险等。

关键术语

互联网支付;网银支付;第三方支付;移动支付;二维码扫码支付;NFC 技术;沉淀资金

习 题

1. 试述手机银行和移动支付的区别。
2. 互联网支付有什么特点?
3. 互联网支付的传导路径有哪些?
4. 网银支付的参与主体有哪些?
5. 移动支付的应用场景有哪些?
6. 第三方支付的运作原理是什么?
7. 互联网支付面临的风险有哪些?

案例分析

让移动支付惠及更多老年人

近年来,随着移动互联网迅速普及,移动支付成为许多人日常生活中不可缺少的一部分。数据显示,今年三季度,非银行支付机构处理网络支付业务 2 345 亿笔,金额 78.96 万亿元,同比分别增长 22.65% 和 23.38%。

然而,在移动支付快速发展的过程中,有的群体可能容易被忽略。一项在 7 个省份进行的抽样调查显示,有 17.6% 的受访者表示未使用过电子支付工具,其中有相当一部分是老年人。许多年轻人也许没有意识到,移动支付这道看似不高的"门槛",却将他们的爷爷奶奶、爸爸妈妈拦在了智能化服务的大门外。

　　为什么一些老年人不使用移动支付?说到底,主要原因是"不明白""不方便"。所谓"不明白",是指一些老年人弄不明白移动支付工具、手机银行 App 的运作原理,认为这些工具用起来不安全,担心会上当受骗。"不方便"也是制约一些老年人使用移动支付的重要原因。一些老年人反映,记不清移动支付工具的密码,手机银行 App 的字体比较小、部分功能设计没有充分考虑老年人的需求。此外,还有部分老年人不会使用智能手机或者没有为手机开通移动互联网。正是这些原因,让一些老年人不使用移动支付。

　　以移动支付为代表的金融科技进步,为消费者带来更方便快捷的使用体验。然而,在先进金融科技的应用过程中,要充分考虑不同群体的差异性,让金融科技发展成果惠及更多群体,如老年群体,提升其使用金融服务的获得感。

(资料来源:人民日报　2020 年 12 月 07 日 18 版)

　　问题:阻碍老年人使用移动支付的主要因素有哪些?可以采取哪些措施消除这些阻碍?

第三章 互联网银行

教学目标与要求

1. 了解互联网银行的基本概念与发展阶段
2. 了解互联网银行的经营三大理论
3. 了解互联网银行的业务内容、模式
4. 比较互联网银行与传统银行的不同
5. 认识互联网银行行业盈利模式与组成
6. 了解互联网银行如何进行风险管理

导入案例

互联网银行的十字路口：从 C 端场景金融到 B 端小微金融的探索之路

各行各业都在疫情这一黑天鹅事件后发生变化，银行业不得不加速自身业务的数字化转型，而对于新兴互联网银行来说，疫情也使得这些银行"新兵"提前来到了迭代的十字路口。

一方面，疫情带来长尾客群"坏账率"必然的提升，尤其在过去几年里大肆跑马圈地的 C 端消费金融贷款服务上，挑战更为巨大，即将大规模发布的上市银行年报，很可能印证这一点。

另一方面，疫情带来的银行业数字化转型浪潮，大数据、人工智能（AI）等技术的加持，让金融服务从实体窗口转向虚拟的互联网成为必然，而天然就是以数字技术为命脉的互联网银行，自然会充当这一浪潮中的弄潮儿。

在这些弄潮儿当中，没有互联网巨头背景、身处西部的新网银行，相比行业的两强网商银行、微众银行，也有自己的思考，它所选择的路径是审时度势，面对疫情的挑战，依托自身的牌照和科技优势，积极布局中小微金融服务，试图走出一条不一样的路径，同时也为中国正在进行的普惠金融实践，闯出一片天地。

近日，新网银行副行长兼首席信息官对媒体表示："从 2020 年开始，新网银行进入到一个新的发展阶段，在继续保持 C 端业务持续发展的情况下，积极布局小微金融B端赛道。"从行业的角度和企业的发展而言,2020年都是一个转折点,也是像新网银行这样的新生力量的一个新起点。

新网银行是具备全国展业资质的三家互联网银行之一,在持续4年的发展过程中,刚刚过去的2020年,是新网银行的一次成人礼,通过了疫情的一次大考。

公开资料显示,新网银行由新希望集团、小米、红旗连锁等股东发起设立,2016年6月获得中国银监会筹建批复,成为中国第7家获批筹建的民营银行。自2021年3月下旬开始,上市银行的年报数据陆续披露,而参股互联网银行的股东们的业绩也被披露出来。以新网银行为例,截至2020年年末,资产总额405.61亿元,全年累计实现净利润7.06亿元。在颇受外界关注的风险防控方面,拨备率为3.97%,拨备覆盖率为334.51%,这个数字远高于监管要求最低标准,更体现了新网银行在风控方面的充分准备。

对于这份财报,新网银行高层对媒体表示,作为新兴金融机构,面对疫情的严峻挑战,要通过这个"压力测试",其实并不容易。据了解,面对这个巨大的"压力测试",新网的应对之策是审慎应对和处置因"疫情"冲击带来的行业阶段性信贷资产风险,以此来实现整体经营持续提质增效,同时在运营策略上进行调整。

《中国银行业发展报告(2020)》数据显示,受疫情影响最大的2020年上半年,中国商业银行累计实现净利润1.0万亿元左右,同比下降9.4%。不良贷款余额从2019年年末的2.41万亿元,迅速增加到了2.74万亿元。

虽然利润收益率下降和不良贷款率上升是行业普遍现象,但更多互联网业务下沉较深的民营银行的承压尤其突出,比如借贷人的个人还贷意愿降低,不少金融机构甚至遇到了职业的"赖账"团队,以疫情期间生活困难等个人原因不愿意还贷。不止如此,互联网银行在监管趋严和行业出清背景下,基于业务空间、成本利润和品牌形象等考量,正在持续进行客群定位和业务品类的高频迭代。

显然,疫情的冲击加上监管的"紧箍咒",导致面向C端的在线金融业务,在疫情时期更容易带来综合盈利水平的较大波动。面对疫情对业绩的挑战,从去年下半年,随着国家复工复产相关政策措施的出台,整个行业的形势不仅比2020年年初要好,甚至比往年年份还要更好一些。

同时,新网银行还做了两件事,一是继续加大在科技创新上的投入,二是在运营策略上做了重大布局,坚持BC联动,在继续保持C端业务持续发展的情况下,积极布局小微金融B端赛道。小微金融服务的市场空间有多大,根据腾讯

互联网金融

前不久公布的财报就可见一斑:在面向B端的金融科技业务方面,腾讯也未透露具体合作金融机构数量和收入规模。但金融科技及企业服务业务2020年的收入成本同比增长24%,达人民币918亿元。

显然,这是一个万亿级别的大市场,但是要吃到这个市场的大蛋糕,并不容易,会涉及成本高、收益低、风控难的现实问题,有银行业内人士坦言:小微商户的不良率本来就远高于大企业,这是现实,也是国家一再大力倡导普惠金融服务,并在政策上加大扶持力度的逻辑所在。

而疫情恰恰又成了一个催化剂!面对2020年前所未有的困难与挑战,金融监管部门也要求金融机构结合自身的业务特点,来积极支持受疫情影响的企业,尤其是中小微企业。

"在初创阶段,通过消费金融的业务探索,建立了数字化风控、产品设计、信息科技乃至整个业务架构。"这也为向B端中小微商户布局打下了一个基础。

数据显示,新网银行2020年小微贷款增速超过190%,远高于其他业务增速水平,也大幅超过以往年度小微贷款增速水平。同时,新网银行积极运用再贷款工具,以及普惠小微企业贷款延期支持工具、信用贷款支持计划这两项创新货币政策工具,助力实体经济的国家扶持政策惠达基层。

一个广为媒体传播的案例是:杨女士是四川广元剑阁县的一家小美容店的经营者,她获得了新网银行与工商银行合作推出的"e商助梦贷"11.8万元授信。近半年时间以来,杨玲共借款65笔,结清56笔,笔均借款周期为15天,笔均借款金额只有5 000元。商户均贷款余额为8.3万元,服务客群下沉到街边夫妻店这样的"草根"商户,这正是新网跟工行这一合作产品的特色,也击中了疫情期间不少商户的痛点。

此外,新网银行也积极与非银机构合作,比如与用友、金蝶等平台进行跨界合作,为输血实体经济带来新思路。同时,还作为"金融数字化发展联盟"的成员单位,联合银联数据发布了"实时多头"共享平台,让平台成员实现信息实时互通,以解决多头借贷等行业难题。

不止如此,在技术创新上,以"技术立行"的新网银行,其99.6%的贷款由机器完成审批,平均审批速度20秒;利用人脸识别、生物探针、设备指纹等新手段构建反欺诈系统;依托大数据评估贷款风险,设置不同利率水平让定价更加精准合理。目前,新网银行申请的专利数,在全行业处于领先地位。"新网银行成立

4年来,我们共申请了270项专利,获批了55项。"结合阿里巴巴、腾讯等互联网巨头的实践,对于中小微商户的风控,技术创新是必需的工具,尤其是大数据和人工智能,这也为过去传统金融工具没法解决的风控难题,提供了可能性。

(资料来源:经济观察报2021年3月31日)

第一节 互联网银行概述

一、互联网银行的含义

互联网银行(Internet Bank or E-bank),是指借助现代数字通信、互联网、移动通信及物联网技术,通过云计算、大数据等方式在线实现为客户提供存款、贷款、支付、结算、汇转、电子票证、电子信用、账户管理、货币互换、P2P金融、投资理财、金融信息等全方位无缝、快捷、安全和高效的互联网金融服务机构。

二、互联网银行与类似概念的区分

(一)网络银行

美联储对网络银行的界定是:利用互联网作为其产品、服务和信息的业务渠道向其零售和公司客户提供服务的银行。换而言之,网络银行是借助互联网为信息平台,经营业务的银行。

网络银行通常分为纯网络银行和分支型网络银行两类。

1. 纯网络银行

纯网络银行是"只有一个站点的银行",又被称为虚拟银行(virtual bank)。这类银行一般只有一个具体的办公场所,几乎所有业务都通过互联网进行,没有具体的分支机构、营业柜台、营业人员。世界上第一家纯网络银行,"安全第一网络银行"(SFNB,Security First Network Bank),位于美国亚特兰大,成立于1995年10月18日;与此类似的是直销银行(Direct Bank),如1998年成立的德国恩特瑞姆直销银行(Entrium Direct Bankers)。

2. 分支型网络银行

分支型网络银行,是指原有的传统银行利用互联网作为新的服务手段,建立银行站点,提供在线服务。因此,网上站点相当于它们的一个分支行或营业部,是实体银行采用网络手段扩展业务、增强竞争力的一种方式。

(二) 网上银行

巴塞尔协议银监会定义网上银行为：主要通过电子渠道向客户提供零售服务、电子支付服务以及其他服务的银行。此处网上银行是指那些具有实体机构的银行。

网上银行是实体银行所开展的业务之一，客户想要通过电子渠道自行办理转账汇款、购买理财产品等业务，需在线下银行柜台进行身份登记及开通办理业务，但账户信息变更以及大额交易仍需携带本人身份证至线下柜台办理。相较于互联网银行，网上银行是将传统银行完全搬到互联网上实现银行的业务操作。互联网银行的自主性更强，但需要自负盈亏。

(三) 直销银行

直销银行(Direct Bank)，是指不设线下网点，由银行搭建"纯互联网平台"，在此平台上整合自身存贷汇业务、投资理财产品。经营模式为没有营业网点，不发放实体银行卡，客户主要通过电脑、电子邮件、手机、电话等远程渠道获取银行产品和服务。由于没有网点经营费用和管理费用，直销银行可以为客户提供更有竞争力的存贷款价格及更低的手续费率。降低运营成本，回馈客户是直销银行的核心价值。

互联网银行与直销银行之间的主要区别为经营主体不同，直销银行的经营主体大多为大型银行或是金融控股公司，而我国大部分直销银行都不具有独立法人资格，是以事业部门的形式存在于银行内部的。互联网银行的经营主体大多为互联网企业，具有独立法人资格自负盈亏，自主核算。

三、互联网银行的特点与优势

网上银行业务主要有申办手续简单、内控风险低、业务处理快等特点。

与传统银行业务相比，网上银行业务有许多优势，大致概括为以下几点：

(1) 大大降低银行经营成本，有效提高银行盈利能力。办理网上银行业务，主要依托于公共网络资源，无须设置实体网点与分支机构，减少了人员成本，提高了银行后台系统的工作效率。

(2) 无时空限制，有利于扩大客户群体。网上银行业务打破了传统银行业务的地域、时间限制，具有 3A 特点，即能在任何时候(Anytime)、任何地方(Anywhere)、以任何方式(Anyhow)为客户提供金融服务。这既有利于吸引和保留优质客户，又能主动扩大客户群，开辟新的利润来源。

(3) 服务创新，提供多种类、个性化服务与客户。过去通过银行营业网点销售保险、证券和基金等金融产品,拥有很大的局限性,主要原因是一般的营业网点难以为客户提供详细的、低成本的信息咨询服务。利用互联网和银行支付系统,容易满足客户咨询、购买和交易多种金融产品的需求,客户除办理银行业务外,还可以很方便地进行网上买卖股票债券等。网上银行能够为客户提供更加合适的个性化金融服务。互联网银行与实体银行的区别见表3-1。

表3-1　　　　　　　　　互联网银行与实体银行的区别

	互联网银行	实体银行(民营银行)
机构设置	线下网点设立少,部分互联网银行仅有一个总行经营网点	线下网点众多
获客渠道	线上	线下
业务内容	存款、贷款、汇款等基本业务	包括但不限于存款、贷款、汇款等基本业务
资金来源	以同业负债和股东存款为主	以存款为主
服务对象	个人消费者、中小微企业、"三农"客户	大中型企业和信用背景较好的个人客户
产品	定向化、专业化	多而广
收入盈利	净利息收入、手续费及佣金收入;净利息收入,主要靠规模拉动,息差低,手续费高	主要来自净利息收入,息差高
成长性	发展红利期,体量不断扩大	经济下行,利率波动,发展见顶

四、互联网银行的发展阶段

(一)世界上早期的互联网银行

1989年,米德兰银行(Midland Bank)在英国应运而生,米特兰推出First Direct,开创了电话理财新概念,提供全年365天,每日24小时的电话个人理财服务,是推动互联网银行最重大的发展之一。

1995年10月,全球第一家无任何分支机构的纯网络银行,即美国第一安全网络银行SFNB(Security First Network Bank、美国证券第一网络银行)在网络上开业。开业后的短短几个月,就有近千万人次上网浏览,给金融界带来极大震撼。于是若干银行紧跟其后,在网上开设银行。随即,此风潮逐渐蔓延全世界,网络银行走进了人们的生活。

1998—2010年,受益于互联网技术的普及与商业化,直销渠道由原来的电话、邮件转向互联网开展银行金融服务,用户可以采用电子方式开出支票和支付账单,可以上网了解当前货币汇率和升值信息等。

互联网金融

2010年至今,技术升级,体验优化,手机App等移动互联网渠道开始成为重要的流量入口,产品与服务日益丰富完善,业务重心从满足更广泛的客户需求转变为优化用户体验和提升运营效率。

(二)我国互联网银行的诞生

在2013年颁布《关于金融支持经济结构调整和转型升级的指导意见》后,我国第一家互联网银行诞生。2014年12月12日,原中国银监会正式批准国内互联网巨头腾讯公司旗下民营银行——深圳前海微众银行开业,标志着我国正式进入纯互联网银行时代。

中国民营银行自2014年3月原银监会首批5家试点以来,至2020年4月共获批筹建19家,已全部开业。国内目前已有3家纯互联网银行,分别是腾讯旗下的深圳前海微众银行、背靠蚂蚁金服和阿里巴巴的浙江网商银行、由新希望集团、小米和红旗连锁共同参股的新网银行。2019年中国民营互联网银行概况和中国民营互联网银行经营数据指标见表3-2、表3-3。

表3-2　　　　　　中国民营互联网银行概况,2019

银行名称	成立时间	资产规模(亿元)	主要股东
微众银行	2014.12	2 912	腾讯
网商银行	2015.06	1 396	蚂蚁金服
新网银行	2016.12	442	新希望、小米
苏宁银行	2017.06	639	苏宁云商
众邦银行	2017.04	419	卓尔控股
中关村银行	2017.06	175	用友网络

表3-3　　　中国民营互联网银行经营数据指标,2019　　　单位:亿元

银行名称	总资产	营业收入	净利润	贷款余额	不良贷款率	拨备覆盖率	流动性比率
微众银行	2 912	148.7	39.5	1 630	1.24%	444.31%	
网商银行	1 396	66.28	12.56	700.3	1.30%		54.40%
新网银行	442	26.81	11.33	334.44	0.60%	525.24%	49.63%
苏宁银行	639	16	7.6	305.06	0.88%	282.95%	167.09%
众邦银行	419	8.37	1.56	184.91	0.49%	511.50%	125.64%
中关村银行	175	4.4	0.5	62.7	0		127%

过去二十年里,传统银行业主动拥抱了信息技术革命所带来的变化,正是这种创造性的适应能力,金融电子化进程赋予银行业全新的生命力和想象空间。信息科技应用所带来的变迁大致经历了三个阶段:传统金融时代、自助化金融时代、互联网金融时代。

第一阶段是通过传统的营业网点、自助银行(包括ATM、POS机等)、电话银行、企业银行、家庭银行等方式为客户提供服务,也就是代表"传统经济"的模式升级阶段。

第二阶段是以互联网为平台与传统营业网点相结合为客户提供服务。互联网银行所具有的24×7全天候服务、在线操作、自助服务等功能,具有省钱、省时、省力等优点。

第三阶段是以移动支付、互联网与传统营业网点三者结合为客户提供服务的"水泥+鼠标+拇指"阶段,电子银行发展进入互联网金融时代。

五、互联网银行经营的三大理论

(一)长尾理论

所谓长尾理论,是指只要产品存储和流通的渠道足够大,需求不旺或销量不佳的产品所共同占据的市场份额可以和那些少数热销产品所占据的市场份额相匹敌,甚至更大,即众多小市场汇聚成河,产生与主流相匹敌的市场能量。长尾理论这一概念是由美国《连线》杂志主编克里斯·安德森(Chris Anderson)在2004年10月提出的。他认为:"如果把足够多的非热门产品组合到一起,实际上就可以形成一个堪与热门市场相匹敌的大市场。"

传统银行业的经营主要按照"二八定律"。简单来说就是在金融市场中,80%的市场资源掌握在20%的手中,传统银行专注头部80%的热门市场资源为20%的人服务,银行变成了富人的银行。长尾理论颠覆了传统思维,聚焦于并没有得到重视的80%的客户所掌握的20%的市场资源,进行市场细分提供个性化服务,不放弃尾部20%的市场。互联网银行凭借技术支持使得经营成本微乎其微,利用长尾理论使互联网金融的规模效应充分体现。

"长尾"实际上是统计学中幂律(Power Laws)和帕累托分布(Pareto)特征的口语化表达。正态曲线中的突起部分叫"头";右边相对平缓的部分叫"尾"。

(二)金融脱媒

金融脱媒是指随着直接融资(依托股票、债券、投资基金等金融工具的融资)的发展,资金的供给通过一些新的机构或新的手段绕开商业银行这个媒介体系,

互联网金融

输送到需求单位,也称为资金的体外循环,实际上就是资金融通的去中介化,包括存款的去中介化和贷款的去中介化。

传统银行业就是借助依靠存贷差赚取利润的媒介体系。"去中介化"使得银行业市场更加激烈,加速了传统银行业的革新与优化。目前我国银行业面临的金融脱媒,借方的非中介化程度尚比较低,更多的是体现在贷方的非中介化,即资产方面的脱媒。企业可以通过发行股票、企业债、短期融资券等方式进行直接融资,特别是短期融资券,成本远低于银行贷款,因此,对银行贷款形成了直接替代。这种单向脱媒,从另一个方面也体现在银行存贷差的不断增加。

(三)银行再造理论

所谓银行再造,是银行依托信息技术和外部资源,以银行流程系统本质性变革为核心使命的整体经营转型,目的在于显著降低银行成本,提升银行活动价值。它强调对银行长期以来奉为圭臬的业务流程、组织结构、经营理念等在新环境中进行大反思和大调整,究其实质是一种银行经营战略的再调整。

第二节　互联网银行的业务

一、互联网银行提供的业务内容

以消费者角度,出发互联网银行的业务主体有个人客户和企业客户。互联网银行业务主体如图 3-1 所示。

```
                    ┌─ 个人客户 ── 信息服务、交流服务以及交易服务
    消费者视角 ──────┤
                    └─ 企业客户 ── 账户管理业务、投资银行业务、线上供
                                   应链金融以及流动性管理产品
```

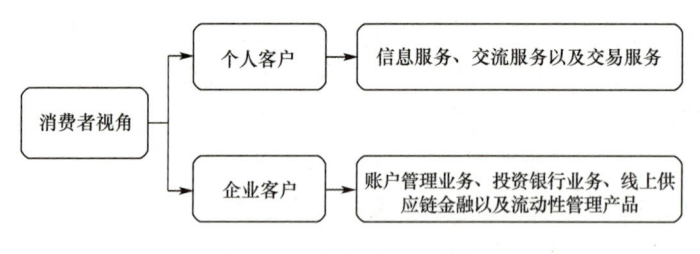

图 3-1　互联网银行业务主体

(一)个人客户业务

针对个人客户提供的业务主要为信息服务、交流服务以及交易服务。

1.信息服务

主要是指宣传册,即银行能够给客户提供的产品、服务及相关金融信息的发布,包括存贷款利率、外汇牌价查询、咨询投资理财等。这是银行通过互联网提供的最基本的服务。

2.交流服务

交流服务包括电子邮件、账户查询、贷款申请、档案资料定期更新。

3.交易服务

交易服务包括转账、汇款、代缴费用、按揭贷款、证券和外汇买卖等。

(二)企业客户业务

针对企业客户提供的业务主要为账户管理业务、投资银行业务、线上供应链金融以及流动性管理产品。

1.账户管理业务

实时了解企业财务运作情况,及时组织内部调配资金,轻松处理大批量的网上支付和工资发放业务。

2.投资银行业务

投资银行业务包括资产证券化、结构化融资、债券承销、顾问服务、投资理财等业务。

3.线上供应链金融

为供应链上的中小企业提供免费电商平台、在线支付、在线征信与鉴证、在线融资、账户管理、反向保理等一站式服务。

4.流动性管理产品

以票据、应收账款等资产为依托,利用互联网手段将复杂、分散的不同类型业务,整合成针对不同场景的在线金融产品体系。

二、互联网银行的业务模式

互联网银行业务主要可分为:传统银行的互联网银行的业务模式、银行自建交易平台业务模式、银行引入第三方平台模式、纯互联网银行模式四种类型,如图 3-2 所示。

传统银行的互联网银行的业务模式为没有线下实体物理网点的互联网银行,以"线上"+"线下"结合的模式进行业务设计、推广以及售后,具体如图 3-3 所示。

(1)银行自建交易平台业务模式是指大多数商业银行将传统银行服务借助

互联网金融

```
                    ┌─ 传统银行的互联网     传统银行在互联网上的延伸，绝大数
                    │  银行的业务模式       商业银行采取互联网银行发展模式
                    │
                    ├─ 银行自建交易         银行自建互联网交易平台、包括互
  互联网银行         │  平台业务模式         联网投融资平台电子商务平台等
  的业务模式 ──────┤
                    ├─ 银行引入第三方       银行引入第三方平台，与互联网企
                    │  平台模式             业合作打造中小企业在线融资平台
                    │
                    └─ 纯互联网银行模式     没有线下实体的物理网点的互联
                                           网银行如微众银行、网商银行
```

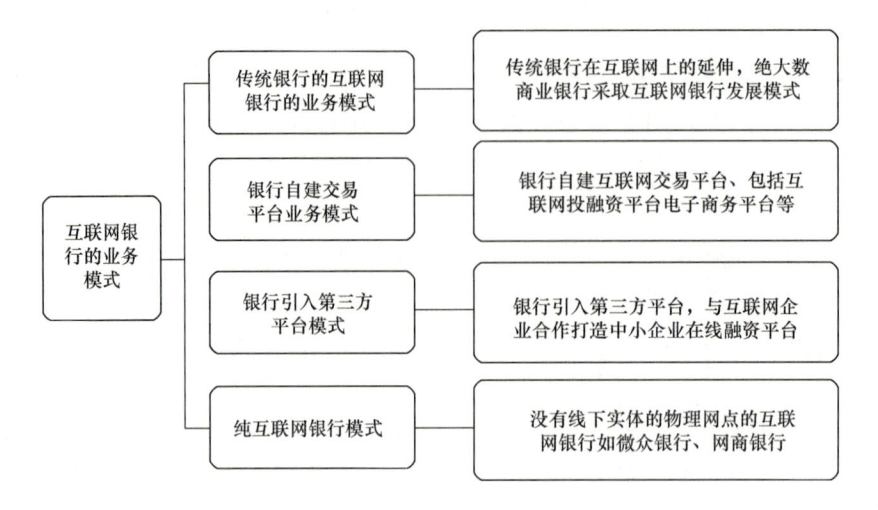

图 3-2　互联网银行业务模式示意图

```
        ┌─────────────────┬─────────────────┬─────────────────┐
  线上  │了解客户需求，对产品和│通过电子渠道进行内容推送，│运用自有数据库与征信筛选│
        │业务客户期望进行调研 │建立可供客户查询购买的App│用户，借助云计算精准营销│
        └─────────────────┴─────────────────┴─────────────────┘

        ┌─────────────────┬─────────────────┬─────────────────┐
  线下  │针对客户需求特点，设计│现场网点体验后，销售的产品│以短信、面谈的方式提供业务续│
        │具有针对性的产品和业务│设计成线上宣传页推送给客户│期、到期提醒、产品介绍等服务│
        └─────────────────┴─────────────────┴─────────────────┘
```

图 3-3　传统银行的互联网银行的业务模式

互联网进行延伸发展，以自建平台自主开发相关产品服务实现轻资产、平台化。将各类银行业务上线至平台供客户办理还能实现消费金融领域的移动支付，包括银行电商平台、信用卡商城等。

（2）银行引入第三方平台模式是指引入互联网投资融资平台、电子商务平台等银行自建互联网交易平台，借助线上平台宣传，进行自身品牌的推广；利用商家聚集，拓展金融服务；通过和客户在支付结算的信息对接，线上掌握客户信息，实现实时授信。

（3）纯互联网银行模式是指与互联网企业等第三方平台合作创立的在线银行。纯互联网银行一般只有一个办公地址，没有分支机构，不设营业网点，不做现金业务，采取"轻资产、交易型、平台化"的运营思路，以阿里巴巴的网商银行、腾讯的微众银行、小米的新网银行等互联网民营银行为代表。

三、基于互联网银行的业务管理

互联网银行的业务管理包括负债业务管理、资产业务管理、中间业务管理三个部分。我们主要讲一下前两个部分。

负债业务是银行吸收资金来源的业务，主要是吸纳客户存款，包括存款业务（定期存款、活期存款）、借款业务（央行、同业和大企业）、同业业务等。负债业务管理是资金端的互联网化，目标是提供更为便捷高效的投资交易服务。

资产业务是银行运用资金的业务，主要是满足客户贷款需求，包括贷款业务（个人、政府、同业和企业）、证券投资业务（长期证券、短期证券）、现金资产业务（央行、同行、本行）等。资产业务管理是资产端的产业机会，充分利用互联网数据挖掘分析优势，对资产客户进行不同细分，设立不同层次的线上信贷品种；发展消费金融业务，以低资金成本、无抵押信用和简单快速为核心优势，支持"先消费，后付款"；小微企业贷款业务、城市基础设施建设（PPP）的信贷投向、同业资金往来等将扩大贷款覆盖广度和深度，带来新的增量市场；信贷资产证券化将盘活信贷存量市场，带动交易撮合平台的大发展。

第三节 互联网银行的系统与构成

一直以来，传统银行一直沿用的是"IOE"系统。所谓IOE，是指IBM（国际商用机器）、Oracle（甲骨文）和EMC（易安信），三者分别是小型机、数据库和高端存储的领导厂商，它们组成的系统被视为大型金融机构后台的"黄金架构"。不过，"IOE"系统一方面有着高昂的成本，另一方面其应用程序以外的所有基础软件通常并不公开，其安全性存在隐患。

一、互联网银行的系统构成

1. 服务系统

在信息方面，客户可以取得金融市场、金融产品及个人财富管理的相关资料；在金融服务方面，客户可以使用金融服务、购置金融产品及接收来自网上银行积极的咨询规划以及信息通知。

2. 安全控管系统

互联网银行的服务系统必须伴随着相应的安控系统，方能确保其安全性与隐秘性。互联网银行的安全控管系统因应交易的需求,须达到的目的有四个:(1)客户个人资料及交易信息的隐秘性;(2)交易信息的完整性与来源辨识能力;(3)交易信息传送及接收的无法否认;(4)交易信息不可重复性。

二、互联网银行基本构成和技术的议题

国际网络银行的运作欲达到放之四海而皆准的操作接口,必须要依循一套线上金融服务标准,而此标准旨在统一金融机构、企业以及消费者三者之间的国际网络财务数据交换。

自从1996年业界开始以XML-based规格研发各类产业信息流标准以来,时至今日,在国际网络银行系统的操作实务上亦有数套金融服务标准在互相竞争。

其一是OFX系统,由Microsoft与Checkfree、Intuit等公司共同研发;

其二是GOLD系统,由IBM与十余家国际大型银行共同推出;

其三是IFX系统,由Citicorp、BOA、Credit Online等数家公司研发。

FEDI(金融电子数据交换)是指企业或消费者利用计算机作业,以特定的标准格式,亦即联合国UN/EDIFACT系统格式,经由通信网络与银行联机,进行企业或消费者个人的付款、资金调拨及转账等金融服务。FEDI主要利用公钥建设(Public Key Infrastructure,PKI)建立的电子签章机制以及对应的安控设备保护个人资料与交易过程,实现严密而安全性高的网上交易。

FEDI与网上银行的不同点在于:

(1)安全控管机制不同。FEDI采用硬件安控的方式,以制发在IC卡芯片中的电子签章与卡片阅读机配套来辨识其使用者。而网上银行则是采用软件安控的方式,以网上代号、密码、电子钱包等辨识其使用者。

(2)系统性质不同。FEDI是一种封闭性网络,系统内外不能互相转换联通,安全性较高。而网上银行所利用的浏览器属于一种开放性网络,较容易联通其他系统,不确定因素较多。

(3)作业流程及速度不同。FEDI属于整批交易传送文件的作业流程,须经过一段作业时间,方能取得整批交易的处理结果。而网上银行恰好相反,属于单笔交易的作业流程,使用者可以实时取得单笔交易的处理结果,但必须完成前笔交易后方能进行后笔交易,无法一次传送整批交易资料供系统处理。

(4)市场有所区别。FEDI主要针对企业及政府交易使用。其封闭性网络

的系统性质对于大额交易的进行风险较小。因其作业流程属整批交易的传送，对于常需处理大宗频繁交易的使用者效率较高，并且 FEDI 的操作系统可以和既有的财务会计处理系统互相配合衔接，对于企业和政府机构使用者而言，更能提升其作业流程的一贯性。

第四节　互联网银行的经营模式

本节以微众银行为例，阐述互联网银行的经营模式。微众银行作为国内第一家民营互联网银行，从股权结构来看，其注册资本为 42 亿元，持股 30% 的大股东为腾讯公司。微众银行以"平台中介"为发展目标，主打个人存贷业务，以"桥梁"的形式将互联网平台、中小金融机构以及海量用户联结起来，输出客户资源与金融科技功能。

一、网络运营模式

微众银行最初引起大众的关注是通过其纯粹的网络运营模式，无须设立实体网点即可进行储蓄和授信，并利用自身业务"个存小贷"的特色活跃于个人和小微企业之中。

微众银行的储蓄和授信业务有以下三个特点：

(1) 连接海量用户与金融机构的科技平台。依托腾讯的海量用户，微众银行连接个人客户群与银行，打造成一个聚集了金融机构资源的平台。

(2) 资产端差异化竞争。区别于传统银行的高净值客户，微众银行服务长尾人群，产品功能聚焦，专用于满足客户小、微、短期的借贷需求，通过 AI 大数据分析评估额度与风险。

(3) 全天候在线的便捷金融服务。无须线下开户、无须纸质资料、无须抵质押，额度审批立等可取(5 秒)、资金分钟到账。

二、注重渠道流量

依托于腾讯的多元化服务，微众银行涵盖社交、娱乐、资讯、工具等多个领域。截至 2020 年年底，微信及 WeChat 的合并月活账户数为 12.25 亿，同比增长 5.2%，环比增长 1%。在用户基数已经十分庞大的情况下，微信依然保持增长。2020 年，每天有超过 1.2 亿用户在朋友圈发表内容，3.6 亿用户阅读公众号文章,4亿用户使用小程序。此外,小程序及微信支付帮助中小企业及品牌加强与用户之间的联系。2020年,通过小程序产生的交易额同比增长超过一倍。娱乐则涵盖游戏、音乐、视频等各个板块。目前,腾讯已成为国内最大的网络游戏社区。2020年第四季度,腾讯的网络游戏收入同比增长29%,达391亿元,占总营收比重为29%。其中,海外游戏收入同比增长43%,达98亿元;腾讯视频付费用户超过6 200万。资讯包括腾讯网、腾讯微博等;工具包括QQ浏览器、腾讯管家、地图与邮箱等。

微众银行目前主要基于腾讯社交网络中超过10亿的个人用户与庞大的交易数据,瞄准普惠金融,主打个存小贷业务,如微众银行面向微信用户和手机QQ用户推出的纯线上小额信用循环消费贷款产品微粒贷,于2015年5月在手机QQ上线,当年9月在微信上线,利用这两大社交软件的巨大流量拓展客户。未来,腾讯旗下每一个平台的流量,都可以成为微众银行的渠道商。

三、金融科技加持

微众银行通过构建ABCD(人工智能AI、区块链Blockchain、云计算Cloud Computing、大数据Big Data)的金融科技能力,赋能于客户、小微企业、合作互联网平台与其他金融机构。

在人工智能技术方面,微众银行引入人脸识别、活体检测等技术手段,在线认证客户身份,做到贷前风险的初步识别控制。在云计算技术方面,微众银行搭建了具备自主知识产权的云管理平台,基于云计算的系统架构,降低技术成本。目前,微众银行单个账户的技术成本仅为小型银行的5%。另一方面,微众银行得以灵活利用金融资源,保持弹性的扩容策略。在大数据技术方面,微众银行利用大数据精准营销,建立数字化渠道,拓展业务场景,同时建立用户画像,还原客户真实的资产负债情况,贷中基于大数据建立风控平台。

四、深入挖掘长尾市场

微众银行最开始的商业模式定位就是通过腾讯旗下平台积累的客户资源与交易数据,成为个人用户与互联网合作平台、中小金融机构的"桥梁"。第一,银行连接了个人用户与金融机构,除了通过自有资金发放贷款,微众银行与其他金融机构合作,向客户联合发放贷款。微众银行主要作为资产导流方,就底层资产利息分成。第二，微众银行凭借自身强大的金融科技能力，向国内中小型金融机构输出技术支持，如理财超市、远程身份认证、移动支付、机器人客服等，获取中间服务收入。

第五节 互联网银行的营利模式

  基于营业收入方面，传统银行和互联网银行的营业收入主要分为净利息收入和手续费及佣金净收入两部分。其中，实体民营银行的商业模式为"一行一店"经营，吸收存款能力较弱，其核心收入来源为贷款业务的利息差，以及理财产品代销产生的手续费与佣金等。而互联网银行聚焦于支付、信贷和理财等小额且高频业务领域，除了赚净利息收入，手续费和佣金收入也占了不小的比例。2018年部分民营互联网银行营业收入如图3-4所示。我们分别从这两块业务来分析互联网银行营收快速增长的原因。

  在净利润方面，互联网银行的净利润普遍高于实体民营银行。有以下几个方面的原因：

  首先，互联网银行可以以高利率撬动传统银行服务不到的客群。微众银行70%的借款客户为大专以下学历，71%的用户为制造业、蓝领服务业等善用互联网的长尾客群。而这些群体绝大多数是央行征信覆盖不到的、传统银行服务不到的年轻人和草根阶层，金融需求一直存在且没有被很好地满足。

  其次，互联网银行以生态链圈黏传统银行服务不好的客群。以微众银行为例，它明确"连接者"的定位，即连接个人消费者、小微企业和金融机构。一方连接互联网平台，将信贷产品嵌入消费场景，如微车贷。同时，微粒贷也依托自身产品微信和QQ深厚的平台基础，通过大数据筛选优先导入优质客户。另一方连接银行，获取资金和线下渠道，将客户延展至社交网络以外。

  再次，互联网银行以大数据透视传统银行服务不了的客群。实体民营银行以中高端客户为主体的经营思路是由于长尾客群的数据不可得、风险不可控。而互联网银行的风控核心是通过社交大数据与央行征信等传统银行信用数据结合，快速对客户进行综合评级、识别信用风险。

  综上，在经营成果方面，两类银行的差别在于互联网银行的营收和利润主要来自两个部分，分别是净利息收入以及手续费及佣金收入，而实体民营银行的营收和利润来源主要是净利息收入。而且，互联网银行的营收和利润增速较快，而实体民营银行的营收和利润增速较慢。产生这两类差别的原因分别在于，首先，大部分互联网银行的负债端的同业业务占比较高，所以这部分负债拿出去放贷所收到的净利息收入较低，因此其营收和利润主要依赖于手续费及佣金收入等技术服务费；而实体民营银行主要依赖于存贷利息差来获取净利息收入。其次，互联网银行主要服务的客户定位是大多数人，而实体民营银行主要针对高净值人群，所以互联网银行可以凭借高存款利率、大数据以及生态圈来促进信贷规模的扩张以及手续费的提高，从而促进营业收入和净利润的增长。

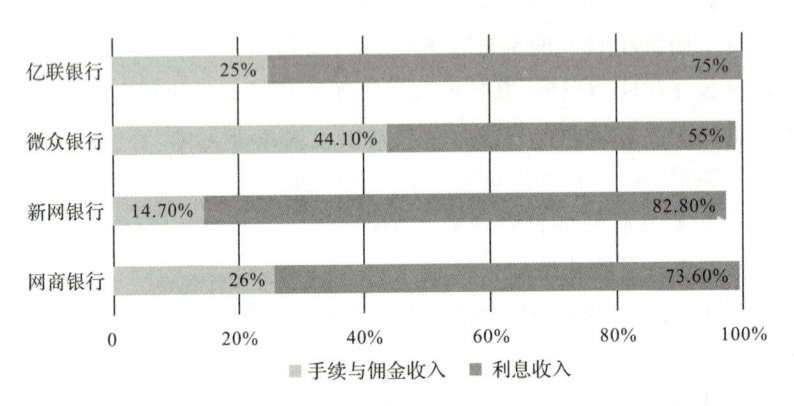

银行	手续与佣金收入	利息收入
亿联银行	25%	75%
微众银行	44.10%	55%
新网银行	14.70%	82.80%
网商银行	26%	73.60%

图 3-4　2018 年部分民营互联网银行营业收入

第六节　互联网银行的行业技术

中国互联网银行行业中技术服务成本占 30%～40%，数据信息服务成本占 20%～30%，主要由硬件提供商、技术服务商、数据服务商提供。互联网银行的基本结构如图 3-5 所示。

一、技术支持

生物识别技术凭借安全、可靠与便捷等优势，备受互联网银行平台以及各大互联网平台青睐，被应用于登录与交易等场景中，提高用户操作安全性，保障用户合法权益。

电子签名包括电子认证和在线签署两个重要环节，应用于互联网银行平台的个人认证、企业认证和合同签署等。

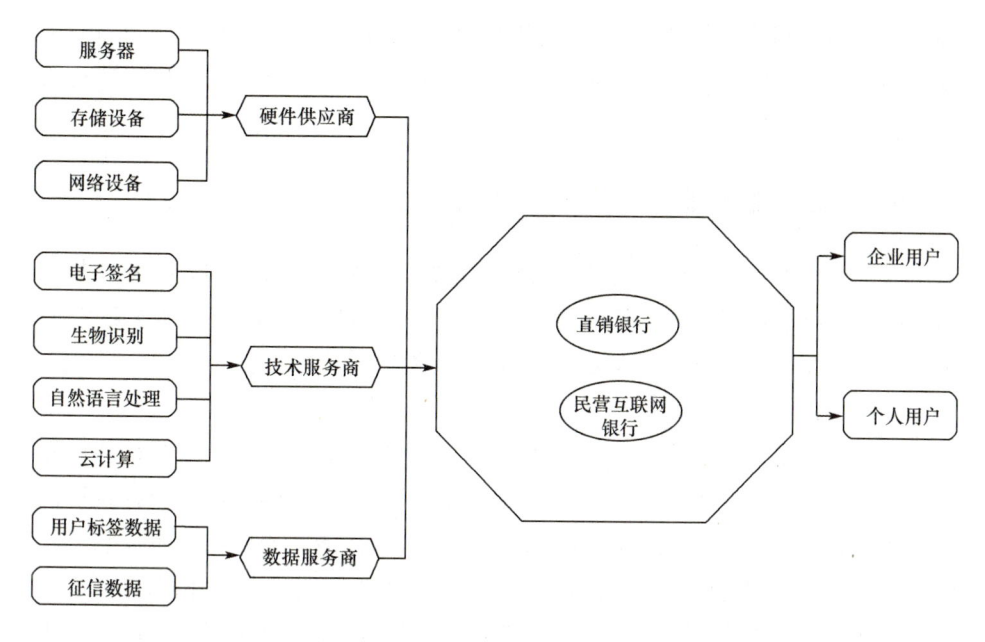

图 3-5 互联网银行的基本结构

二、数据信息服务

在数据信息服务层面,用户标签数据与征信数据是互联网银行的重点采购内容。多数互联网银行凭借多年的互联网平台行业服务经验,积累了众多的用户金融数据,数据类型较为丰富,并且该类互联网银行平台多以用户信用为依据提供贷款产品,数据信息服务采购规模较小。而传统商业银行以及部分民营互联网银行平台由于其用户数据沉淀不足,需与第三方数据服务机构采购,完善用户标签数据。第三方数据服务机构可根据互联网银行所需用户数据要求进行数据查重、处理无效值与缺失值等清洗服务。用户标签数据的成本根据数据类型的丰富程度不同以及清洗程度进行收费。

三、云计算技术

云计算技术是一种可根据业务需求进行灵活配置的计算资源共享网络模式。云计算具有资源高效聚合与分享、多方协同的特征。互联网银行可通过云计算技术整合互联网银行产业链各方参与者所拥有的各类型数据资源,包括用户账号信息、金融产品信息、业务经营数据等。互联网银行借助云计算技术构建云计算平台,实现资源集中化和提高资源利用率,降低IT投资成本。

例如，微众银行推出的"银行分布式架构"使得账户运营维护成本下降45%，2018年每个账户的IT运营维护成本为3.6元/年，远低于传统银行的户均成本20~100元/年。

四、人工智能技术

以深度学习、机器学习、自然语言处理、智能客服等为代表的人工智能技术与产品已广泛应用于互联网银行的用户咨询服务、用户贷款审核等业务流程中，大幅提升了互联网银行的运营效率，提高了服务品质。

1. 智能客服

智能客服是基于深度学习和自然语言处理技术实现自动问答对话的机器人。智能客服可结合用户输入的文字或语音进行识别与理解，向用户提供即问即答的业务咨询、产品介绍等互动服务。当用户对智能客服的回答不满意或智能客服无法回应问题时，智能客服会向用户提供人工在线客服选择窗口，减少用户在线咨询等候时间，提升用户咨询满意度。例如，微众银行推出的"微金小云"，基于亿级的聊天信息量，通过人工智能的深度学习模型训练及机器翻译技术回答用户问题。微众银行的"微金小云"可回复98%的用户咨询，除了可满足用户高效金融服务需求外，还可节约人工客服成本。

2. 智能贷款

智能贷款是指将人工智能技术应用于贷款业务的贷前、贷中与贷后全流程，实现贷款模式中的渠道管理、反欺诈、核对身份、风险评估等方面的高度智能化。人工智能技术的应用，推动互联网银行的贷款申请流程简化60%以上，将小额贷款时效缩短至3~5分钟，大幅提升贷款业务效率，优化用户贷款体验。例如，网商银行推出"3分钟申贷、1秒钟放款、0人工参与"的"310"全流程线上贷款模式；新网银行的贷款业务中99.6%的业务由线上机器审批，仅有0.4%的大额信贷和可疑交易需人工干预，线上机器单笔信贷审批时间平均仅需43秒，日批核贷款峰值超过33万单。

五、大数据技术

大数据技术是指无法在一定时间范围内用常规软件工具进行捕捉、管理和处理的数据集合，是需要新处理模式才能具有更强的决策力、洞察发现力和流程优化能力的海量、高增长率和多样化的信息资产。

互联网信息技术不断优化,大数据、人工智能、云计算等技术给金融行业,特别是互联网银行带来巨大的服务品质优化和用户体验提升。互联网银行利用大数据技术深度挖掘海量用户数据,分析设计更贴近用户的产品与服务,借助人脸识别、自然语言处理等人工智能技术开发远程身份认证与 7×24 小时智能客服等产品,为用户提供了更便利、高效的金融服务。互联网银行凭借云计算技术,分布架构,降低运营成本,加速产品创新迭代。

互联网银行利用大数据技术对用户的社交媒体数据、浏览器日志、文本数据等类型信息群进行采集、统计分析、建模分析与模型预测,分析与挖掘用户金融服务需求,直观呈现用户画像。互联网银行基于用户画像进行个性化金融产品设计与推送,实现精准金融服务。例如,网商银行通过大数据技术自动分析与判断小企业的贷款需求画像,为用户提供精准的贷款产品。"5 年来,网商银行累计服务了 2 900 万小微经营者,包括网店、路边店、经营性农户。这些小微经营者户均贷款 3.6 万元,80% 此前从未获得银行经营性贷款。"在 2020 年 6 月 30 日的网商银行小微金融合作伙伴大会上,网商银行董事长公布了网商银行的 5 年成绩单。

第七节　互联网银行的风险及监管

一、互联网银行风险的概念

互联网银行风险是指互联网银行在经营中由于各种不确定性因素而招致经济损失或银行和客户的资金遭受损失的可能性。

二、互联网银行风险的分类

1. 法律风险

法律风险是指因银行经营活动不规范、不符合法律规定或因外部法律事件所导致的与其期望达到的法律目标相违背的法律不利后果发生的可能性。

2. 系统风险(技术风险)

互联网银行的一切业务交易都是通过互联网来进行的,对网络具有高度依赖性。开放的互联网会给互联网银行运营带来风险。

3. 业务风险

业务风险主要是指由于客户的操作不当或者客户的信誉问题而导致的风险,以及由银行内部员工的监守自盗或者操作失误引发的风险。

4. 流动性风险

流动性风险是指互联网银行虽然有清偿能力,但无法及时获得充足资金或无法以合理成本及时获得充足资金以应对资产增长或支付到期债务的风险。

5. 信用风险

信用风险又称交易对手风险或履约风险,是指交易对方不履行到期债务的风险。

6. 声誉风险

声誉风险是指由商业银行经营、管理及其他行为或外部事件导致利益相关方对商业银行负面评价的风险。

7. 渠道风险

如果传统金融机构拒绝与互联网银行合作,互联网银行的理财渠道、存款渠道将面临重构压力,特别是在面签难题的影响下,互联网银行业务将难以持续开展。

三、互联网银行的风险防控措施

1. 加强系统安全性

互联网银行的关键环节就是互联网银行系统的安全性。银行应定期从物理安全和操作系统安全两个方面对互联网银行进行入侵检测和网络渗透检测,防范系统被入侵和攻击。

2. 完善内部控制体系

互联网银行信息系统的内部操作人员对系统及其权限更为了解,所以互联网银行系统更容易受到银行内部人员的侵扰。因此,银行更应注重加强内控管理,防止来自内部的风险隐患。建立可靠的内部控制体系,除了合理的安全技术以外,还需要建立系统维护制度、信息保密制度、数据备份制度、人员管理制度、风险预警制度、重大事项报告制度等规范,确保互联网银行系统有序正常运行。

3. 加强外包服务管理

选择长期可靠、综合能力强的互联网银行外包服务商;做好互联网银行外包技术服务商的合同管理,确保银行等重要数据的安全性;加强互联网银行外包服务的过程管理,加强互联网银行外包团队建设。

4. 制订应急计划

互联网银行系统运行需要有其他相关的业务系统支持,如网银转账需要调用银行核心系统,互联网支付需要调用大小额支付系统等。当出现系统故障或者发生不可抗力时,每一个环节的停顿都可能对整个业务的连续性带来影响。因此,应该制订详细的互联网银行业务运行应急计划。

5. 完善事前、事中和事后防御机制

(1)事前预防阶段:各银行要做好自身的安全保障预案,重点加强钓鱼网站的早期发现,阻止钓鱼网站蔓延,防御客户端安全隐患。

(2)事中防御阶段:针对网银认证和交易,分辨并且阻止非法交易进行。

(3)事后审计阶段:通过网银交易审计系统、保持完整交易记录,追查攻击者来源。

6. 增强客户操作风险防范

随着技术的进步,以及管理层对互联网银行的重视,当前面临的最大问题不是技术上的漏洞,而是客户操作上的风险。因此,银行亟须加强对客户有关安全使用网银的宣传和教育。主要包括对使用互联网银行的客户的风险提示和安全教育、安全上网行为宣传介绍和引导等。

7. 加强对客户的管理

(1)加强对申请签约客户的资格审查。

(2)加强对互联网银行客户的身份验证。

(3)加强对互联网银行客户的操作权限管理。

(4)对互联网银行客户交易过程进行监督。

第八节 第二个"一百年"我国互联网银行的发展之路

改革开放 40 多年来,我国仍存在大量传统银行触达不易、服务不充分的中低收入人群,主要包括从事生产、物流和服务行业的城市蓝领及进城务工人员、小微企业经营者、自雇人士以及偏远欠发达地区民众等长尾客户。由于日常金融消费和生产经营需求长期得不到充分满足,这些人群对现代金融服务的获得感并不高。

党中央、国务院对此高度重视,党的十八大以来做出了通过发展普惠金融解决金融服务供给不平衡不充分问题、不断提升人民群众金融获得感等

互联网金融

一系列重大决策部署,并将发展普惠金融作为一项重要改革举措,提升到国家战略高度,从而为银行业坚持主业、回归本源,推进供给侧结构性改革、培育农业农村发展新动能、推动大众创业万众创新、助推经济发展方式转型升级指明了方向。作为银行业改革创新的产物,我国的互联网银行自成立起就以践行普惠金融为己任,将自身定位为专注于服务小微企业和普罗大众的社会主义互联网银行。

"微众银行自2014年筹建之初,就将发展战略确定为'普惠金融为目标、个存小贷为特色、数据科技为抓手、同业合作为依托'并坚守至今。"2018年,微众银行党委书记、行长如是说。我国的互联网银行从建立之初就做到了三个坚持:坚持普惠金融战略定位不动摇,专注于普罗大众和小微企业客群,针对其痛点提供小额、便捷的贷款、存款、理财和支付结算等服务,促使普惠金融落地生根;坚持创新驱动业务发展不松懈,在人工智能、区块链、云计算、大数据等前沿金融科技领域探索创新,将最新研究成果应用于金融服务实践,力求成为国内外金融科技与普惠金融领域的先行者;坚持差异化、特色化道路不停步,连接金融机构和互联网平台,构建开放的金融服务生态圈,共同服务普罗大众和小微企业,承担市场"补充者"角色,寻求适宜自身发展的广阔蓝海。

我国互联网银行通过自主创新,大力研发和应用金融科技,走出了一条商业可持续的普惠金融发展之路,为国内银行业发展普惠金融、深化金融业供给侧改革、解决金融服务供给不平衡不充分问题提供了崭新的思路,并在提升金融服务的覆盖率、可得性、满意度和增强人民群众金融获得感方面取得了一定成绩。

未来五到十年,金融科技对全球金融业的巨大影响将逐步显现。在第二个"一百年"开篇之年,互联网银行在未来一段时间,将主要围绕以下几个目标发展:一是共建普惠金融生态圈,协助国内中小型金融机构真正形成"利用科技、践行普惠"的能力,不断扩大新型普惠金融服务模式的覆盖面;二是更好地服务小微企业,将该行在消费金融领域积累的运用大数据风控和互联网技术的良好经验和资源,积极应用到小微金融领域,为解决小微企业融资难、融资贵的金融难题,探索出一条创新的"可行路径";三是引领金融科技发展方向,实现并巩固持牌金融机构在金融科技方面的领先优势和主导地位,以此正本清源,使金融科技回到监管框架内;四是定义国际标准,推动中国金融科技的标准和实践成为国际标准,不断强化我国对全球金融服务业发展的影响力。

本章小结

互联网银行(Internet Bank or E-bank),是指借助现代数字通信、互联网、移动通信及物联网技术,通过云计算、大数据等方式在线实现为客户提供存款、贷款、支付、结算、汇转、电子票证、电子信用、账户管理、货币互换、P2P金融、投资理财、金融信息等全方位无缝、快捷、安全和高效的互联网金融服务的机构。

网上银行业务主要有申办手续简单、内控风险低、业务处理快等特点。

传统银行和互联网银行的营业收入主要分为净利息收入和手续费及佣金净收入两部分。其中,实体民营银行的商业模式为"一行一店"经营,吸收存款能力较弱,其核心收入来源为贷款业务的利息差,以及理财产品代销产生的手续费与佣金等。而互联网银行聚焦于支付、信贷和理财等小额且高频业务领域,除了赚净利息收入,手续费和佣金收入也占了不小的比例。

云计算技术是一种可根据业务需求进行灵活配置的计算资源共享网络模式。云计算具有资源高效聚合与分享、多方协同的特征。互联网银行可通过云计算技术整合互联网银行产业链各方参与者所拥有的各类型数据资源,包括用户账号信息、金融产品信息、业务经营数据等。

大数据技术是指无法在一定时间范围内用常规软件工具进行捕捉、管理和处理的数据集合,是需要新处理模式才能具有更强的决策力、洞察发现力和流程优化能力的海量、高增长率和多样化的信息资产。

关键术语

互联网银行、纯网络银行、直销银行、长尾理论、金融脱媒、云计算技术、大数据技术、互联网银行风险

习 题

简答题

1. 比较互联网银行与直销银行之间有何不同。
2. 简述互联网银行的特点。
3. 比较传统银行与互联网银行的区别。

4. 简述互联网经营的三大理论。
5. 简述互联网银行的业务模式。
6. 简述互联网银行的风险类型。

论述题

1. 结合实例解释互联网银行的盈利模式。
2. 如何理解长尾理论？

案例分析

在已然过去的2020年，疫情肆虐全球之时，新网银行积极响应监管号召，落实"六稳""六保"，下调资产定价，加大让利客户力度，切实服务实体经济，助力小微商户复工复产。新网银行小微企业贷款增速超过190%，远高于其他业务增速水平，也大幅超过以往年度小微贷款增速水平。同时，新网银行积极运用央行支小再贷款，以及普惠小微企业贷款延期支持工具、信用贷款支持计划这两项创新货币政策工具，助力实体经济的国家扶持政策惠达基层。

新网银行是具备全国展业资质的三家互联网银行之一，在持续四年的发展过程中，一直稳居民营银行第一方阵，运用全在线服务的优势，与大行联合共建普惠生态，实现优势互补、强强联合，惠及更广泛的C端长尾客群和B端小微企业。

针对小微企业授信难的问题，新网银行坚持普惠金融初心，基于C端客群的良好实践，通过运用成熟的数字化风控技术，推动BC联动，提高小微企业金融服务的获得感。在可持续发展思路下，新网银行持续迭代，调整"单兵作战"模式，坚持"存贷汇"三位一体，为普惠金融服务提供可持续支撑。

在中国人民银行成都分行公示2020年第一批金融科技创新监管试点应用中，新网银行"基于多方安全计算的小微企业智慧金融服务"项目成功入选。该项目引入人工智能、大数据、多方安全技术，采用开放银行策略，通过开放API、H5等线上渠道拓宽服务渠道，打造面向小微企业的金融服务模式和运营模式，有效提高金融机构风控能力和授信水平，解决小微企业融资难、融资贵等问题。

疫情期间，新网银行通过"非接触"服务方式帮助小微企业扛起了复工复产大旗，"非接触"服务案例成功入选2020年中国银行业十大新闻。

问题：根据案例，谈一谈新网银行运用了哪些金融科技工具。其经营模式是什么？新网银行如何助力商户复工复产？金融科技的运用对互联网银行有何意义？

第四章 互联网保险

教学目标与要求

1. 了解互联网保险的定义与业务范围
2. 掌握互联网保险的发展历史
3. 熟悉互联网保险的特点及优势
4. 掌握互联网保险的运营模式
5. 了解互联网保险的发展趋势

导入案例

互联网保险业态

众安保险

从业绩来看,众安保险已经布局消费金融、健康险、车险、开放平台、航旅及商险等多个领域,获得2016金龙奖"年度十佳互联网金融创新机构"。从数据来看,众安保险借助其强大的互联网创新能力成为互联网金融生态重要的稳定器,有累计5亿的保民和超过68.27亿张保单。

众安保险主要的创新在产品上,主要的创新险种包括:航班延误险、"买呗"、众安分单、车险的UBI(Usage-based Insurance)方案。其中,"买呗"是由众安保险与蘑菇街通过大数据平台对用户进行资信评分,推出的个人信用消费服务,这是国内保险业首个基于电商平台的信用保险产品,也是信用保证保险与互联网的完美结合。众安分单是指众安保险通过与央行征信数据、公安数据、前海征信、支付宝芝麻信用等信用数据系统的对接,基于其强大的数据挖掘和风险控制能力对客户的信用等级进行评分和分级,众安会参与到互联网平台上每一笔贷款、每一名借款人的风险定价当中,挖掘潜在的客户需求。所谓的车险的UBI(Usage-based Insurance)方案,是基于使用量和车主使用习惯,实现"随人随车"的定价模式,让车主按照需求购买保险。

互联网金融

> **灵犀金融**
>
> 相对于众安保险在产品上的创新,灵犀金融更致力于提供渠道整合运营服务。2015年8月,灵犀金融在新三板挂牌,成为互联网保险第一股。其中,有代表意义的运营模式是"喂小保"和"小飞侠"。
>
> "喂小保"是第三方移动车险网购平台,在全国具有领先地位。截至发稿日,与"喂小保"达成战略合作的保险公司总部已有10余家。消费者可以通过"喂小保"实现一键精准报价、在线购买并获得汽车后服务市场整合服务,而且整个过程非常便捷,目前已经有众多的保险公司机构选择与"喂小保"合作。"小飞侠"是搭建行业领先的精英保险人创业平台,为专业保险团队和车后服务市场提供保险"互联网+"解决方案。
>
> (资料来源:吴军.互联网保险的发展现状及案例启示.中国经贸导刊(理论版).2017)

第一节 互联网保险的定义与业务范围

一、互联网保险的定义

互联网保险概念是随着整个行业发展逐渐演变的。互联网保险没有统一的定义。保险业界一般将互联网保险定义为保险公司或保险中介机构利用互联网为客户提供产品及服务信息,实现保险业务的部分或全部流程的网络化,利用信息技术开发针对用户特征的定制化产品,并基于互联网平台开展专属网络保险产品的经营活动。从内容上看,上述概念依然没有摆脱传统保险的束缚,它从传统保险出发,将互联网保险视为保险公司和保险中介机构开展的业务。上述概念仍然局限在对现有保险行业的改良。

众安保险提出,互联网保险不仅仅是保险的互联网化,而且是服务互联网生态的保险创新,认为互联网让更多长尾市场成为可能,互联网的长尾能够把碎片化的需求聚集在一起,用较低的成本服务于传统金融服务不到的领域。实际上,上述理解是从保险需求角度出发,更强调基于整个互联网生态挖掘新的保险创新服务。众安保险的互联网保险实践实际上扩展了互联网保险的内涵。

中国保监会提出:"真正的互联网保险不仅仅是销售渠道的网络化,更重要的是以互联网思维充分运用大数据、云计算的巨大潜力,对现有的保险产品、运营和服务模式进行重构。"这一概念赋予了互联网保险更为细致的解读,强调大数据和云计算在保险创新中的应用。例如,利用互联网技术的搜集和存储功能整合与保险相关的社会资源(包括车载智能终端、医疗健康可穿戴设备、智能医疗设备、电子病历等垂直数据入口),让 UBI(Usage-based Insurance,基于使用量或驾驶行为的保险)成为现实,利用互联网大数据的处理和分析,及时、准确地掌握市场状况,洞察消费者行为和偏好特征,挖掘出更多样化的保险需求,开发更个性化的产品,不断地进行产品和服务的创新。

综上所述,互联网保险是指实现保险信息咨询、保险计划书设计、投保、缴费、核保、承保、保单信息查询、保权变更、续期缴费、理赔和给付等保险全过程的网络化。

2015 年 7 月 25 日,中国保监会印发《互联网保险业务监管暂行办法》(以下简称《暂行办法》)。《暂行办法》中规定:互联网保险是指保险机构依托互联网和移动通信等技术,通过自营网络平台、第三方网络平台等订立保险合同,提供保险服务。

互联网保险的参与方除包含投保人、受益人、保险公司、代理人以外,还包括官方网站、综合性电子商务平台、专业保险销售平台等,它们都发挥着重要的作用。

二、互联网保险的流程

互联网保险表现为通过互联网实现保险业的电子化、网络化发展,其具体程序有以下几步骤:投保人浏览保险公司的网站,选择适合自己的产品和服务项目,填写投保意向书,确定后提交,通过网络银行转账系统或信用卡方式将保费自动转入公司,保单正式生效;经核保后,保险公司同意承保,并向客户确认,则合同订立;客户则可以利用网上售后服务系统,对整个签订合同、划交保费过程进行查询。具体流程如下:

1. 搜集和分析数据

数据对于互联网保险具有重要的价值,保险公司通过对消费者行为数据、消费数据等互联网数据加以收集,并运用保险精算技术进行分析,可以开发出更具需求针对性的保险产品。

2. 保险产品个性化设计和精准营销

保险产品设计和营销是影响产品销量的关键,在这方面互联网保险的优势是非常明显的,一些保险公司已经推出了互联网渠道的保险定制服务,而基于互联网技术的精准营销也被广泛运用。

3. 进行专业的保险需求分析

进行专业的保险需求分析是指保险公司提供网页形式的保险需求评估工具，通过需求评估工具对投保人的消费能力、风险偏好等进行评估，然后有针对性地推荐符合投保人需求的保险。

4. 提供保险产品的购买

在客户确定自己需要的保险产品之后，下一步就是进行网上购买。这要求保险公司做好网上购买对接服务，包括在合作平台提供购买入口、开发自己的保险销售网站和手机客户端等。

5. 在线核保与理赔

在线核保与理赔是指保险公司通过推出在线核保与理赔的作业流程、争议解决办法，并提示理赔所需单证和出险联系电话、地址信息等透明化服务，使客户更方便地办理理赔。

6. 在线交流

提供在线交流服务是指保险公司人员与客户进行在线交流，为客户提供售前咨询、评估、售后保障及理赔服务，最大限度地化解客户购买产品的疑虑。

第二节　互联网保险的发展历史

一、国外互联网保险的发展

从全球范围内的互联网保险创新来看，大致分为以下几个阶段。

（一）第一阶段：1997年—2004年

互联网保险最早出现于美国国民第一证券银行，其首创运用互联网渠道进行保险产品的销售，仅经过一个月，成交保单就创造了上千亿美元的价值。这一阶段的创新仍然由传统保险公司主导，它们借助互联网，尽其所能将可以线上化的环节逐渐脱离线下流程，提升便捷度，降低运营成本，对现有模式进行改良。

1997年年初，美国至少有81％的保险公司拥有自己的网站，试图触碰互联网保险这个全新的领域。相关调查表明，1997年美国家庭购买的汽车、住宅、人寿保险金额达到了3.91亿美元，2003年美国家庭购买的汽车、住宅以及定期的人寿保险金额达到41亿美元，2004年美国家庭购买的汽车保险金额达到

118亿美元,与此同时还有300万户的美国家庭购买了价值12亿美元的家庭保险险种。

随后欧洲、日本等国家和地区都出现了"第一个吃螃蟹"的保险公司,一些国家通过建立互联网销售渠道提供最新的保险产品报价、信息咨询和网上投保服务,以渠道为主的互联网保险业务在全世界范围内普及。

(二)第二阶段:2004年—2011年

这一阶段的发展成为对互联网保险的第一层阐释,即保险销售的线上化和数字化。随着保险销售逐步向线上迁移,销售之后的其他环节也逐步开始线上化。

1. 美国例子

美国前进财产保险公司成立于1937年,是美国最大的汽车保险商之一,于2009年加大了互联网渠道的投入,客户通过网站直接投保后,可实现在线报案、发起索赔并全程跟踪理赔办案的各个环节。

纽约州健康险公司Oscar成立于2013年,选择从优化操作体验的角度出发。Oscar平台保证客户可通过不多于5次的在线单击完成购买、理赔等环节,网站可根据客户调整预定义参数,在每一步提供即时定价信息。客户在预约医生就诊时,网站将医生出诊信息、谷歌地图等功能结合起来,让客户快速完成就诊预约并获知详细就诊地址。

2. 英国例子

一些保险第三方服务开始崛起,关注的是用户体验,互联网属性更为明显。英国的Money Supermarket是一家专门从事金融产品价格信息展示和比价的公司,帮助英国家庭选择最合理的汽车保险、家庭保险、信用卡、贷款服务等服务方案,提供高效的、低成本的获取金融服务的渠道。用户完成交易后,Money Supermarket会向机构收取相应的费用。

3. 澳大利亚例子

Youi是一家成立于2008年的澳大利亚财产和商业保险公司,它在网站上实时张贴客户评价,用户在浏览其他网页时,最新评价将会出现在屏幕最下方,还可以按流行关键词过滤评价,这一创新改进了客户的反馈方式,弱化了保险公司的强势地位,使用户的口碑变得更为重要,运营更为透明。

(三)第三阶段:2011年至今

这一阶段的互联网保险创新试图通过互联网收集和处理数据的能力,改变保险的定价规则,并提供相应的增值服务。

1. 美国例子

互联网公司 Metromile 于 2011 年在美国旧金山成立,将智能 OBD(车载诊断系统)设备接入用户汽车,获取用户每次出行的里程数以及驾驶习惯,以此为基础对车险进行重新定价,打破了传统保险费用固定的模式,使驾驶里程较低、驾车习惯较好的用户享有更低的保费。除此之外,Metromile 还整合 OBD 和 App(计算机应用程序)服务,通过手机 App 提供停车场汽车定位、汽车健康状况检测、导航线路优化、修车公司寻找、检查汽车是否有罚单等服务。

2. 南非例子

南非的健康险公司 Discovery 发起了"健行天下"(Vitality)促进计划,为用户建立科学的健康管理和激励体系,对参与者的健康行为和饮食进行干预,通过线上、线下获取数据可以有效评估一个人的健康状态,据此公司会给客户不同的旅游、购物奖励,并影响后续保费的数额。

二、国内外互联网保险模式

近些年,国外出现基于互联网的颠覆性保险模式。例如,英国保险中介公司 Bought By Many,成立于 2012 年,通过社交平台吸引具有相同保险需求的人,为这些客户统一协商保险条款、统一报价,客户甚至可以根据自身需求定制保险,平台不仅为保险客户节省了开销,还引入了社交理念,提高了用户忠诚度。这一阶段的创新已经完全脱离了"线上化"的概念,而是借助互联网重新定义保险产品,完全打破了传统的产品结构设计、定价原则和销售方式,更注重长尾市场和个性化需求。

中国同样遵循上述逻辑:创新源于传统保险机构的销售环节,保险服务流程逐步线上化,更注重保险服务中的互联网属性,更注重对用户数据的搜集并提供新型的定价模式和增值服务,以互联网为业务环境实现对保险产品的颠覆性创新。

最初,中国可能被局限在对传统保险的改良,包括需求更碎片化、产品更个性化、价格更透明化等;随后可能是基于互联网的用户消费习惯和技术手段(如大数据、物联网等),发掘新的保险服务形式,甚至打破原有的产品结构、投保方式或风险管理方式,随之而来的是企业内部结构的调整,将更加扁平化。

三、我国互联网保险的发展

就发展历程来区分,我国互联网保险的发展可以分为四个阶段:

(一)第一阶段:萌芽期,1997 年—2002 年

这一阶段互联网保险的发展及特点:互联网在我国普及度并不高,互联网保

险也刚刚萌芽,诞生了互联网保险网站和第一份保单。其间,很多保险公司建立了网站,意味着互联网保险开始起步,但随着2000年互联网泡沫,很多太冒进的公司碰到了问题。

1997年11月28日,中国保险学会和北京维信投资股份有限公司成立了我国第一家保险网站——中国信息保险网。同年12月,新华人寿保险公司促成的国内第一份互联网保险单标志着我国保险业迈进互联网融合的大门。2000年8月1日,国内首家集证券、保险、银行及个人理财等业务于一体的个人综合理财服务网站——平安公司的PA18正式亮相。8月6日,中国太平洋保险公司成立国内第一家连接全国、连接全球的保险互联网系统。9月22日,泰康人寿保险股份有限公司独家投资建设的大型保险电子商务网站——"泰康在线"全面开通,是国内首家通过保险类CA(电子商务认证授权机构)认证的网站。9月,首家外资公司友邦保险上海分公司的网站开通,通过互联网为客户提供保险的售前咨询和售后服务。

第二阶段:探索期,2003年—2007年

这一阶段互联网保险的发展及特点:随着互联网发展回暖,互联网保险的建设更显平稳,保险公司的官网升级也从产品线、支付与承保优化对保险在线购买进行了有效改善,诞生了保险超市。互联网保险开始出现市场细分,保险中介服务类的网站开始发展。不过,由于互联网保险公司电子商务保费规模相对较小,电子商务渠道的战略价值还没有完全体现出来,因此在渠道资源配置方面处于易被忽视的边缘地带。保险电子商务仍然未能得到各公司决策者的充分重视,缺少切实有力的政策扶持。

2003年,中国太平洋保险开始支持航空意外、交通意外、任我游(自助式)等三款保险在线投保。从2006年起,以太平洋保险、泰康人寿、中国人寿保险为代表的保险公司对自身的官网进行改版升级。2006年,买保险网以"互联网保险超市"概念上线运营,采用了"网络直销+电话服务"的保险营销模式。

(三)第三阶段:发展期,2008年—2014年

这一阶段互联网保险的发展及特点:各保险企业依托官方网站、保险超市、门户网站、O2O平台、第三方电子商务平台等多种方式,开展互联网业务,逐步探索互联网业务管理模式,包括成立新渠道子公司开展集团内部代理,成立事业部进行单独核算管理,通过优势网络渠道获客,实现线上、线下配合,在淘宝、京东等第三方电子商务平台建立保险销售网络门店,成立专门的互联网保险公司等。其中,第三方电子商务平台凭借其流量、结算和信用优势,日益成为推动互

联网保险快速发展的中流砥柱。大家也认识到了互联网保险绝不仅仅是互联网保险产品的互联网化，而是对商业模式的改进，是保险公司对商业模式的创新。像首家互联网保险公司"众安保险"的成立，就是一种新的商业模式的探索。2012年，我国全年保险电子商务市场在线保费收入规模达到了100亿元，在线销售险种多以短意险为主，部分寿险公司也尝试销售定期寿险、健康险、投连险和万能险，共有60多种互联网保险产品。2014年，互联网保险保费规模实现爆发增长，互联网保险渗透速度加快。越来越多的保险公司意识到互联网保险不仅是销售渠道的变迁，还是依照互联网的规则与习惯，对现有保险产品、运营与服务模式的深刻变革。未来随着移动展业的成熟，传统保险的产品销售、保费支付、移动营销、客户维护服务等都将围绕移动端展开，互联网保险将打破时间和空间的限制迎来全面发展。

慧择网、优保、向日葵等以保险中介和保险信息服务为定位的保险网站出现，并且拿到风险投资。2013年"双十一"当天，寿险产品的总销售额超过了6亿元，其中国华人寿的一款万能险产品在10分钟内就卖出了1亿元。其实早在2012年，国华人寿就从互联网保险中获益颇丰，曾通过淘宝聚划算，创下3天销售额过1亿元的业绩。生命人寿也在2013年11月初正式启动天猫旗舰店，并在"双十一"当天8小时内销售总额破1亿元。

第四阶段：规范期，2015年至今

2015年，中国保监会印发《暂行办法》，拉开了互联网保险的监管大幕。《暂行办法》第一次对互联网保险进行了官方定义，并对互联网保险的经营条件与经营区域、信息披露、经营规则和监督管理进行了详细的规定，确定了互联网保险业务经营的基本规则。2020年，银保监会公布《互联网保险业务监管办法》。《互联网保险业务监管办法》厘清了互联网保险业务本质，规定了互联网保险业务经营要求，对持牌经营原则进行了强化，细化了持牌机构经营条件，对互联网保险营销宣传行为和售后服务进行了规范，强调开展分类监管，在"基本业务规则"的基础上，针对互联网保险公司、保险公司、保险中介机构、互联网企业代理保险业务，分别规定了"特别业务规则"。至此，互联网保险监管进入了新的时期。

2020年8月17日，银保监会深圳监管局发布行政处罚信息公开表，对腾讯控股的微民保险代理有限公司（简称"微保"）罚款12万元，并对两名当事人处以警告并罚款2万元的处罚。此次处罚源于微保2019年期间在其手机网页的投保页面使用不规范用语，未引导客户如实健康告知。2019年以来，中国人寿、国

华人寿、人保寿险、人保财险、平安产险、阳光产险、天安保险和中华财险等多家保险机构也都因脚踩红线而被罚。2020年一季度,共有140家保险机构被银保监会开出罚单,总金额达7 254.16万元。2020年12月,银保监会消费者权益保护局针对安心财险、轻松保经纪、津投经纪、保多多经纪侵害消费者权益行为开出多张罚单。从处罚力度上看,监管部门对行业的监管乱象治理愈发严格、监管尺码不断升级。可以预见,在防范金融风险大背景下,强监管将持续推进,进而更好地维护行业合规向前,督促互联网险企发挥好金融市场健康发展基石作用。

互联网保险特点及优势

第三节　互联网保险的特点及优势

一、互联网保险特点

互联网保险作为互联网与保险的结合体,它既有传统保险的一些共同点,又具有互联网的一些特点。正是互联网保险自身的这些特点构成了互联网保险独一无二的优势,促进互联网保险的爆炸式增长。互联网保险具有以下四个主要特点:

1. 信息化

网络保险中所有的交易都是在网络上以数字化形式进行的,推动了保险交易从物理网络转向虚拟数字网络。保险公司可以利用网络开展公司的一切经营活动,可以通过互联网实现虚拟再现,扩大了保险公司的服务空间,形成了全天随时随地的服务模式。网络保险具有信息储量大、调查容易、处理快捷和交流方便的特点。宽带、高速、广域和多媒体化的互联网络可以及时为客户提供大量高密度、多样化的专业信息,减少投保人投保的盲目性和局限性。

2. 经济化

服务的虚拟性决定了保险公司能够大大地节约代理手续费、管理费用、办公场地费用。网络把空间的制约降到了最低限度,使保险公司突破了营销人员上门营销的地理限制。对投保人来说,也可以因此节省大量的时间、交通成本等。并且互联网的规模效应也能够在一定程度上帮助保险公司和投保人显著降低成本。

3. 多样化

传统保险市场中,险种严重趋同,而运用网络技术可以在很大程度上实现险种的多样化。投保人可根据消费者的网络反馈制定新产品的开发规划。这既有利于满足社会不同层次的需要,加强保险产品的市场竞争能力,又有利于保险产品档次提升,形成险种优势,实现保险行业规范化经营。同时,投保人也可以运用网络在线申请定制针对自身的特别保单,投保条件、可保范围、缴费方式、融资聚到等条款都依据个性制定。保险商品变成了别具风格的特色产品,具有相当的灵活性。

4. 交互化

网络保险可以保证保险人和投保人的交互式信息交流,从保险产品设计、制作、定价到售后服务,投保人都可参与其中。而且在投保后还可轻松获得在线保单变更、报案、查询理赔状况、保单验真、续保、管理保单的服务。网络保险能够真正体现以客户为中心的营销理念。

二、互联网保险的优劣势

(一)互联网保险的优势

保险经营活动中,虽然也需要实地查勘等线下活动,但从本质上来说,也是资金流和信息流交换的过程。而所谓电子商务,其实就是解决资金流、信息流、物流的问题。互联网保险着重于资金流和信息流。因此,从某种意义上说,互联网保险跟电子商务有极大的相似性。故而跟传统保险经营模式相比,无论是从保险公司的角度,还是从客户的角度,互联网保险都有自身独特的优势。

1. 成本优势

保险公司可以通过网络销售保单,可以省去目前花费在分支机构代理网点上的费用,同时也可以免除支付给传统保险经纪人和保险代理人的佣金。对于保险机构而言,尽管各保险公司通过网络获得的保费收入占比很小,但是网络平台在信息咨询和产品宣传方面为投保者节省的成本正逐步体现出来。特别是非寿险公司,电子商务提高了保单销售、管理和理赔的效率,而网上销售可以直接减少销售费用。非寿险公司的销售成本平均占保费收入的12%～26%。电子商务使整个保险价值链的成本降低60%以上。

传统渠道的租金、人工费用等成本不断攀升,导致传统渠道下的保险收益率不断下降。保险公司在线售卖保险产品,大大降低了管理成本和产品费率。据数据统计,在网上卖出一份保单比传统营销方式节省50%～70%的费用。

2. 数据优势

通过互联网,保险公司可以直接面对客户,将客户的信息第一时间录入数据库中,从而减少了信息被截留的概率,并且可以尽可能地让信息保持完整,有助于进一步的客户需求开发。

3. 便捷优势

新产品推出以后,可以第一时间把产品的相关信息发布到网络上,而潜在的投保人则可以马上就看到产品,进行浏览、比较和选择,投保人就可以自行主动地挑选适合自己的险种相关信息,了解保险产品的情况,大大方便了投保人。同时,这样也就节省了保险公司为了宣传新险种而耗费的时间和人力、物力,可以把新险种信息最快、最大限度地宣传到位。而且,保险公司还可以根据客户的反馈及时进行调整,开发新险种。

保险公司利用互联网可以很方便地向客户推荐和介绍保险品种,整个购买过程所用时间比其他渠道大大减少,投保流程比线下更为便捷。

4. 创新优势

顺应互联网的发展趋势,更多的保险公司开始在网络平台上进行产品创新,推出适合互联网销售的新型保险产品。

(二)互联网保险的劣势

保险产品本身比较复杂难懂(尤其是寿险类产品和养老金产品),使得代理人一环无法被省略。所以互联网保险目前的角色只能充当代理人渠道的补充品。

从目前全球互联网保险的发展情况来看,互联网保险最成熟的环节是对保险产品的信息检索,但这仅仅只是互联网保险最基本的服务,后续的保险认购、保后服务和保险索赔普遍处于起步阶段和中等水平,未来需要加强、提升。

第四节 互联网保险的运营模式

一、官方网站模式

官方网站模式是指保险公司通过建立自主经营的电子商务平台,实现展现自身品牌、拓展销售渠道、增强客户体验等目的的电子营销方式。该模式能有效促进保险公司线上线下资源整合,提高经营管理水平。2000年,平安保险、太平洋保险、泰康人寿相继成立官方网站作为直销平台,开始了企业官方网站的品牌宣传和资讯传播。这是我国互联网保险发展进程中具有里程碑意义的一年。

国内主要保险公司官方网站见表4-1。

互联网金融

表 4-1　　　　　　　　　国内主要保险公司官方网站

公司	官方网站	销售险种	运营单位
中国人寿	国寿e家	人身保险	中国人寿电子商务有限公司
中国平安	网上商城、万里通、一账通	人身保险、车险、意外险及小微团险	事业部负责
中国太平洋保险	在线e购	人身保险	事业部负责、太平洋保险在线服务科技有限公司
新华保险	网上商城	人身保险	新华电子商务有限公司
太平人寿	网上商城	人身保险、车险、意外险	太平电子商务有限公司
泰康人寿	泰康在线	人身保险	事业部负责

(一)官方网站模式的条件

(1)资金充足；

(2)丰富的产品体系；

(3)营运和服务能力。

(二)官方网站模式的交易流程

从目前传统保险公司直销官网交易来看,官方网站模式可以让用户有更多的自主选择性,浏览产品信息、对比产品细节、缴费等均可在线完成。保险公司官方网站产品交易流程如图 4-1 所示。

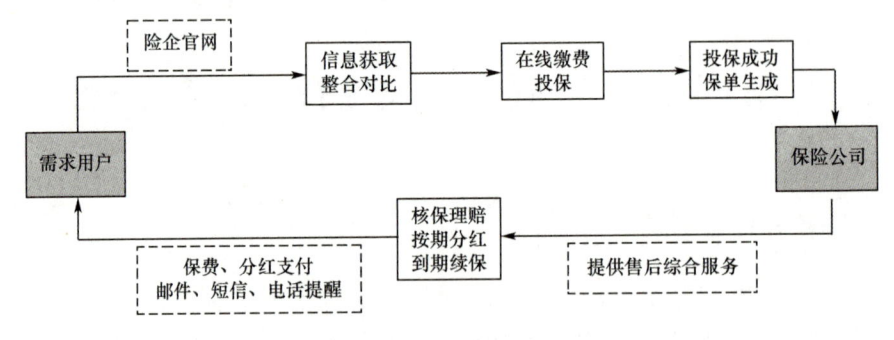

图 4-1　保险公司官方网站产品交易流程

二、综合性电子商务平台模式

(一)模式简介

第三方电子商务平台模式指的是保险公司与第三方电子商务公司合作,在第三方电子商务公司的网站上开展保险业务。第三方电子商务平台包括两类：一类是综合电商平台，包括淘宝网、苏宁易购、京东网、腾讯网、新浪网等；另一类是保险中介电商平台，主要由保险专业中介机构（包括保险经纪公司、保险代理公司等）建立网络保险平台，目前有优保网、慧择网、中民保险网等。这类平台的网站并不是保险公司的网站，而是保险公司技术服务的提供者，它可以为保险公司及中介等相关机构和个人共享，可以为多数保险公司提供网上交易及清算服务。公司借助第三方平台开展互联网保险业务，大都暂时没有大量的客户关注度，因而只能先通过该平台来展示和销售自己公司的保险产品，等到聚集了一定规模的知名度和人气后，再选择开通自己的官网渠道。在这类平台中，比较具有代表性的是天猫。目前已经有许多家企业在天猫上开设了自己的官方旗舰店来集中销售公司保险产品。国内主要电商平台保险销售情况见表4-2。

表 4-2　　　　　　　　国内主要电商平台保险销售情况

主要电商平台	合作险企
天猫商城	在淘宝官方旗舰店设立旗舰公司的财险公司和寿险公司均达到几十家，产品涉及车险、旅行险、少儿险、健康险、财产险、意外险和理财险等多个领域
苏宁易购	合作险企主要包括中国平安、太平洋保险、泰康人寿、阳光保险和华泰保险5家
京东商城	与泰康人寿、太平洋保险等7家险企开展了合作

（二）综合性电子商务平台模式的优势

1. 客户群流量优势

综合性电商平台通常拥有超大流量、海量数据、关联的行为偏好和商品数据等，可以为保险企业带来巨大关注并增加潜在客户。

2. 互联网技术优势

综合性电商平台拥有大数据、云计算等技术资源，在客户需求挖掘、评估和预测等方面拥有得天独厚的技术优势。其可以通过搜集、整合客户在互联网平台的浏览与交易记录，调查客户的消费偏好和购买需求，提高向客户推送保险产品的针对性和有效性。

3. 互联网创新优势

在网络时代，互联网不断激发创新活力。随着金融市场竞争的不断加剧，第三方电商平台利用互联网的强大创新优势，通过创新开展业务，实现与传统业务领域的跨界合作，紧紧抓住科技创新的主动权。

三、网络兼业代理模式

互联网时代衍生出网络化的兼业代理模式,因其门槛低、办理简单、对经营主体规模要求不高等特点而逐渐成为目前互联网保险公司中介行业最主要的业务模式之一。

网络兼业代理模式分为两种:一种是按原保监会《保险代理、经纪公司互联网保险业务监管办法(试行)》规定,获得经纪牌照或全国性保险代理牌照的中介机构从事互联网保险业务;另一种是大量垂直类的专业网站在不具备上述监管要求的条件下,以技术服务形式使用兼业代理的资质与保险公司合作开展业务。

保险网络兼业代理机构的主要类型有银行类机构、航空类机构、旅游预定类机构。目前,汽车类机构、医疗类机构也在迅速发展。

四、第三方保险销售网站模式

2012年2月,保监会正式公布第一批获得网上保险销售资格的网站,包括慧择网、捷保网等19家国内专业第三方保险销售网站。互联网保险公司中介网销的大门从而打开,此后保险中介业务规模得到高速发展。第三方保险销售网站除了对资本金、网络系统安全性等多方面提出要求外,还须申请网销保险执照,较网络兼业代理模式更加安全、可靠。部分第三方保险销售网站基本介绍见表4-3。

表4-3　　　　　　　部分第三方保险销售网站基本介绍

网络平台	第三方网络平台介绍
慧择网	于2006年在深圳成立,主要实现电子化销售的产品有意外险、旅游险、家财险、货运险等;可实现电子化保单,支持网银、银联、支付宝付款
捷保网	技术支持为深圳安网科技有限公司,2008年推出,主要产品有意外险、意外医疗险、家财险、部分健康险、保险卡等
E家保险网	2007年在上海设立,主要险种有车险、出国保险、意外险、健康医疗保险、家财险;实现电子保单,支持支付宝付款
搜保	于2006年在北京设立,经营车险,主要经营范围为北京、深圳、广州、东莞、天津;车险投保方式为在线选择、获得报价、信息审核制

专业第三方互联网保险机构既能够保持传统产品专业的"深度",又能覆盖互联网保险场景的"广度"。

专业第三方保险销售网站在交易过程中起到纽带的连接作用,它一方面为用户提供尽可能丰富的产品,并衍生出产品优化组合、个性定制、协助理赔等深度的服务;另一方面能够拓宽带动传统保险企业的销售渠道,加强产品创新、监督理赔服务,促进传统企业产品、服务的良性竞争,为构建互联网保险的生态环境贡献了较大的力量。

五、专业互联网保险公司模式

专业互联网保险公司模式是指拥有监管部门颁发的保险牌照,不设线下分支机构,专门针对互联网保险需求,从销售到理赔全部交易流程都在网上完成的保险经营模式。目前,互联网保险公司主要包括众安保险、泰康在线、易安财险和安心保险等。专业互联网保险公司见表4-4。

表4-4　　　　　　　　　　专业互联网保险公司

	众安保险	泰康在线	其他(易安、安心)
资本组成	截至2020年年末,众安保险的前五大股东分别为蚂蚁科技(13.539 1%)、腾讯(10.205 4%)、中国平安(10.205 4%)、加德信投资(9.525 0%)、优孚控股(6.123 2%)	泰康人寿独资成立;中国第一家大型传统保险企业成立的互联网保险公司	易安、安心等多为资本参与成立
发展动态	总保费从2014年的7.94亿元增长至2020年的167亿元,还在快速增长	传统寿险基因的积淀,以及后天补充到位的互联网基因,共同成就了泰康在线在互联网保险领域得天独厚的优势	较为活跃,如安心保险此前推出的天气险、恋爱险等综合场景险及家政无忧险等垂直细分场景险,很受欢迎
产品特点	众安总部位于上海,不设任何分支机构,完全通过互联网展业。由"保险+科技"双引擎驱动,众安专注于应用新技术重塑保险价值链,围绕健康、数字生活、消费金融、汽车四大生态,以科技服务新生代,为其提供个性化、定制化、智能化的新保险。	泰康在线已形成互联网产寿险结合的保险产品体系,产品线涵盖互联网财产险、旅行险、健康险、意外险、年金和投资联结险等	营业范围大多包括与互联网交易直接相关的企业;产品有家庭财产险、货运保险、责任保险、信用保证保险、短期健康/意外伤害保险

专业互联网保险公司模式的特点:
1. 产品设计体现互联网特征
主要表现在两个方面:一方面是在车险或健康险中,通过各类移动设备远程采集客户相关行为数据,进行出险评估,实现精准定价;另一方面是发掘因互联网经济产生的全新保险需求,基于互联网应用创设全新产品。

2.结合销售线上化实现精准营销

专业互联网保险公司没有传统保险经纪/代理人和线下实体店,都是用户线上自主购买保险产品。结合销售线上化,互联网保险公司进一步实现了精准营销。

3.售后服务和承保理赔线上化

专业互联网保险公司的售后服务以客户为核心,提供手机移动端线上服务,通过电话沟通或线上上传理赔资料等方式实现在线承保和理赔。

随着网络的发展,社交、理财、购物、美容、餐饮、娱乐等多领域都向互联网化方向发展,互联网保险公司基于以上互联网场景,联动互联网的参与方(如互联网电商、互联网社交、互联网金融等公司及场景消费的个人客户),嵌入互联网背后的物流、支付、消费者保障等环节,创造新的互联网保险产品,并实现保险产品从购买到理赔全环节的线上进行。

第五节　互联网保险发展趋势

一、我国互联网保险发展现状

2020年,我国共有146家机构经营互联网保险业务,其中财产险公司74家,人身险公司72家,全年实现保费2 980亿元,增长10%,占行业总保费的6%。全国保险行业已经有76%的保险公司通过自建网站、与第三方平台合作等不同经营模式开展了互联网保险业务。电子商务热潮的来袭,使得互联网保险开始进一步探索适合自己发展的商业模式,并得到了较快的发展。近几年来,电子商务颠覆传统的理念,与此同时网购规模呈几何式增长,更加激发了互联网保险市场的快速兴起,互联网保险成为拉动保费增长的重要因素之一,互联网保费收入整体呈现迅速增长的形势。

互联网保险发展迅速,品种繁多,主要涉及寿险、财险、短期意外伤害保险和创新性险种。互联网所具有的信息化、交互化、虚拟化等特征与保险行业产品特征、营销需求吻合,降低了保单在销售过程中的空间制约,使保险公司突破了上门营销的地理限制,对于投保人来说也大大节省了时间和交通成本,可以随时在网站上挑选符合自身需求的产品。互联网保险的线上交易模式使客户可以直接将自己的需求传递给销售人员,保险企业可以与客户保持持续密集的交流。通过大数据技术的运用,保险公司可以确切地分析客户真实需求,真正做到以客户需求为中心,满足客户的个性化保险需求。

(一)互联网保险高速增长

2015年是中国互联网保险发展元年,由于经济、政策、互联网技术、社会环境等多因素利好保险行业发展,保险行业互联网化进程不断加速,互联网保险公司增多,第三方保险机构力量壮大,保险产品从被动销售的产品转化到主动需求的金融品类。

现阶段互联网保险高速增长主要基于以下原因:一是理财型保险产品在第三方电商平台等网络渠道上持续热销,同时互联网车险保费收入增速也处于上升阶段;二是保险公司对于互联网渠道重视度大增,加大了拓展力度,尤其是中小保险公司转战互联网,寻求新的市场空间。

(二)保险市场与发达国家仍有差距

我国各地区的保险行业发展水平极不平均,从保险密度和保险深度来看,中国保险行业整体发展水平与世界平均水平还有较大差距。

保险密度是指按当地人口计算的人均保险费额。从保险密度来看,2011—2019年,中国人均保费不断增长,保险密度与世界水平差距不断缩小,但差距依然很大。2019年,中国保险密度为441.01美元/人,与世界保险密度819.99美元/人差了378.98美元/人。保险深度是指某地保费收入占该地国内生产总值(GDP)之比,反映了该地保险业在整个国民经济中的地位及一国经济总体发展水平和保险业的发展速度。从保险深度来看,中国保险深度在2011—2017年期间与全球平均保费收入差距不断缩小,2017年之后差距又不断扩大,到2020年中国保险深度为4.45%,世界保险深度预计在7.3%。中国与世界保险深度依然有一定的差距。

(三)互联网保险竞争格局初步形成

1.人身险收入超过财产险

互联网保险按照产品结构可分为互联网财产险和互联网人身险两种。无论是互联网保险,还是整个保险行业,人身险业务保费收入增量占行业保费总收入增量的比例(保费增量贡献率)都是逐年增加的,而财产险的保费增量贡献率则逐年下降。

2.财产险市场份额主要集中在大公司

从市场竞争格局看,互联网财产险市场集中度远高于传统业务,人保财险和平安产险的市场占有率遥遥领先,二者占据近80%的市场份额。

3. 人身险市场小公司具有优势

互联网人身险的市场份额更加分散,呈现中小公司领跑的局面。中小保险公司主要是通过理财型保险的收益率优势实现保费收入的突破,从而在市场份额上超越大型保险公司。但此种发展模式并不可持续,未来互联网人身险市场上的发展重点仍将回到针对用户保障需求的产品和服务创新上来。

二、互联网保险的发展趋势

未来,随着我国居民商业保险普及度的加大、新型技术(互联网、云计算、大数据、人工智能、区块链等)商业化应用的普及以及保险从业机构对该业务领域的重视,我国的互联网保险市场份额将进一步加大。同时,随着互联网保险商业模式的持续创新,该业务领域的从业机构必将面临更多机遇与挑战。

因此,准确判断互联网保险的发展趋势,及时根据自身特点进行针对性业务布局,将决定各保险机构未来在该业务领域的核心竞争力。

(一)趋势一:移动互联网保险将成为新的业务增长点

当前手机和平板计算机等移动互联设备非常普及,作为个人数据入口的移动互联网代表了互联网发展的核心趋势。根据中国互联网络信息中心(CNNIC)发布的第 48 次《中国互联网络发展状况统计报告》,截至 2021 年 6 月,我国网民规模达 10.11 亿,互联网普及率达 71.6%,我国手机网民规模达 10.07 亿。通过手机一键搭建起日常的联系,可以随时随地接收到新的保险信息和产品。"求关爱""救生圈""摇钱树"这些以交互性、趣味性为创新的险种给予手机端客户良好体验的同时,也为保险公司扩大了影响力。未来,以移动端推送的保险产品必然成为保险销售的新增长点。

(二)趋势二:"按需定制、全产业链"模式将成为主导

互联网保险的发展浪潮,在改变保险领域销售渠道、竞争环境的同时,也逐渐颠覆着传统保险业的商业模式。互联网保险必须依照互联网的规则与习惯,以用户至上的理念,改变保险业现有的产品、营运与服务。大数据的应用使保险产品和服务的个性化及私人化定制成为可能,这将有助于解决保险产品和服务的同质化问题。互联网时代讲究与客户的互动,增加客户的黏性,提升客户的体验感,并满足其需求,从而增加后续业务的可持续性。但是就目前而言,保险公司的网络互动还停留在售前阶段,客户只能被动地选择产品。未来保险公司可以通过创新场景应用、带有趣味性的问题设计或小游戏等手段了解客户的

需求,从而设计针对细分人群的创新产品。未来,互联网保险将会从"大公司开荒、第三方平台浇水、电商助力"这种简单模式向"按需定制、全产业链"的方向转变。

(三)趋势三:"学习型营销""境式营销"将替代"攻势型营销"

有别于保险从业人员向客户推销产品的"攻势型营销"手段,互联网保险是有助于客户在充分理解保险的基础上购买符合自身需求的产品。保险网站不仅是一个销售平台,还是一个为"理解保险"而设立的学习平台。客户可以在网站上学习保险知识,也可以享受实时咨询服务,让客户在充分了解和认可之后,主要购买一些相对比较复杂的人身险产品。为了便于客户理解,保险公司可以制作视频,辅以动画和声音等来生动地展示产品。同时,通过与电商平台的无缝对接,可以以情境模式引导客户选择与之相关的产品。

(四)趋势四:保险门槛降低,保险产品趋于"碎片化"

余额宝降低了货币基金投资的门槛,同样地,互联网保险领域也出现了很多"1分钱"保险,涉及交通意外险、厨房意外险、旅游险等多个险种,涵盖生命人寿、阳光保险、信泰人寿、中美联合大都会人寿、国华人寿、太平洋人寿等多家保险公司。碎片化已成为互联网保险新品的主旋律,主要体现在价格低廉,保障时间缩短,保障范围收窄,条款简单、标准化。此类保险是对保险市场的进一步细分,比如由人身意外险细分出"鞭炮险";由产品责任险细分出"奶粉召回保险";由重大疾病险细分出"防癌险"等。这些保险产品即使短期不会盈利,但是培育了市场,积累了客户数据,有助于二次营销。

(五)趋势五:金融科技深度应用

在"互联网+保险"模式的初级阶段,保险公司、投保客户均会面临较大的风险,如保险公司难以有效判断客户的"逆投保"风险,投保客户难以确认承保机构能否顺利履约等。现实中,互联网保险业务模式的快速推广,与金融科技(FinTech)在金融领域的应用息息相关。金融科技涉及大数据、云计算、区块链、人工智能等新型技术,其在互联网保险领域的深度应用,通过技术手段构建、完善信任体系,大幅提升了保险公司、投保客户的风险保障程度,为互联网保险的快速发展提供了有力的技术支持。

以区块链为例,区块链技术具有去中心化、不可篡改、全网公开、时间戳等特性。将互联网体系架构和区块链技术相结合,能够有效实现互联网保险业务的信息认证、履约自动化功能。例如,信美人寿上线的"信美会员爱心救助账户",采用区块链技术记录救助账户的收支明细、会员变动、救助案例等详细信息,通过及时披露、公示等方式,有效实现了账户的阳光化运营。

互联网金融

三、我国互联网保险存在的问题

(一)经营过程中面临的信息安全问题

信息系统是支撑互联网保险发展的技术基础。目前支撑互联网保险的云计算、大数据等新技术发展还不成熟,互联网的开放性和计算机系统的漏洞会带来很多技术应用上的风险,易造成线上客户信息的泄露,使得客户的合法权益遭到侵犯,也会对公司的形象造成不利的影响。除此之外,作为完全无纸化办公的互联网保险信息系统,其可靠性直接影响公司业务的开展。程序漏洞、网络故障、操作失误等都可以直接影响到系统的可靠性,导致系统的崩溃,用户的数据一旦被破坏,则难以恢复。这对保险公司的经营来说是灾难性的。

(二)互联网保险的监管体系不完善

互联网保险在我国起步较晚,发展较快,其发展速度远超于现有的法律制度。同时,我国现行的保险监管机制也不能满足互联网保险的监管要求,互联网保险不仅需要有保险行业的监管,还要有对于互联网的监管。只有将互联网和传统保险有机结合起来的监管才是符合市场发展的监管。互联网本身超快的创新速度,使得法律的制定往往不能满足互联网保险的发展要求。

(三)产品结构单一,同质化现象严重

目前,我国互联网保险的险种主要集中在意外险、车险、理财险等标准化产品上,产品种类不多,结构单一,同质化严重,在满足消费者需求和习惯等个性化产品方面,尤为缺少。互联网保险产品不是简单地将传统的保险产品搬到互联网上,而是要根据互联网的特点并结合客户的需求将原有产品进行改造或重新开发新的产品。目前,我国各家保险公司的产品基本上都大同小异,并无大的差别,大多数公司仅是将简单的意外险和财险产品放到互联网上进行销售,网络客户在购买时易于理解产品类型,而对于较为复杂和高端的保险产品还无法通过互联网销售,不能满足客户的个性化定制需求。

第六节 互联网保险企业文化和社会主义核心价值观

互联网保险经营的是特殊的产品——风险,实现的手段是风险的重新分配和转移。二十大报告明确指出,社会保障体系是人民生活的安全网和社会运行的稳定器。而商业保险是这一重要体系的关键环节。"积极发展商业医疗保险,加快完善全国统一的社会保险公共服务平台"是未来我国保险业的重要任务。从我国互联网保险企业自身发展来说,其企业文化的建设必须坚持社会主义核

心价值观。我国的保险企业经营业务,其出发点和落脚点应该基于服务经济社会发展大局,基于服务人民群众多元化的保险保障需求,基于不断提升自身的核心竞争力,基于行业科学发展的需要。企业文化是企业经营活动开展的土壤。因此,其建设企业文化应该注意以下几点:

一、履行社会责任使命的要求

随着社会主义市场经济的逐步深入,经济社会的发展将对保险业提出越来越高的要求。保险业只有顺应形势,以一种有利于社会进步的方式进行经营管理,积极承担好高于自己目标的社会义务,才能发挥更大的价值,才能在履行社会责任中不断提升自身的发展能力。为此,保险企业的文化建设应当充分围绕社会主义核心价值观。

二、坚持以人为本的要求

保险通过业务维系的是各种人的关系。说到底,保险经营是经营人的业务。以人为本是指以保险业所联系的各方利益群体的根本利益为本。保险企业文化的建设要体现关心、尊重、理解和信任的价值取向,从而在保险业务过程中树立起正确的价值观念和哲学思想。

三、增强核心竞争力的要求

核心竞争力是一种能够长期获得竞争优势的能力。保险企业文化的建立,必须充分考虑全球保险业市场竞争的环境变化,既要继承国内保险业发展历程中积累下的宝贵精神财富,又要吸收经济社会发展与国外保险业发展中形成的先进理念。保险企业应该通过企业文化建设,以社会主义核心价值观为标准,在企业内部积极培育共同的价值观念,使之不断内化为保险从业人员的自觉行为,使保险企业获得保持长期稳定的竞争优势。

本章小结

通过本章的学习要了解互联网保险的基本背景,包括互联网的发展历程、互联网保险的定义、互联网保险的流程、互联网保险的特点与优势、互联网保险的运营模式、互联网保险的发展趋势等内容。在分类中,主要了解互联网保险运营模式、保险产业的参与方,以及互联网保险的流程。随后阐述国内互联网保险的发展,最后了解互联网保险存在的问题和互联网保险发展趋势。2015年是互联网保险元年,新管理办法于2021年年初出版,体现出更严厉的监管。互联网保险在国内尚处于市场萌芽阶段,其发展面临着诸多问题。要想成功发展互联网保险产业,则需要看清互联网保险发展的方向和影响互联网保险业务发展的关键因素,进而找出互联网保险发展所应采取的策略。

关键术语

互联网保险企业、保险制度、互联网保险、运营模式、组织架构

习 题

简答题

1. 互联网保险的流程有哪六个步骤?并请加以说明。
2. 举出互联网保险的优势以及劣势并加以说明。
3. 请画出保险公司官方网站产品交易流程,并加以说明。
4. 网络兼业代理模式可分为几种,请列出并加以说明。
5. 专业互联网保险公司模式的特点有哪些?
6. 请列举出互联网保险的发展趋势,并加以说明。

案例分析

互联网保险中在第三方平台注册的保险代理人未尽说明义务是否应由保险公司承担不利后果?在张某与泰康在线纠纷案中,泰康在线以事故原因属于被保险人酒后驾驶、无照驾驶及驾驶无有效行驶证的机动交通工具之免责情形引起为由拒赔。受益人后诉至法院,双方争议焦点为该免责条款是否已经保险公司明确说明、是否有效。经查,该保单为张某代罗某在网上注册购买,保单亦寄送给张某,而张某仅将不含免责条款的内容交给罗某,因此罗某并不知悉免责条款内容。泰康在线认为张某为罗某的代理人,不利后果应由罗在明承担。法院经调查了解到张某具有保险代理人资格,其在向日葵保险经纪有限公司的平台上注册后可以销售所有保险公司产品,包括泰康在线公司的该款产品,虽然泰康在线辩称其与向日葵保险经纪有限公司仅为合作关系,而张某仅为向日葵保险经纪有限公司所经营平台的注册代理人,其与泰康在线并无代理关系,但一审法

院认为投保人有理由认为张某是泰康在线的代理人,泰康在线应当承担其代理后果。二审法院维持了该判决结果。也就是说,实践中法院倾向于以表见代理理论判决保险公司承担平台代理人之代理后果。我们认为这种做法是值得肯定的,保险公司与平台合作当高度关注此类风险。当然,在《互联网保险业务监管办法》限缩平台之功能的规定正式出台后,平台不得从事保险销售工作,此类问题将不容易产生争议,举重以明轻,平台违法经营的后果更应由保险公司和平台承担。与此相关的是,在另一个案例中,法院否认代投保人完成投保流程的具有某保险公司代理人身份的人员为保险公司的代理人,因为"平安e生保医疗保险是互联网投保产品,任何人用手机或者电脑搜索平台单击都可以购买,投保人在网页登录后即可进入电脑的智能投保系统,至于上诉人委托哪个人去操作投保系统,其所有的权利义务及责任都归于上诉人自己"。两者的差异似乎在于后者并无代理人身份即可购买该保险,而前者仅保险代理人才能注册销售保险,投保人无法通过网站自行完成投保。后者代理人是投保人之代理人,而非保险公司之代理人。

问题: 思考在互联网时代,保险公司如何认清自身承担的代理人风险?如何防范?

第五章 互联网基金

教学目标与要求

1. 掌握互联网基金的基本含义、与传统基金的区别联系
2. 了解在科技时代下基金的各项特征及其影响
3. 熟练掌握当下互联网基金的运营方式及优势
4. 把握互联网基金的发展历程与未来发展方向

导入案例

销售额直追大银行 互联网平台高歌猛进 银行这项传统业务慌不慌?

基金业蓬勃发展的背景下,头部银行与流量巨头持续较量,正在形成基金代销"双格局"。

从最新披露的银行年报来看,银行渠道依然是基金代销主力军。但近年崛起的蚂蚁、天天基金等第三方互联网平台也毫不逊色。

银行渠道的市场情况,可从2020年年报中窥见一斑。工商银行2020年年报显示,该行全年代理销售基金6 856亿元,较2019年增长16.36%。而在2015年时,工行代销的基金规模一度突破了万亿元。交通银行2020年年报显示,该行代销公募基金产品(含券商、专户)余额较上年末增长90.30%,达到了2 388.17亿元。此外,招商银行2020年实现非货币性公募基金销售6 107.04亿元,同比增长177.88%;光大银行2020年年报显示,其代理公募基金销量达到上年的3.19倍,单只重点基金单日销售达到141.11亿元,创下了该行"代理公募基金的单日销售之最"。

数据显示,截至4月8日,有156家银行开展基金代销业务,但代销基金数量在500只和1 000只以上的机构分别只有39家和23家。其中,招商银行、交通银行和平安银行代销的基金数量位居前三,分别为3 437只、3 404只、3 126只。

同时,开展基金代销的第三方平台数量为109家,代销基金数量在500只和1 000只以上的机构分别有66家和56家。其中,天天基金、盈米基金、好买基

金、蚂蚁基金、同花顺代销基金数量位居前五，分别为 6 008 只、5 607 只、5 546 只、5 446 只、5 370 只。

"在当前情况下，基金代销依然以银行等传统渠道为主，这些渠道的资金量和客户保有量还是很大的。"天相投顾高级基金研究员杨佳星对中国证券报记者表示，近几年头部互联网平台虽已逐渐在基金代销领域"分得一杯羹"，但短期内并不会取代银行等传统渠道。

前海开源基金首席经济学家杨德龙表示，互联网基金销售渠道客户以90后、00后群体为主，按照目前的发展速度来看，将很快与银行渠道形成"平分秋色"格局，将来的市场占比仍有上升趋势。

以天天基金为例，2019年该机构的互联网金融电子商务平台共计实现基金认（申）购及定期定额申购交易7 178万笔，基金销售额为6 589.10亿元。2020年上半年，天天基金实现基金销售额5 683.63亿元，同比增长83.93%。

金融研究院院长姚杨对中国证券报记者表示，头部银行和电商巨头虽然都是近年来的基金代销主渠道，但它们面对的基民群体有着较大差异。

银行服务的基金客户，大部分是中青年以上人群，年龄主要在30～55岁。这个群体往往有着客单价较高、与银行网点互动黏性较大、受银行客户经理影响较多等特点；而互联网流量巨头如蚂蚁金服、天天基金的客户群体以35岁以下的年轻客户为主。这些群体多数为新基民，基本是在2020年市场赚钱效应影响下开始接触公募基金的。

姚杨认为，从行业发展进程来看，随着年轻投资者的崛起和移动理财的便捷度进一步提升，互联网基金销售电商新势力未来可期。从实践情况来看，移动设备的极大普及和多媒体手段的极大丰富，对"90后""00后"等年轻群体接触、了解公募基金等理财知识有很大帮助，对全市场的投资者教育总体也是有所裨益的。

（资料来源：中国证券报2021年4月9日）

第一节　互联网基金的基本概念

一、互联网基金定义及内涵

（一）共同基金

共同基金是指通过发售基金份额募集资金形成独立的基金资产，由基金管理人管理、基金托管人托管，以资产组合方式进行证券投资，基金份额持有人按其所持份额享受收益和承担风险的投资工具。

共同基金具有如下特征：

1. 集合投资

基金以集资的方式集合资金用于投资。集资的方式主要是向基金投资者发售基金份额，以此汇聚众多投资者的资金，积少成多，并运用这一笔巨额资金在市场上投资包括但不限于股票、债券等金融工具。

2. 信托关系

信托关系是构成证券投资基金的基础，这样一种关系建立在基金投资者与基金管理人之间，基金投资者将本人持有的资金委托给信赖的基金管理人加以投资与增值，管理人将这一笔资金进行管理和投资，并将收益反馈给投资者，这样的一种投资关系即是基础的信托关系。

3. 间接的投资方式

基金投资者的证券投资是间接的，证券投资行为是由基金公司代理执行的。

（二）互联网基金的内涵

互联网基金又称网络基金，是通过互联网在线平台推出的基金产品。作为一种新兴的事物，互联网基金的定义并没有一个非常准确且统一的界定。但在基于多数学者的讨论与总结下可以得出一个较为完整的含义，即互联网基金是在借助互联网媒介（如社交媒体、交互式 App、云计算等技术）的基础上实现投资客户与基金管理机构的直接交流，增加了基金投资的便利性，减少了基金发售成本，降低了基金市场存在的信息不对称，是对传统共同基金服务的延伸和补充。互联网基金的模式，即信托关系、集资模式，与传统基金别无二样，唯一的不同仅是互联网基金采用的是基金公司与互联网科技联合，采用了线上销售方式。

在基金与互联网结合后，实现了金融理财互联网化，用户在网上投资理财的方式取代了线下前往银行购买理财产品的繁杂且成本较高的过程，在这种"金融脱媒"的理财模式下，银行在客户和第三方理财机构之间不再起着有偿链接作用，弱化了银行的金融中介地位，大大提高了理财效率并降低了理财成本。同时，相较于线下动辄数万购买门槛的理财产品，互联网基金低至一分钱的投资门槛吸引了更加广泛的投资者。

二、互联网基金的分类

根据发售互联网基金的机构或企业的不同，互联网基金可以分为以下三类产品：

1. 基金公司直售产品

这是由基金公司自主联合互联网科技，研发和推出线上销售的本公司基金产品,如华夏基金公司推出的活期通、广发基金公司推出的钱袋子、嘉实基金公司的乐理财以及活期乐等多种理财产品。

2.银行系理财产品

这是由各银行自主推出的互联网基金类理财产品,有招商银行的天添金、宁波银行的天天金、中国银行的活期宝等多种类型的理财产品。

3.互联网企业与基金公司合作推出的产品

此类产品正是我们所普遍认知的产品,由互联网企业牵头,联合基金龙头公司推出基金产品,如支付宝的余额宝、微信内置的理财通、苏宁易购的零钱宝、百度理财的百发和京东的京保贝等。

三、互联网基金与传统基金的比较

(一)互联网基金与传统基金的不同之处

首先,互联网基金依托互联网科技,极大减少了以往线下购买的烦琐,降低了购买成本。同时,互联网基金能够呈现出更加多元化的基金产品供投资者选择。在营销方面,互联网基金表现出了独一无二的多元化与差异化。

其次,互联网基金的经营方式与投资理念与传统基金存在较大不同。基于互联网金融的"长尾效应",互联网基金的销售对象聚焦于所有群体,降低了基金投资的门槛。无论高收入阶层,还是中低收入阶层,都有能力参与其中。

再次,互联网基金相比于过去的传统基金的不同之处还在于互联网基金更加注重投资者的投资体验。得益于互联网的优势,互联网基金能够更加频繁地与投资者进行"沟通",为投资者提供专属的投资服务,实时评测投资者的理财能力,极大限度地提升了投资者对平台的黏性。

(二)互联网基金与传统基金的相同之处

互联网基金是在传统基金的基础上与互联网科技进行结合的产物,从本质上来看,它依旧属于传统基金的范畴。换而言之,互联网基金是传统基金的子集,因此它依旧具有传统基金应有的特征,即前文提及的集合投资、信托关系以及间接性的投资方式,且其投资增值手段本质依然是发售基金份额募集资金,用此大额基金购买股票、债券等金融工具谋取收益。这样的特征、手段在任何一种基金系工具都是相通的,无论任何形式的改革和创新均无法颠覆这一本质,这样的特征即是互联网基金和传统基金的联系。

第二节　互联网基金的发展历史

一、国外互联网基金发展历史

互联网基金的起源最早可以追溯至20世纪90年代的美国。1999年,为解决上亿用户在交易过程中产生的沉淀资金,美国最大的支付平台Paypal实现与基金公司的对接,推出了第一只互联网货币基金,名称是Paypal Money Market Fund(PMMF)。这一只互联网短期货币基金的资金直接投资给一家投资管理公司,所有用户的收益与其经营业绩有关。

在购买PMMF产品的过程中,用户不需要将资金转入其他账户,仅在Paypal支付平台上进行简单的设置,他们在该支付平台的留存余额就能直接转入PMMF基金产品并享受基金投资带来的收益,用户在支付过程上不会感觉到任何不同。值得一提的是,PMMF的申购门槛同样极低,仅0.01美元即可投资购买。我国的余额宝的运作方式可以说与其并无不同。Paypal平台借助了互联网科技带来的便捷、低成本效应以及便利的申购赎回机制,实现了互联网支付平台和基金公司的高效连接与合作。在2000年,仅推出一年的PMMF的年收益率已高达5.56%,远远高过当年银行存款利率,因此PMMF的规模也在迅速扩张。至2007年,PayPal货币基金吸收的资金达到10亿美元。

但巅峰过后,PMMF就经历了巨大衰落。在2008年,次贷风暴导致全球流动性出现了巨大危机,加上美国国家政策的干涉,使其市场利率极速下降,其收益率遭受了巨大打击,当年其年化收益率仅有0.4%。在此情形下,Paypal为挽救衰败的局势,采取了给用户补贴利率,降低管理成本等措施,但依旧抵挡不过来自资金规模减小和市场收益率下降带来的打击。在2011年,Paypal宣告PMMF货币基金退出市场。

PMMF虽后期经历了金融危机与各级市场剧烈波动而被迫关闭并退市,但Paypal平台首次将互联网科技与基金进行结合和推出的这种创新方式给金融业务的创新带来了借鉴经验。我国互联网基金的发展就受到了来自美国互联网基金发展的影响。支付宝在2013年推出的余额宝的运作模式是与其高度相似的。PMMF的运营方式以及其投入至市场内的策略一直影响着后续所有新互联网基金的推出,它为互联网科技与传统基金带来的价值可以说是不可估量的。

步入二十一世纪,日本政府在互联网基金的建设上也投入了大量精力与人力,但其发展的结局却不尽如人意。早在2000年,为提速基金发展,日本政府就已经大幅度两次修改了《证券投资信托法》,大大丰富了投资信托的品质和投资范围。得益于其长期的零利率政策,其中日本的MMF(货币市场基金)的规模在2000年5月达到了21.8万亿元。但在2000年后,日本政府终止了零利率政策,也正是在这几年间,基金公司爆发的丑闻让日本政府和日本民众对基金市场可谓是谈之色变,导致了后期日本民众对基金市场的投资尤为谨慎。

不仅是日本民众对基金投资的态度变得保守,日本政府也在不断地维护着投资者的权益,压缩基金公司的生存环境。《证券投资信托法》要求了近8项规定法案,法案中包括了公开详尽的基金信息、基金赎回的方式、如何进行基金估值、管理人的受托责任、收益分配、基金的审计与税收制度,甚至包括了对基金公司广告宣传与未来业绩预测和判断的保守程度。在这样严苛的监管环境下,基金的收益率持续下跌,利润也随之一蹶不振,基金公司与互联网科技的联合也不得不停止合作与发售。在如此环境下,日本互联网基金的发展也就逐渐停滞并消散。

从以上境外互联网基金发展案例来看,它们虽发展较早,但发展的过程中都或多或少遭遇到了来自社会、民众、国家的多方阻碍,最后导致结局并不完美。相比之下,我国自2013年诞生的余额宝至今依然能够活跃在基金市场上,可以说是我国多年在证券投资基金业的沉淀。

二、我国互联网基金发展历史

我国证券投资基金业起步于1997年,经过二十多年的沉淀和发展,市场规模不断扩大,法律法规和政策规范也越来越完备,基金种类不断增多。在二十多年的时间里,我国不仅完善了传统基金的运作监管,也建立起一套相对完备的互联网基金的规范。从2006年实施的《证券投资基金产品创新鼓励措施》开始,直到2013年余额宝发售前夕发布的《证券投资基金销售机构通过第三方电子商务平台开展业务管理暂行办法》,无一不在为互联网基金的推出创造合适的环境。因此,我国的互联网基金行业的成功不是一蹴而就,而是长期沉淀的成果。1997年以来我国证券投资基金发展大事记见表5-1。

表 5-1　　　　　　　1997 年以来我国证券投资基金发展大事记

时间	事件	意义
1997.11	《证券投资基金管理暂行办法》	为我国基金业的规范发展奠定了法律基础
1997.10	中国证监会基金监管部开始运作,1998 年正式成立	—
1998.3	两只封闭基金——"基金开元"和"基金金泰"面世	拉开了我国证券投资基金试点的序幕
2000.10	证监会发布了《开放式证券投资基金试点办法》	其中赋予了商业银行代理销售开放式基金的资格
2001.9	国内第一只开放式基金"华安创新"诞生	标志着我国基金业实现了从封闭式基金到开放式基金的历史性跨越
2003.4	基金公司网上直销渠道开通	—
2003.12	首只货币基金华安现金富利设立	—
2004.6	《证券投资基金信息披露管理办法》《证券投资基金运作管理办法》《证券投资基金销售管理办法》相继实施	—
2004.7	《中华人民共和国证券投资基金法》	
2004.9	《货币市场基金管理暂行规定》	—
2006.3	《证券投资基金产品创新鼓励措施》	此条措施的实施标志着我国对基金产品的创新支持度之高,为后续互联网基金产品的诞生埋下伏笔
2009.11	《网上基金销售信息系统技术指引》	
2011.9	《证券投资基金销售结算资金管理暂行规定》	
2012.12	第十一届全国人民代表大会常务委员会第三十次会议通过了《中华人民共和国证券投资基金法(修订)》	新基金法的修订与实施标志着我国证券投资行业进入了创办新发展的历史新阶段
2013.3	证监会颁布《证券投资基金销售管理办法(修订稿)》	进一步降低了专业基金的销售机构的准入门槛,开启了基金第三方销售机构进军基金销售业务的大门
2013.3	证监会发布《证券投资基金销售机构通过第三方电子商务平台开展业务管理暂行办法》	允许证券投资基金销售机构通过第三方电子商务平台开展证券投资基金销售业务,第三方电子商务平台可以为基金销售机构开展基金销售业务提供辅助服务

(续表)

时间	事件	意义
2013.6	余额宝作为我国第一只完全通过第三方电子商务平台发售的开放式货币市场基金上线	互联网货币市场基金迅速发展,并超越传统货币市场基金总规模
2014.10	《私募投资基金监督管理暂行办法》	私募基金正式纳入证监会监管
2016.12	中国基金业协会对私募业密集修订了七个自律管理办法和两个指引,多方位、全维度地加强监管	在不断高压下,私募基金业走向正规化,引导私募行业诚实守信、合规运作
2017.7	《私募基金投资者适当性管理办法》施行	开始引导投资者理性参与基金投资,让适合的投资者购买适当的产品
2019.6	《证券基金经营机构信息技术管理办法》施行	保障依托互联网科技的基金行业信息技术、系统安全运行
2020.4	中国证监会与国家发展改革委联合发布《关于推进基础设施领域不动产投资信托基金(REITs)试点相关工作的通知》	基础设施公募REITs正式落地,以房地产为代表的不动产可以通过证券化的方式进行买卖交易

我国互联网基金的发展历程可以分为两个阶段:

第一阶段:2013年6月—2015年年初。在2013年6月,由支付宝联合天弘基金公司打造的中国首只互联网基金——余额宝正式推出。作为我国的第一只互联网基金,它的上线可以说是全面引爆互联网金融的热潮,将互联网基金带入到大众视线。该基金保留着传统基金的特点,融合了互联网科技的象征,借鉴了PMMF运作模式的经验,是具有低门槛、高收益、回馈迅速且便捷的划时代理财产品,成为人们更方便快捷的投资的首要选择。可以说余额宝在我国互联网基金发展史上具有里程碑的意义。在余额宝诞生后的一两年间,各公司纷纷推出了各种互联网基金,如腾讯的理财通、兴业银行的掌柜钱包、民生银行的如意宝等。这一阶段是互联网基金投入我国市场的初生与发展阶段。在此阶段,我国互联网基金市场份额达到了46.5%。

第二阶段:2015年中期至今。由于互联网基金的市场开始饱和、央行连续降息并对此下调存款准备金、利率市场化的推进等因素,互联网基金的收益率不断下降。2015年12月31日,余额宝7日年化收益率仅为2.703%,并在之后逐渐趋于稳定,直到2020年,余额宝等互联网基金产品的收益率维持在2%~3%。目前互联网基金市场上已形成较大规模的市场竞争,互联网基金产品也开始逐步多样化,不再以单纯的货币基金为主,也开始了一些定投基金、混合基金

互联网金融

等,竞争开始激烈。同时,其他互联网金融产品逐渐兴起,它们具有比互联网基金更高的收益率,吸引走了很大一部分的投资者,市场逐渐平淡。经过统计,至2019年6月,我国的互联网理财产品类用户数额已达1.7亿,其中互联网基金产品的购买用户占比最大,互联网基金依然是吸引投资者的投资方式之一。

截至2020年年底,互联网基金的热度依然保持着火热的势头。自2020年下半年开始的"白酒基"热度到股市动荡引起的基金暴跌,一切关于互联网基金市场的动荡信息,都会迅速地出现在当日的媒体热度榜。在基金市场波动和基金涨跌火热的行情下,基金类话题无一例外都直冲话题榜前列,其中几条话题甚至达到了4.2亿的阅读量。在可预见的未来,互联网基金仍会继续发展,成为广大居民投资的重要渠道。

三、互联网基金发展所带来的影响

随着互联网基金的不断发展,它对社会、经济、金融机构都产生了不同程度的影响,这些影响有正面影响也有冲击。

(一)培养了大众理财的理念与思维

互联网基金借助互联网科技,改变了基金行业的生态。通过互联网技术,将基金这种投资渠道通过互联网平台推送给了大众,一分钱门槛吸引了大量的中小投资者,虽投资数额不大,但他们也通过这种微投资开始了解和接触基金。基金在新媒体话题热度榜的出现频率大幅增加,几次关于基金的"跳水",都引起了投资者的激烈讨论。除了对基金本身的了解程度加深以外,区别于以前仅隐藏于幕后的基金经理,投资者也会开始关注每只基金背后的基金经理,通过他们的经营历史评判基金产品的好坏,这不仅提升了投资者的理财深度,也同时能够建立起投资者心中基金公司的品牌形象。

(二)提升了社会资金的流动能力

互联网基金全面铺设了直通投资者的道路,实现了人人有渠道购买,人人有能力购买,人人有决定权来决定购买数量、赎回时间、购买时间。这使得人们更愿意将手边的闲置资金进行投资,大大提升了社会闲置资金的使用率。盘活闲置资金的使用途径,提高社会闲置资金的流动率,有助于市场上资金健康、高效的发展,可以促进市场资金的供需平衡。

(三)推动基金行业形态的变革

互联网基金的推出不仅是大众尝试投资的一个契机,对基金行业形态的革新也是一种推动。在互联网科技的影响下,基金行业的销售形态进行了一次新的变革。传统的依靠银行、证券公司代销的线下销售渠道、营销方式已经不再具备优势。互联网科技的优势就在于快捷、方便,依靠大数据系统能够实现营销个性化,针对不同用户提供差异化营销。相较于传统基金缺少与用户的沟通,互联网基金已实现信息公开透明、收益率实时更新、突发信息及时通知投资者,这些信息方面的领先已是传统基金公司所无法比拟的特点。除信息沟通外,互联网科技带来的大数据分析能够及时进行风险分析,及时规避多样风险,同样也给了传统基金行业较大的压力。在多种压力下,优胜劣汰的状况也会愈发明显,因此,传统基金转型已是刻不容缓,基金行业形态的变革也是预料之中。

(四)影响商业银行表内业务

相较于商业银行的活期存款,互联网基金产品门槛低、流动性强、收益率较高的特点使得大众投资者更愿意将资金投入互联网基金产品。这些基金产品背靠大型互联网公司,如支付宝、腾讯、京东等广受投资者信任且熟悉的互联网企业,因此其在中年人、青年人里的受欢迎程度远胜于商业银行,大众更愿意将资金投入互联网基金产品内。

虽然目前互联网基金产品内所获得的资金投资不如商业银行内的资金储量,但其在新一代人们心中的形象和熟悉程度已远高于商业银行。在未来的发展趋势里,互联网基金对于年轻投资者的吸引将继续保持。

(五)冲击商业银行的表外业务

如同互联网基金冲击商业银行活期存款的趋势,以"碎片化理财"为主旨的互联网基金,在多种优势聚合下,挤兑着商业银行推出的周期理财产品的生存空间。对比迅速扩张且饱受投资者好评的互联网基金产品,商业银行的理财产品具有的诸如申购门槛、赎回如期、非按天复利等多种缺陷暴露无遗。互联网基金对商业银行的理财产品的冲击不可小觑。

在目前互联网化的时代下,通过互联网平台的移动支付已成为时代主流,越来越多的比如付款、收款、转账、代缴等业务已通过移动支付进行办理。移动支付具有的跨行支付、创新支付、快捷支付等优势吸引了一批一批的用户,而依靠移动支付为主要手段的互联网基金也乘此"东风",拥揽了一批用户,市场份额有明显上升趋势,而依靠传统商业银行 ATM 机、线下转账存款的支付业务也受到了极大的影响。

(六)改变商业银行的市场地位与体制形态

在利率市场化与跨界融合的大背景下,互联网基金迅速发展首先影响到的就是商业银行的市场状况,冲击了商业银行成熟的营销、支付、信息交流等体系。

互联网金融

商业银行长期以来凭借着优势的资源、业务和营销渠道,获得了金融市场的丰厚利润。随着互联网基金产品的发展,它分流了商业银行长期以来稳定的客户群体,导致商业银行的各业务与产品受到影响和冲击。

商业银行开始意识到互联网基金带来的挑战,逐渐打破过去传统的思维,迎接互联网科技带来的变化。为顺应互联网金融行业的发展,我国的商业银行纷纷推出改革制度。首先是开始关注客户体验,针对不同客户制定个性化理财与存款服务,提升对接人员的专业水平与服务态度。其次,商业银行开始将资金带入互联网科技,研发创新的互联网基金产品,如民生银行的如意宝与招商银行的招招盈等符合银行自身发展的互联网货币市场基金。再次,商业银行积极开展其他的金融创新工作,大数据、云空间、人工智能等能够在金融类其他行业服务用户,提供便捷用户体验的互联网创新科技。商业银行凭借着广大的用户基础,在互联网改革上也获得了一定成功。可以说,在互联网基金的影响下,商业银行逐渐摆脱了传统金融体制的捆绑,加快了整个商业银行机构的转型、改革与新制度的建立。

互联网基金作为一个新时代跨界融合的产物,它的发展所带来的影响直接影响到整个金融行业的生态体系,不仅促使了基金行业与机构的改革与创新,还促使了其他金融行业积极开展与互联网科技联合的创新。从整体来看,互联网基金的影响无疑是积极正面的,其提高了我国金融行业在全球的竞争力。

互联网基金的优势

第三节 互联网基金的特点及优势

互联网基金作为一种新科技时代下的产物,其依托于互联网支付平台的发展,在平台上进行直接销售。相较于传统的基金产品销售模式,它具备方便快捷、用户基群量大、多元化投资以及透明客观等主要优势。除了这些在市场中表现出的优势外,它还具有潜在优势,诸如创新性、体验性。潜在优势通常是通过与传统基金的区别而表露出来的。正因为这些优势,它才能够获得大众欢迎并不断发展至今,最终实现其独有的价值。在这个过程中,互联网基金往往会呈现出一定的特点,而这些特点也是其优势的具体体现。以下我们将从主要优势、潜在优势与外部优势来掌握互联网基金的特点与优势。

一、主要优势

(一)操作方便快捷、易于上手

互联网基金产品都是以网络平台为媒介进行销售的,投资者也就是各大平台的用户。依托互联网的技术,平台能够直接对接各位投资者,投资者亦能够在平台上直接操作基金的购买与赎回。在这样的方式下,互联网基金的交易不会受到地域和时间的局限。余额宝所依靠的支付宝这一平台,已经进入广大用户的日常生活,成为公众网络购物支付及日常网络支付的重要手段。用户对支付宝的操作已经非常熟悉,在进行购物支付的过程中,如果希望资金转入获取收益,单击余额宝同意用户协议即可完成转入。基金由专门的基金管理公司进行运转,收益更新后便会累积到原有的账户上,随时可查、可转出资金,方便快捷,即使是投资新手或网络小白,按照软件提示步骤也可以完成操作,进行投资。

(二)产品种类多,规模大

互联网基金的产品样式较多。以货币基金为例,从一开始余额宝,到零钱通、活期宝、百赚等一系列货币基金产品的推出,越来越多的企业看好"互联网基金"这杯羹,纷纷投入其中,不断开发特色产品,吸引客户。除了货币基金,各个平台还推出互联网基金购买渠道供客户投资专用,使用相应 App 的客户有投资理财需求,可以直接单击对应基金窗格查看市面上的产品,或直接在窗格内选择专业理财经理进行相应的投资。同时,大部分基金平台都已按照日为单位来进行收益计算并实时显示在客户的余额中,使得客户能够对自己的投资拥有明确的认知。这样的模式使得产品越来越多,规模也越来越庞大,受众人群越来越广。余额宝 2013 年 6 月上线,截至 2013 年 6 月 30 日,资金规模就已突破 550 亿。

(三)投资门槛低,申购灵活且收益率可观

互联网基金相对传统基金投资方式来说,投资门槛较低。相较于多数不仅要求投资者资金、资历达到一定条件且要求 1 000 元起购的证券投资基金、5 万元起购的理财产品等多数大额起购的产品,互联网基金即使是较少的资金也可以进行基金投资,预算有限的情况下可以选择购买门槛更低的货币基金,且申购灵活,随时可以买进或赎回。如在投资期间需要这笔资金进行周转,直接将投资金额转入余额账户即可使用。如不想购买货币基金,还可以购买互联网定投基金产品。选择小金额起购的产品,如 300 元起购,申购期为一个月,一个月的时间基金运行收益可以随时查看。若不符合预期或需要资金周转,一个月即可赎

回。同时，互联网基金对投资者的能力、资历、资产都没有规定要求，可以说得上是一项非常亲民快捷的理财产品。

互联网基金的收益率也是有所保证的。在推出与发展之际，其7日年化收益率一度高达6%，远远高于当时的银行活期利率，即使经历过震荡，目前互联网基金7日年化收益率也依然维持在2%以上。

二、潜在优势

(一)跨界行业的创新联合

互联网基金产品可以说是在互联网金融行业里的里程碑式创新。这样大胆的跨界创新使得基金产品的销售方式脱离了银行或者是证券公司的代销，并大大减少了雇用有经验、有知识的销售人员的高销售成本以及商业银行或证券公司忽略对销售人员的规范与培训导致的销售不匹配风险。除此之外，在互联网平台带来效益下，基金产品可以很容易地公开披露和对比每只基金的信息、持仓和占比情况，极大减少了过去基金信息只能通过中间商或代理人公布来获悉而导致的信息不对称、市场作用被限制等阻碍因素，大大增强了市场上基金的透明度和熟知度。凭借着互联网科技强大的数据分析能力与互联网公司已有的投资者信息，互联网基金能够更加精准地投放给有需求有想法的投资者，在低成本下开放的"一分钱"门槛更能进一步扩大受众群体。

从数据上来看，2012年天弘基金公司在业界排名是第50位，与支付宝联合后，2014年天弘基金公司一跃成为业界的第1位，更难得的是，在这个过程中，其推广费用几乎可以忽略不计，但却已获得了来自支付宝多数用户的投资，从支付宝与天弘基金的跨界合作来看，这种创新联合无疑是成功的。

(二)投资者投资方式的创新

互联网基金在投资者投资方式上的创新可以分为三个方面：

第一，申购流程创新化和简化。以余额宝为例，投资者已是支付宝的用户，在支付宝上已通过实名认证、银行卡登记、余额留存等操作，再购买余额宝时，减少了申购当中登记个人信息这一流程，仅需设置自动从余额转入余额宝即可完成购买。这样的方式不仅应用于余额宝，在理财通、京保贝等互联网基金产品也广泛运用。

第二，日常支付流程与赎回过程的创新。投资者投资在互联网基金产品中的收益，可以直接运用在日常消费、转账、提现等操作中，极大增强了收益的流通性且保留了客户原有的支付习惯，实现了理财走进生活，科技促进便利的理念。

第三,投资者对基金信息的掌握渠道。基于互联网科技对基金信息公开透明的提升程度,投资者可以运用碎片化时间去了解每一只基金的信息,并运用自己的能力对它们做正确的、主观的并富有对比性的选择。对投资者而言,他们掌握了对投资物的选择权与控制权;对基金产品而言,优秀的基金产品更有了出彩的能力,同时也能够督促基金产品不断提升自身经营能力与收益率。

三、外部优势

时代的助力是互联网基金的外部优势。在互联网基金发展的初始阶段,此优势给予了互联网基金无限发展与扩张的资本。首先,从国家政策的颁布上来看,在初始阶段,证监会连续出台两份关于证券投资基金的管理办法。除此之外,证监会新闻发言人在2014年更是直言"支付宝推出的余额宝是理财创新的积极探索,证监会会坚持支持创新发展"。其次,社会环境也给予了互联网基金发展的"温室"。2013年正值"钱荒",银行大量缺钱,同行拆借利率上升,此时货币基金作为补充银行流动性的角色出现,因此,货币市场基金的收益全体上升,利润可观。在初始阶段,无论是国家政策还是社会环境都在助推着互联网基金的发展,成为互联网基金得以立足的优势,可谓是生正逢时。

以上对于互联网基金的特点与优势主要聚焦于对其主要优势的描绘,由于潜在优势不易表露的特点,其潜在优势通常是作为对主要优势的补充和详解。因此,充分理解互联网基金的主要优势是理解其能够短时间内迅速发展的原因和维持规模至今的重要一环。同时,互联网基金的主要优势可以说是"触手可及",在我们日常接触中即能感受到这种优势的存在。所以理解主要优势并不困难,但对潜在优势的理解需要对互联网金融科技有了解的基础,并在理解互联网创新的基础上来理解潜在优势。

第四节 互联网基金的运营模式

互联网基金的运营模式离不开基金平台与互联网科技的关系,这种关系可以是企业之间合作产生的,也可以是由同一家企业产生的。在供应链的角度来看,可以把建立关系的二者分为供给方与营销方,供给方可以是基金公司与直销银行,营销方可以是互联网企业、基金公司与商业直销银行。另外,所有的模式都离不开互联网基金监管方的参与。因此,我们可以对互联网基金的运作体系进行描绘。

一、基于供给方与营销方的四种运营模式

(一)平台分销,基金公司直营

这种模式是一种基于第三方互联网平台与基金公司直接合作的操作上实现基金销售交易的模式,由基金公司与第三方互联网平台达成合作,共同发行一款基金产品并将该基金嵌入互联网平台,由互联网公司与基金公司进行共同管理。互联网公司主要负责管理客户资金流向、进行客户画像分析,并将得到的客户数据共享给基金公司,完成基金产品的精准且定向的投放。基金公司主要负责基金的运营和管理,并运用互联网公司提供的用户数据打造一套适合大多数客户群体的互联网基金产品。在这一过程中,基金公司省去了推广费用、安全技术费用等多项成本。在互联网平台与基金公司之间,银行同时作为其中间桥梁负责二者的资金往来,至此构成最基础的互联网基金运营环。同时,互联网公司与基金公司也实现了双赢。其中,余额宝就是典型的这一营运模式的代表。

这种模式往往对双方都是一把双刃剑。对互联网公司而言,倘若控制不好摄取用户相关信息的程度,则会极容易侵犯到用户的隐私权,影响公司声誉。如果互联网公司耗费大量人力、财力、精力在基金产品建设上,那么就会对基金公司产生依赖感而处于相对被动的地位。这也同样反映到了基金公司上,一旦基金公司太过依赖互联网公司的平台销售,也会处于相对被动的地位。如果合作的互联网公司品牌太过强大,基金公司品牌的知名度则会被盖过甚至忽略,这就好比大多数投资者只知支付宝的余额宝,而不知天弘基金的余额宝。

(二)互联网基金超市模式

互联网基金超市模式与第一种运营模式存在较高的相似点,但不同的是,这种运营模式主要聚焦于互联网企业,也就是第三方平台。它们将不再与单一基金公司合作,转而吸纳大量基金公司的产品并集中"上架",供投资者选购、投资。此类第三方平台的互联网基金包括了京东金融、百度财富、东方财富网、同花顺等,这些平台赚取收益的方式是通过收取一定的中介费用,因此它们也会为投资者提供一定的增值服务来保证这些超市的"商品"能够顺利卖出。增值服务包括但不限于提供投资咨询服务、实时更新各大基金产品讯息、模拟投资等,为投资者提供了准确且完善的投资导向。

基金超市模式可以说是"聚百家之长"。对投资者而言这种模式无疑是友好

的,因为每一只基金背后的公司都将会竭尽全力使该基金业绩上升,以此吸引投资者的目光。对基金公司而言,在众多的同类竞品中,要想脱颖而出不是一件容易的事,基金公司也会因此受到巨大的竞争压力,这也为基金公司带来了创新的动力。

(三)网上银行推广模式

现在各大银行为应对互联网金融的冲击,缓解业绩压力,选择与多种基金公司进行联合,凭借其高度互联网化科技和银行的背景,在互联网基金市场中也占据了一席之地。直销银行依托互联网科技构建了集支付、转账、储蓄等功能于一体的营销平台,并在此平台上提供给客户多样化的理财产品、方案等选择,以此开启了网上银行销售基金方式,如平安银行的平安盈、广发银行的智能金等。平安盈除支持南方现金增利 A 之外,还支持购买其他理财产品。另外,这种银行的"T+0"产品的年化收益提升至 4.5% 左右,相较于传统的商业银行,创新联合下的互联网基金产品除了在银行网点销售外,还能通过网上银行和手机银行等方式购买。这种方式非常方便快捷,用户下载手机银行后,首页就会有理财基金的提示,方便操作。依靠着银行较好的商誉、极广的民众基础,中高年龄段的人们对商业直销银行有较高黏性,稳定且风险较低的互联网基金商品能够在这样的人群中很好地进行推广。

(四)基金管理公司直营

随着互联网基金的不断发展,各基金销售机构为顺应时代潮流与发展趋势,同时最大限度降低发行基金的直接成本与营运支出,开始研发各自的互联网基金平台,通过建立属于自己的网站或者应用软件推荐和销售本公司的基金产品,开始了直营互联网基金产品的方式。如汇添富基金管理公司的现金宝、华夏基金的活期通等,这些都是基金管理公司自己推出的互联网基金产品,客户通过直销平台即可进行投资。相较于与第三方平台合作的方式,直销模式下,基金公司同时作为供给方与营销方,免去了很大一笔中介费用。同时,基金公司能够及时对投资者的反馈做出反应,能够设计出更加符合投资者风险偏好的基金产品,因此对于品牌的建设能够更加完善和及时,使公司形象深入人心。另外,基金公司具有丰富的投资知识与经验,在提供投资服务时显得更为可靠。

但直销模式的缺点也非常明显。首先,基金公司的用户储备量远不如互联网公司或是银行,需要客户量就需要大面积铺设广告进行推广,其中非常常见的就是汇添富基金在上海地铁大面积铺设广告牌与海报,因此这种方式往往会造成较高的销售成本。其次,互联网基金要求基金公司自建一个完善的网站与应用软件,这对于财经类公司是一个非常大的挑战,基金公司需要雇用科技型人才并投入大量的资金与精力,除了成本的提升以外,还需要考虑在上线之后,是否会错过了互联网基金的红利期。再次,直销模式下,平台仅会上线本公司的基金产品,对于用户而言,大大减少了选择的多样化程度。

二、互联网基金的监管方

互联网监管机构存在于任何一种运营模式中,它的存在是为了保证互联网基金交易的合法性、安全性、规范性,同时保证投资者与基金公司双方的合法权益,其重要性不言而喻。在我国,证监会是互联网基金的主要监管机构,在2013年它颁布了《证券投资基金销售机构通过第三方电子商务平台开展业务管理暂行办法》,其中对互联网基金进行了多项规定。首先,提供互联网基金的销售平台需要有安全保障,并具备相适应的安全管理措施和安全防范技术措施。对于资金安全的保障措施同时保障了投资人与基金公司的资金安全。其次,互联网基金销售必须确保销售适用性原则的贯彻落实,保证一切销售活动合理合法化,并保证所提供的互联网基金产品的风险性符合投资人风险投资偏好,维护投资人的合法权益。再次,不论是基金公司,还是互联网企业,都不得企图欺诈、误导、诱骗任何投资人进行不规范的投资活动。

互联网基金的监管方严格地要求了进行交易的任何一方所必须履行的义务和能够享受的权益,所有的运营模式都必须在监管方的原则和要求下运作,并保证符合规范且合法,也正是有着完备且严格的法令法规,互联网基金的运营才得以健康良好地发展至今。

第五节 互联网基金发展趋势

伴随着新科技、新业态、新环境的发展,无论是互联网企业、基金公司还是银行等机构都开始了对互联网基金产品的设计与研发,在可预见的未来,互联网基金也会伴随着各方各业的共同努力而变得更完善、更贴合投资者需要。但在这样的发展环境下,各机构之间的竞争压力也是无法避免的。基于此,我们从四个方面来详解互联网基金的发展趋势:

一、基金产品逐步多元化

互联网金融的发展使得各金融从业机构都开启网络基金板块业务进行业务推广,产品形式多样,产品也会越来越多,货币基金已经为大众所热衷。除此之外,定投基金、混合债券基金等各种各样的传统基金也会逐渐结合互联网进行变革,顺应发展,形成新的产品进入市场。

在过去几年里,随着余额宝的诞生,新浪推出了新浪微财富、京东推出了京东金融、腾讯推出了理财通……各类互联网金融产品争相而出,为的是抢占市场中的份额。除了同类竞品外,互联网保险、互联网信托也都在抢占着互联网金融市场的蛋糕。因此,未来互联网基金产品的竞争激烈程度可想而知,其对投资者的收益率也会呈现明显的下降趋势。同时,各基金公司也会提供更高性价比的产品以及有价值的增值服务吸引顾客。

二、产品设计多样化

在未来,对于互联网基金的产品设计与制作会来自多方的共同合作,互联网企业与基金公司的分工不会再变得非常清晰,二者的界限会趋于模糊。其原因在于,互联网基金不仅仅只代表一种产品,更代表着背后每一家企业的品牌形象,而在过去的几年,多数投资者对互联网基金背后的企业往往是二者仅知一,因此,对于互联网企业而言,它们会发挥自身的技术优势,提供分析完成的用户信息与数据给基金公司进行精准的设计,它们的角色将从最初的渠道商转变为产品设计方。对于基金公司而言,它们会发挥对于基金产品的专业水平,提供渠道搭建方向,基金产品投放目标、周期等专业判断,直接参与互联网平台渠道的建设,它们的角色也从最初的产品设计方转变为渠道设计方。诸如"百发100指数基金"等新产品设计的不断诞生,也预示着跨界融合的合作达到了一个新的高度。

但这样的发展趋势未必会成为一个良好的开端。首先,二者的分工逐渐不明确,如果在合作之前没有对利润分配进行明确规定,就会直接导致最后分配出现歧义与矛盾,将会严重影响到企业双方友好合作的局势。其次,产品设计多样化的动力来自背后的品牌形象建设,企业双方是否会为了争夺互联网基金产品的建设权而导致原有的企业优势消散也未可知。再次,不断地培养另一行业人才、开展对另一行业的投资与建设势必会耗费大笔人力、资金与时间等成本,那么该项成本是否会严重影响本企业的利润，最后完成的成果是否能够达到企业对产品设计、投放与被市场接纳程度的效果都是需要被考虑的因素。

三、基金销售多样化发展方向

(一)销售科技化

未来随着区块链、云计算、大数据等高新科技的不断发展壮大，互联网科技创新会走向新的历程，迈上新的台阶。目前，许多互联网企业已开始启用大数据分析手段，对投资者进行描绘，以便于后期更好地进行个性化的营销与服务。现在，互联网基金的销售模式已经很多，直销、分销、引流等形式多样，未来在高新技术和市场需求的不断推动下有理由相信互联网基金的销售模式会逐步多样化发展。

(二)销售规范化

随着证监会进一步完善关于互联网金融、第三方基金销售等的意见、办法，其对互联网基金的销售会提出进一步的监管要求。在可预见的未来，互联网基金的销售将会在其经营业绩、经营收益、基金风险等各模块完善对信息的披露以及安全管理的措施，进一步保障投资者的安全与收益，推动互联网基金行业健康发展。

(三)销售专业化

在过去的几年间，由于互联网基金行业初现，基金公司、第三方互联网企业和银行对该融合创新式产品不熟悉，因此，各环节的人员专业水平都普遍不高，对投资者提供的服务也不尽如人意。经历几年的发展，目前互联网基金的工作人员的专业水平都有了显著的提高。随着互联网基金行业的成熟发展，互联网基金的各环节人员的专业水平也会有一个明显的提高，各高校也会陆续培养该方向的人才。在我们可预测的未来，其为投资者提供的诸如投资导向服务会更加精准、预测收益会更加精确、分配资产会更加合理，进一步满足投资者需求。

四、投资者个性化定制服务

现在互联网基金客户类化现象并不明显，整体上还是大众化的产品与服务，满足更大部分的需求，产品个性化服务不够明显，客户也没有明显的特色优势，都是简单的网络投资者。未来随着互联网基金市场的竞争逐步激烈及产品的种类不断增多，各公司为了抢占市场份额会逐步加大对差异化客户的服务力度及产品的个性化服务。并且对于投资者本身来说,随着互联网投资方式的不断普及,客户越来越了解自己的投资偏好,更加懂得需要购买哪类产品、如何合理分配自己手中的资金,这样客户自身需求的差异化就会体现出来,那么公司在基金产品设定时也会进行目标客户的划分。

随着互联网基金的发展,"90后"渐渐成为购买和讨论基金的主力用户,例如诺安成长混合、易方达蓝筹精选混合等几只互联网基金,长居社交媒体的热度榜不下。一度把其推上热搜的都是当代"90后"年轻人以及"00后"在校大学生,基于此,基金投资者转向当代的新时代年轻人的方向已逐渐明显。据数据统计,在2010年,基金的销售对象有50%以上是40岁以上的客户,但现在,有90%的客户是40岁以下的,因此,无论对于基金公司或是互联网企业而言,在现代所投放出的关于基金销售的海报、主界面、动画等媒体宣传产物都应进行适当的转变,以适应新时代人们的审美理念。

总之,在互联网企业牵头下融合各大银行、基金公司的共同推动,并依靠互联网基金具有的发展优势,互联网基金的发展速度肉眼可见。未来互联网基金产品从本质、销售模式以及提供的各项服务等方面不断提升是发展的必然趋势。互联网基金不仅将具有一流的产品品质,同时也具有随着互联网科技更替的更新能力。投资者在欣喜互联网基金丰富、简化投资方式时,也应当客观地看待互联网基金的高速发展带来的诸如经营管理欠缺导致的信用风险、互联网平台存在的漏洞导致的操作风险以及最为重要的投资风险。因此,互联网基金的发展还需要来自监管机构、经营方管理、平台等多方的完善以及投资者理性投资态度的共同助力。

本章小结

本章简单介绍了关于互联网基金的内涵、发展历史、运营模式与其独有的优势,并对其未来发展趋势做了简单的预测。在最后,我们应该要认识到互联网基金的到来与引起的火热并不是一蹴而就,它的到来是不断成熟的互联网科技与基金监管的法令法规不断完善后产生的,并且互联网基金依靠互联网科技下形成的独有优势与特点是其能够迅速扩张并发展至今的重要一环,这就要求我们对互联网科技与金融类产品都有一个较为深刻的理解。

除此之外,在科技不断更新变化的时代,5G的到来无疑会提速互联网金融系列产品的发展并促使其趋于成熟,在可见的范围内,互联网金融发展已是大势所趋,互联网基金作为互联网金融重要的一部分,势必要进行创新变革,不仅是基金产品的创新,更是服务等方面的创新,市场在变,各大基金销售平台与基金管理公司要顺势而为,设计更多互联网基金产品,加大对区块链、大数据、云计算等高新科技的引用,完成科技转型,更好地为投资者服务。

同时,互联网基金作为一种新兴事物,它的跨界融合创新带来的优势符合它所处的时代发展,并受到了新时代人们的追捧与热爱。我们在享受它带来的便利与收益的同时,也应该清晰理智地去看待它面临的来自支付系统、市场与政策多方面的风险和挑战。因此,互联网基金各机构需要采取积极有效的措施,联合各方来规避潜在的风险。站在一个消费者、投资者的角度,我们对于互联网基金的投资更应保持谨慎的态度,提升自身的投资安全意识,理性投资。

关键术语

互联网基金、互联网金融、余额宝、金融监管、个性化

习 题

简答题

1. 简述互联网基金的定义。
2. 简述互联网基金的主要运营模式。
3. 简述互联网基金与传统基金的区别。
4. 简述我国互联网发展的契机与优势。
5. 简述互联网基金运营模式的发展趋势。

案例分析

2020年是新基金超级大年,共成立1 435只新基金,合计募集资金约3.16万亿元,较2019的发行大年分别再增长38%和122%。与此同时,新基金爆款不断,2020年成立的百亿基金多达40只,刷新公募基金市场上年度百亿新发基金的数量纪录。

在这样的背景下,定制产品成为渠道打造"爆款"的一种营销方式。不管是传统渠道还是互联网渠道,都有借助定制产品尤其是流量明星产品获客的需求。

安信基金表示，相较持营基金，新发基金是增长规模的重要抓手，亦能带来大量新客户，是线上渠道乃至直销都想要突破的重要业务板块。过往，线上渠道不具备相应的土壤，很难与线下渠道抗衡。随着线上客户主力军群体资产规模逐渐增长，叠加2019年、2020年明显的基金赚钱效应，大量新资金进入线上基金市场。

安信基金认为，互联网渠道以其动辄千万甚至亿级的流量曝光、数据科技的优势、营销方式的创新，在吸引年轻客户群体方面拥有线下渠道难以比拟的优势，直接导致2020年线上渠道新发基金销售的大发展。互联网渠道资金留存率更高，赎旧买新概率较低，整体更为稳定，直销同理。这些也是基金公司大力配合的动力，一定程度上也推动了互联网渠道新发基金的销售。

问题：以上材料反映了基金发售市场怎样的变化趋势？思考互联网基金给基金公司带来了哪些影响，以及基金公司该怎样应对。

第六章 互联网证券

教学目标与要求

1. 掌握互联网证券的基本概念
2. 了解证券业在互联网金融时代面临的问题
3. 掌握互联网证券的发展过程
4. 了解互联网证券的作用及发展趋势

导入案例

三个典型券商：三种模式

当前，中国互联网券商企业主要包括发展互联网证券业务的传统券商、以线上业务为主的纯互联网券商和从其他领域切入证券业务的互联网企业。传统券商依靠更长的发展时间和品牌口碑仍然是市场主流，但近年居民投资理财更加多元化，更多触及港股、美股市场股票交易。同时，在境外市场上市企业增多，需要市场化程度较高的企业提供投行、ESOP 等机构服务。

第一，东方财富。东方财富网于 2015 年收购西藏同信证券，实现从互联网平台向互联网券商的转变，自此同时具备了流量和牌照的优势。东方财富证券拥有证券业务全牌照，是东方财富一站式互联网金融服务平台的重要组成部分。发展特点：一是打造多样化功能，建设财经证券生态平台。逐步完善平台功能，推出股吧社区、天天基金网、金融终端、移动端业务，是目前国内领先的财经证券一站式服务平台。二是 2010 年登陆深交所创业板，资本市场发展速度较快。三是涵盖业务范围逐渐完善。通过资讯及社区论坛服务吸引用户流量，加宽业务涵盖范围，2012 年获取第三方基金销售牌照，2015 年正式开始发展证券经纪业务。

第二，华泰证券。华泰证券是一家领先的科技驱动型综合证券集团，成立于 1991 年。2009 年，华泰证券在业内率先提出互联网战略，以金融科技助力转型，用全业务链服务体系为个人和机构客户提供专业、多元的证券金融服务。发展特点：一是由地方性成长为综合性券商。华泰证券的前身为江苏省证券公司，2009年吸收合并了信泰证券和联合证券。此后，华泰证券不断做大业务版图，成为综合性券商的典型。二是多元化战略投资者。华泰证券对阿里巴巴、苏宁易购等都持有股份。三是市场化团队提升管理效率。华泰证券在2019年大范围调整内部组织框架，取消副总裁级别，设立执委会与相关职位。

第三，老虎证券。老虎证券成立于2014年，于2019年在美国纳斯达克上市。老虎证券是专注服务全球华人投资者的互联网券商，为行业头部企业，致力于以科技创新让每个人轻松连接全球资本市场。作为美股、港股头部券商，老虎证券专注于技术自研，不断提高交易体验，快速响应客户需求，并以此形成口碑效应。随着日前包括投行和ESOP业务在内的ToB端业务的快速发展，老虎证券通过业务协同，进一步拓宽业务面，向全业务券商转型。此外，老虎证券相较同行更多元化的牌照组合，可更好帮助其进行全球扩张，有助于其搭建多元化客户基础，提升中资互联网券商在全球市场的知名度和占有率。

综上可见，人工智能、大数据、云计算等新兴技术的发展为互联网券商的转型变革提供了技术支撑，同时互联网券商适应新环境加快发展金融科技，促进了产品的研发与创新，在日益激烈的互联网证券市场牢固自身优势。

（资料来源：艾媒资讯.2020年中国互联网证券行业发展状况研究报告.2020年10月9日）

第一节　互联网证券概述

一、互联网证券的概念

互联网证券，又称网络证券，是电子商务条件下的证券业务的创新。互联网证券服务是指证券业以因特网等信息网络为媒介，为客户提供的一种全新商业服务。互联网证券包括有偿证券投资资讯（国内外经济信息、政府政策、证券行情等）、网上证券投资顾问、股票网上发行、买卖与推广等多种投资理财服务。

从狭义上理解，互联网证券包括网上开户、网上交易、网上资金收付和网上销户等环节，即网上证券交易。从广义上理解，互联网证券是指通过互联网技术搭建的平台，为投资者提供一套贯彻研究、交易、风险控制、账号管理等投资环节的服务方案，从而帮助投资者提高投资收益、扩大交易品种、降低交易成本和投

互联网金融

资门槛,实现低成本、跨时点、跨区域的高效投资。

在互联网时代的大背景下,金融服务发展的路径将会是从产品竞争、服务竞争到财富管理的竞争。2013年年初,中国证监会颁布相关规定,允许证券公司在互联网销售金融产品。非现场开户的开放,使监管部门对证券公司实施政策上的松绑,券商可以少设或者不设物理网点来节约房租和系统建设的成本。大规模地销售非股票类理财产品,使其在销售金融产品的空间也得到大幅度拓展。

在互联网金融的不断冲击下,中国传统证券行业的市场竞争进一步加剧,曾经作为大部分证券公司主要收入来源的纯通道业务,其获取利润的模式即将走到尽头。仔细算来,德邦证券和国金证券陆续推出的"零佣金计划"中0.02%的费率如果减去上缴交易所相关费用之后,券商最后得到的几乎为零,因此经纪业务转型的问题亟须得到解决。面对互联网企业的挑战,证券公司需要通过互联网向客户提供金融服务,从而提升业务服务效率;降低实体的运营成本,以充分发挥其相对于网络企业在产品和人才储备上的优势。

二、互联网证券发展的背景

(一)国家宏观政策为互联网证券发展提供指导和保障

2012年,证券创新大会第一次会议在北京举行,经纪业务方面的创新政策主要是金融产品创新与扩大组织的范围。后续监管部门颁布的《证券公司客户资金账户开立指引》中允许客户证券账户采用见证人开户或在线开户两种方式的非柜台开立。

2013年5月,第二届证券创新大会确定了证券业创新发展的政策,进一步对证券业的监管变化达成共识,为证券公司的独立经营和产业创新发展创造了一个合适的环境和开放的空间。

2014年5月,第三届证券创新大会中,证监会发表了《关于进一步推进证券经营机构创新发展的意见》,互联网金融得到认同,相关网络企业介入金融资本市场得到了支持,加速了互联网金融的发展,明确了券商关心的包括互联网证券账户、金融产品创新、业务许可证管理等方面的建设方向:建设统一账户,规范支付系统,支持发展证券公司的金融基础功能。

通过连续三年举办的证券创新大会,监管机构明确了证券公司发展的主要方向,即改变监管形式、放开行业准入门槛、实现业务牌照的单独管理,旨在推进证券公司的创新发展。

(二)信息技术和电子商务的发展为互联网证券发展提供支持

最近几年信息技术的迅速成长,也让金融业的业务模式发生了巨大的变化。虚拟机、云计算、移动互联网和其他新技术,使网络金融成为现实,促进金融业务流程的自动化、无人化、虚拟化,大幅度提升了金融机构的网络系统,使金融行业数据集中得以实现。

电子商务的主要模式有三种:B2B(Business to Business)、C2C(Consumer to Consumer)和 B2C(Business to Consumer)。B2B 是企业对企业的形式,典型案例有阿里巴巴;C2C 是用户(卖家)对用户(买家)的模式,典型案例有淘宝网;B2C 是商家对用户的模式,典型案例有京东网和网易严选。电子商务平台正在实现行业的拓展,服务的范围涉及实物、金融、虚拟商品类和支付服务类。

电子商务的发展使其不再仅仅是交易简单的网络展示,更是发展出了诸多全新的交易模式。金融业也投入电子商务的浪潮之中,并进入快速增长阶段,建立多渠道支持将成为后续的发展趋势。各种移动终端、短信交互平台、微信公众平台等都是主要的渠道,用户更是可以通过各种不同的终端和渠道来购买各类产品。

电子商务模式的进一步创新和改革引发了网上支付系统的诞生,一方面对金融系统提出了要求,要求传统的金融企业要研发能适应网上环境的支付系统;另一方面也要求金融业继续提供虚拟的金融服务,使传统的金融机构找到新的利润增长点的同时,也更深一步促进了网络金融的发展。

(三)市场环境变化促进互联网证券业务的开展

1. 股市行情持续低迷

2015 年首个交易日,1 月 5 日,沪指以 3 258.63 点开盘,6 月初一度攀上 5 178 点的峰值,随后进入暴跌趋势,8 月一度跌破 2 900 点。随后的 6 年时间,股市行情始终未改变调整的趋势。2021 年 10 月 15 日,上证指数仅为 3 557.68 点,成交量仅为 2.95 亿股,成交金额不足 4 000 亿元。

证券公司的经纪业务收入来自佣金率与成交金额的乘积,在近年券商的价格战之后,佣金从普遍的 0.3‰ 大幅跳水至 0.1‰ 以下,更有甚者达到了万分之三附近。加之市场宏观的恶化,证券公司经纪业务的经营环境举步维艰。

2. 互联网公司的进入,导致竞争加剧和利润下降

随着互联网金融的火热发展,金融产品的网上销售打开了野蛮生长模式。

互联网金融

互联网的金融产品一元钱起买,购买方便,门槛比较低。阿里巴巴联合天弘基金开发了"余额宝";百度金融和华夏基金强强联手创造了"百度百发"。此类产品具有强大的用户资源,市场优势十分明显,客户方便进行商务咨询,还可以随时查看自己的账户信息。

3. 客户的理财需求增长和理财习惯改变

我国居民个人财富总额连年攀升,银行理财产品、房地产和股票成为大众富裕阶层三个最流行的投资品种。但最近几年的房地产调控政策使得大多数家庭的投资首选不再是房地产,越来越多的投资者为抵抗通货膨胀货币贬值的压力,把手中的闲置资金投资于金融产品和非银行存款。

目前,掌握家庭财富的人群主要集中在30~50岁,他们是社会的骨干力量,并且普遍学历较高,其中拥有本科及其以上学历的超过了60%。纯粹的炒股股民向获取产品过渡,职业股民向职业白领过渡,以家庭财富保值、升值为主。如今证券交易95%以上的客户是通过非现场的方式进行交易的。近年来,大众富裕阶层基本都是自己或家人独立打理家庭财产,但是这样的比例已经逐年下降,说明更多的人逐步选择专业的投资理财机构代其理财,这也是理财市场一种积极的信号。

三、互联网证券对传统证券经营的影响

近年来,证券行业面临着巨大的变革,行情持续低迷,成交量萎靡,因为价格战进入白热化的经纪业务的利润空间也不断被压缩。各家券商都面临着巨大的挑战,究其原因,无一不与互联网金融近年的崛起有较大的关联。

(一)证券经纪业务萎缩

证券行业竞争激烈,券商微利时代已经到来,佣金下滑的影响进一步显现,部分营业网点出现亏损,即使处于垄断地区的营业网点利润水平也大不如前,出现了不同程度的下滑。

互联网证券交易的兴起,在降低了证券公司营业部运营成本和经纪业务刚性成本的同时,也让客户减少了对证券现场分支机构的依赖,改变了以往进行证券交易需要到股票大厅的历史,也增加了其他区域证券公司向本区域拓展的可能性。由于投资、融资供求双方的变化,证券公司和证券客户双方的关系地位也发生了相应的变化,经纪业务在证券公司占绝对优势的情况已不复存在了。由于互联网的飞速发展,证券公司的传统发展模式也到了需要改变的时刻。

(二)非现场开户政策导致佣金大幅下降

2013年,证券业协会和中国证券登记结算有限公司为顺应市场发展、证券公司和客户的需求,颁布了证券账户非现场开户的相关政策。政策一经出台,异地佣金战、网络佣金战、移动端的客户拓展很快出现在投资者的视野中。非现场开户政策进一步加速着证券交易佣金的下降。

作为非现场开户的代表之一——网上开户,已经实现了客户开户流程全程线上自助办理,在提升市场竞争力和方便客户的同时,也在提升客户体验等方面起着积极的促进作用。在网络证券的持续影响下,证券交易手续费也持续下降。华泰证券将通过电子渠道开户的新客户交易佣金设置为万分之三;腾讯与国金证券也陆续实施"零佣金"计划。虽然这些竞争举措有些被监管机构叫停,但是它们进入投资者视野的同时,也开阔了投资者的思维。投资者在逐步接受网上开户的基础上,对于区域券商普遍佣金偏高的现象也产生了不满,开始尝试网上开户和接受纯粹的全国性券商的非现场服务。

对于证券公司来说,积极推广非现场开户,提供相应的增值金融服务,并且进行互联网金融的相关转型已经成为不可回避的问题。

(三)统一账户平台加剧证券业竞争

在顺应互联网发展的同时,中国结算公司也进一步推动互联网证券的开放和自由,于2014年10月推出统一账户平台,完善集中统一登记结算制度。如今,每个客户都可以在多家证券公司开立多个股东账户,不再受之前上海证券账户指定交易和深圳证券账户转户之类的限制,投资者的选择更加自由,可以随意开立并且使用在多家券商开立的股票账户,券商面临着更大的竞争与挑战。

中国结算公司推出的统一账户平台称为"一码通账户",是指建立一个新型账户,以其账号为区分,其下可以包含个人的多个股票账户。一码通账户的创立实现了投资者只能在一家证券公司拥一个股东账户到拥有可以关联统一管理的多个证券账户的转变。

按照中国结算(中国证券登记结算有限责任公司)统一部署,中国的结算公司组织完成整个市场客户账户的集成和客户关系的确认。客户账户"一码通"业务正式推出后,将废除客户证券账户"一人一户制",这意味着市场中的存量客户在不同券商间的转移可以不经过原有的"撤指定、转托管"等方式即可实现,市场中增量客户也可以根据自己的需求在多家券商开立账户。这对经纪业务区域占优、客户规模较大、客户黏度不强、仍以传统营销服务方式运营的券商及营业部的存量客户的维护,将造成极大的冲击,并加剧行业内的竞争。

非现场开户的推广与"一码通"业务的推出,扫清了金融证券账户互联网化的最后一道障碍,证券账户不再具有垄断地位,而是开始进入了具有互联网特色的自由、开放时代。互联网金融时代的烙印已经是所有金融机构无法回避的问题,金融机构只能顺应潮流的发展而进行改变。

第二节 互联网证券的运营模式

一、国外互联网证券的运行模式

根据互联网使用的深度和广度,国外互联网证券的运行模式可分为三种:纯粹网络证券经纪公司、综合型证券经纪公司和传统证券经纪公司。

(一)纯粹网络证券经纪公司——E＊TRADE 模式

1992 年,E＊TRADE 公司正式成立,创立后不久就赶上了美国第二波佣金降价潮,最终发展成为美国佣金价格战的先驱。1996 年,E＊TRADE 公司的网站成立,目前已成为全球最大的个人在线投资服务站点。在客户黏性上,E＊TRADE 一直是美国点击率最高的券商之一,领先其竞争对手嘉信 2 倍以上。其成功的原因主要有以下几个方面:

1. 以网站为中心的营销体系

E＊TRADE 点击率较高的原因主要包括:第一,注重网站宣传,E＊TRADE 网站的行销费用很高,其每年行销费用占全年总收入的 50% 左右;第二,E＊TRADE 网站的使用界面清楚、易操作,深得客户喜爱;第三,E＊TRADE 采取金融证券业垂直门户网站的定位,为客户提供了丰富的网络信息,内容涵盖银行、证券、保险及税务等。

2. 全方位的业务拓展

1997 年起,E＊TRADE 开始大举扩张其全球市场,与 America Online 及 Bank One 策略联盟,进军澳洲、加拿大、德国及日本;随后又进入英国、韩国、中国等。与此同时,E＊TRADE 大举拓展其零售网点,在美国建立了"五个财务中心",分布于纽约、波士顿、丹佛、比弗利山庄和旧金山;并通过全国各地的"社区"深入其触角。此外,E＊TRADE 还有 1.1 万个以上的自动柜台机网络供客户使用。

3. 丰富的信息咨询内容

E＊TRADE 为客户提供丰富的信息内容和研究报告,并与著名的

Ernst&Young 合作提供财经资讯服务。E*TRADE 通过买下 Telebank,强化了其金融垂直网络服务策略。除证券信息外,E*TRADE 还提供房屋贷款、保险产品、退休规划、税务及网上金融顾问等服务。

(二)综合型证券经纪公司——嘉信模式

1971年,嘉信理财成立。嘉信理财是一家总部设在美国旧金山的金融服务公司,如今已发展为美国个人金融服务市场的领导者。

嘉信理财是一家在互联网金融大潮中成功转型的公司,旗下包括嘉信理财公司、嘉信银行和嘉信理财香港有限公司,提供证券经纪、银行、资产管理及相关的金融服务,目标用户群定位为中、低端投资者,最低账户余额要求为1 000美元,服务客户包括美国国内以及世界各地的独立投资者、独立经济顾问以及公司退休与投资计划的企业。目前其活跃账户总数超过700万,管理资产总额超过10 000亿美元。

嘉信理财在20世纪70年代末就已经成为世界上最大的佣金折扣证券经纪商,之后通过开创基金超市和引入顾问体系而完善理财顾问角色,成立资产集合。90年代中期,互联网规模兴起,嘉信理财认为,互联网将会成为对中小零散客户进行大规模收编集成的重要平台,于是把传统的证券经纪和基金等业务捆绑,整个公司的业绩突飞猛进,迅速成为美国最大的在线证券交易商。嘉信理财的战略发展变化情况见表6-1。

表6-1　　　　　　　　嘉信理财的战略发展变化情况

定位	时间	典型事件
佣金折扣证券经纪商	1971年	嘉信创立,传统证券经纪商
	1975年	美国证监会取消固定佣金制度
	1979年	引入自动化交易和客户记录保持系统
资产集合商	1984年	开办共同基金市场
	1986年	采用不收费的个人退休金账户
	1992年	推出"共同基金全一账户"
	1995年	收费的独立金融投资咨询服务"顾问资源"开始运作
向互联网跨越	1997年	推出E-Schwab
	1998年	开办嘉信公司网站
全面金融服务	2000年	与电子信贷公司联盟,介入信托与房地产信贷领域;收购美国信托公司

嘉信理财公司的成功之道在于其长期贯彻了"细分市场集成"的公司战略。这种战略的特点是主营业务集中,构成主营业务的细分业务在技术、市场和管理

方面具有高度的关联性,而互联网在线交易系统则是实现业务集成的关键业务技术平台。

(三)传统证券经纪公司——美林模式

美林证券成立于1885年,总部位于美国纽约,是世界领先的财务管理和顾问公司之一。

与嘉信模式不同,美林模式主要定位于高端客户,为客户提供面对面、个性化、全方位的资产投资咨询服务,拥有强大的研发、投资咨询、资产组合管理能力,但其高端定位也使得其客户群体存在局限性。由于高端客户通常资金规模较大,需要一对一、个性化的服务,所以美林模式对互联网的使用深度不及前两种模式。

美林证券向全球提供投资、融资、咨询、保险等相关产品及服务,具体包括:证券经纪、交易、承销,投资银行,策略咨询服务,合并与收购和其他企业金融咨询项目,投资咨询与资产管理,互换、期权、远期、期货和其他衍生品及外汇产品的创作、经纪、交易商和相关项目,证券清算和结算,股票、债券、外汇、商品和经济研究,银行、信托、贷款服务,按揭贷款和相关服务,保险销售和承销服务等。

美林证券的客户包括个人投资者、中小企业、大型公司、政府和政府部门、金融机构等。美林把在美国以外的营运分成五个地区:欧洲、中东及非洲地区;日本地区;亚太及澳大利亚地区;加拿大地区;拉丁美洲地区。美林在除美国外的43个国家或地区设有分支机构,在布宜诺斯艾利斯、杜拜、都柏林、法兰克福、日内瓦、中国香港、约翰内斯堡、伦敦、马德里、墨西哥城、墨尔本、米兰、巴黎、圣保罗、新加坡、悉尼、多伦多、东京、苏黎世有分部。

二、国内互联网证券的运行模式

目前我国证券公司的互联网形态主要是通过互联网、移动通信网络、其他开放性公众网络或开放性专用网络基础设施等,向其客户提供金融业务和服务的信息系统,包括证券公司的网络设备、计算机设备、软件、数据、专用通信线路以及客户端软件等。

根据提供服务的主体不同,我国目前涉足互联网证券的证券公司可分为三类:券商自建网站模式、独立第三方网站模式和券商与互联网公司合作模式。

(一)券商自建网站模式

券商自建网站是证券公司中较为普遍的模式,几乎所有的券商都有各自的网站,比如广发证券、国泰君安证券、中信证券、海通证券等。这些证券公司内部会单独设立建立和维护网站的专门服务部门或中心,通过网站向客户介绍公司、业务和产品,提供宏观、微观资讯,也可通过网站开立账户、交易、查询等。

随着互联网应用的不断发展,客户通过互联网获取金融服务的需求不断加大,证券行业需要改变传统的服务方式,建立基于网络平台的新型服务模式。

"易淘金"网站是广发证券旗下专为零售客户打造的线上综合服务平台,是广发证券自主开发的电商平台,是券商基于网络平台的新型服务模式。广发证券"易淘金"网站并不只是提供网上商城,其立足点在于打造以客户为中心的线上服务模式,而未来,"易淘金"也将成为广发证券为客户提供综合金融服务的网上平台。更为重要的是,"易淘金"采用完全自主设计、自主开发的模式,将为平台后续发展、升级提供保障。

"易淘金"网站推出的主要功能包含网上理财、网上业务办理、网上开户、网上咨询等,为客户提供全方位的购物体验。"易淘金"已实现逾1 000个公募基金产品、29个广发资管产品、46款服务资讯产品的在线展示、导购、支付及结算,便于客户进行一站式购买。所有产品都提供了极细致的产品信息描述,帮助客户多维度、多层次深入了解产品并进行投资决策。而关键字检索、代码检索、分类筛选等多样化的产品检索方式,以及基金比较、财富管理计算器等一系列线上淘金工具,可以帮助客户进行专业理财规划。

(二)独立第三方网站模式

在这种模式下,网络公司、资讯公司和软件系统开发公司等负责开设网站,为客户提供资讯服务,券商则在后台为客户提供网上证券交易服务。这种模式是一种开放的平台,所有券商都可以使用平台上的资讯和信息,但如果要进行证券交易,则需要在软件上通过"添加券商"的功能来实现,典型的代表有同花顺、大智慧、东方财富网等。这种模式的优点在于可以充分发挥技术优势和信息优势,缺点在于需要一定的时间才能得到客户的认可。

2000年12月,上海大智慧网络技术有限公司成立;2009年12月,整体变更为上海大智慧股份有限公司;2011年1月,大智慧(601519)在上海证券交易所挂牌上市。

大智慧成立以来,致力于以软件终端为载体,以互联网为平台,向投资者提供及时、专业的金融数据和数据分析。作为中国领先的互联网金融信息服务提供商,公司凭借强大的技术研发实力、敏锐的市场洞察力和丰富的信息加工经验，始终前瞻性地把握行业发展方向，不断地开发出满足投资者需求的创新产品，在行业内具有重要影响力。

大智慧在计算机和互联网科技不断发展的背景下，立足快速发展的中国金融市场，通过持续的产品创新和技术创新，全面提升公司的服务水平；在保持中国互联网金融信息行业领先地位的同时，积极拓展国际市场，以期成为在世界范围内具有影响力的金融信息综合服务提供商。

大智慧旗下产品主要有大智慧365、大智慧策略投资终端、DTS大智慧策略交易平台、大智慧专业版、大智慧金融终端、大智慧港股通、期货专业版、手机专业版、舆情数据终端PAD版、投资家（机构版）、金融工程实验室、大智慧分析家等。

(三) 券商与互联网公司合作模式

证监会松绑非现场开户之后，国泰君安、华泰证券等券商纷纷开启网上开户模式。经纪业务收入排名前30名的券商中，超过80%已和淘宝、百度以及京东等大型电商接触和沟通，探索通过电商平台实现网上开户等业务的可能性。

2014年2月20日，国金证券与腾讯公司合作推出"佣金宝"产品，投资者通过腾讯网站在网上开户即可享有万分之二的佣金费率。除了"万二开户"这一大特点外，"佣金宝"还加入了保证金余额理财服务与投资咨询服务。

"佣金宝"是证券行业首个"1+1+1"互联网证券服务产品，通过计算机及手机为用户提供7×24小时网上开户，成功开户后享受万分之二点五（含规费）的沪深A股、基金交易佣金费率；在不影响用户正常炒股的前提下，为用户股票账户内闲置的现金提供理财服务；同时为用户打造高品质咨询产品，帮助用户在股市获取收益。"佣金宝"客户享受国金总部与全国营业部联动服务。

"佣金宝"的产品特点主要有：

第一，24小时网络开户。用户可在腾讯股票频道进行网络在线开户，只需在计算机前准备二代身份证、手机、摄像头、麦克风、耳机或音响、银行卡，免去跑营业部开户的麻烦。

第二，万分之二的佣金。券商佣金水平不同，北上广深等一线城市的佣金约万分之五以下，但不少三四线城市的营业部还在按照千分之三顶格收取佣金。券商收取的佣金中包含需要交给交易所或证监会的规费，比例约为万分之一点五至万分之一点八，加上营业部需要缴纳的营业税，券商的成本基本上就是万分之二。

第三，保证金余额理财。券商保证金是股民投资股票账户中那些因未满仓而闲置的资金。国金证券为保证金余额提供理财服务，预期收益率超过活期储蓄收益10倍以上，而且强调不参与收益分成，仅收取极低的管理费。

第四，高价值咨询服务。国金证券表示将持续为投资者提供增值服务，包括高价值咨询产品，打破了以往券商不为散户提供增值服务的"惯例"。

第三节　互联网证券发展趋势

一、我国互联网证券的发展历程

中国的互联网证券交易始于1997年，其发展历程可以分为起步阶段（1997—1999年）、全面网络化阶段（2000—2011年）和全方位服务阶段（2012年至今）。

（一）起步阶段（1997—1999年）

20世纪90年代中期以后，互联网证券交易从美国向各大证券市场蔓延发展，我国互联网证券交易也开始起步。1997年3月，中国华融信托投资公司湛江证券营业部最先推出名为"视聆通公众多媒体信息网"的互联网证券交易系统，成为中国第一家开展网上交易的券商。该系统在最初连续三年的增长速度超过126%。1999年，闽发证券互联网交易额达到8亿元，原君安证券、广发证券等公司也随后开通了互联网证券交易服务。

这一阶段，中国的互联网证券交易发展相对缓慢，一方面是因为互联网的发展尚处于起步阶段，网民过少。截至1999年，中国上网总人数大约有200万。另一方面，当时的互联网证券交易业务在全球都还算新兴事物，很多证券公司对互联网证券交易业务还不了解，仍处在观望阶段。

（二）全面网络化阶段（2000—2011年）

2000年4月，中国证监会颁布实施了《网上证券委托暂行管理办法》和《证券公司网上委托业务核准程序》，标志着我国互联网证券交易进入规范化阶段。证券公司开展互联网证券交易的积极性被充分调动起来。

截至2000年年末，有45家证券公司的245家营业部开通了互联网证券交易业务。2000年，全国互联网证券交易占所有交易量的比率达到了2.97%。

互联网金融

2001年后,互联网证券交易业务发展速度加快,交易量成倍增长。2000年年底至2001年年初,基于短信平台的手机炒股开始流行。

2002年起,证券公司开始了证券交易系统的集中建设。2004年8月,华林证券在深圳证券通信中心设立的主用集中交易系统正式启用,这是我国证券公司首次对主用核心交易系统进行托管,降低了技术系统建设成本和系统风险,体现了证券市场专业化分工的经营原则。到2005年,几乎所有证券公司都能为客户提供互联网证券交易服务,当年互联网证券交易额占沪深交易所交易总额的19%,2006年达到40%,2009年超过70%,2011年升至90%。截至2011年底,我国的互联网证券交易用户数超过1 350万户,比2001年增长了1 000多万户,增长率达到13.64%。

(三)全方位服务阶段(2012年至今)

2012年5月,第一次券商创新大会召开,中国证监会先后出台多个关于互联网证券经纪业务政策指引的文件,从信息技术指引到非现场开户步步推进。

2012年11月,中国证监会发布《证券公司代销金融产品管理规定》,证券公司将拥有全市场最完整的金融产品业务线,互联网证券交易不再局限于股票、债券的买卖,还包括金融产品的销售等。

2012年12月,中国证券业协会发布《证券公司证券营业部信息技术指引》,将证券公司营业部划分为A、B、C三类。其中C类营业部既不提供现场交易服务,也不需要配备相应的机房设备,这顺应了互联网时代证券公司业务发展的要求。在2013年证券公司新申请的营业部设立中,C类占比超过70%。

2013年1月,《证券账户非现场开户实施细则》颁布,同年3月,《证券公司开立客户账户规范》颁布,拉开了网上开户和销户的大幕。

2013年,一些券商开设了网上商城,以统一的系统服务界面和客户服务体系向客户提供专业化、综合性的理财服务。账户的统一管理将为证券公司在互联网时代开拓金融业务提供极大的便利。

2014年9月,中证协公布了"关于互联网证券业务试点证券公司名单的公告"(第1号)。此后,广发证券、海通证券、申银万国证券、中信建投证券、国信证券、兴业证券、华泰证券、万联证券等8家券商也获准试点,"第1号"名单总计包括14家券商。截至2015年3月,证监会批准的互联网证券业务试点公司名单见表6-2。

表6-2　2015年3月证监会批准的互联网证券业务试点公司名单

批次	时间	数量	公司名单
第一批	2014/4/4	6家	中信证券、国泰君安证券、银河证券、长城证券、平安证券
第二批	2014/9/19	8家	广发证券、海通证券、申银万国证券、中信建投证券、国信证券、兴业证券、华泰证券、万联证券
第三批	2014/11/24	10家	财富证券、财通证券、德邦证券、东海证券、方正证券、国金证券、国元证券、长江证券、招商证券、浙商证券
第四批	2014/12/26	11家	华宝证券、东方证券、南京证券、西南证券、中原证券、齐鲁证券、安信证券、华林证券、东兴证券、第一创业证券、太平洋证券
第五批	2015/3/2	20家	财达证券、东莞证券、东吴证券、国海证券、国联证券、恒泰证券、华安证券、华龙证券、华融证券、民生证券、山西证券、世纪证券、天风证券、西藏同兴证券、湘财证券、银泰证券、中金公司、中国中投证券、中山证券、中邮证券

证监会鼓励证券公司大力发展互联网证券业务,鼓励证券公司结合自身状况和发展战略与互联网企业、信息技术系统开发商等第三方机构开展业务合作,同时也高度重视证券公司在利用互联网探索业务创新过程中出现的合规及信息安全问题。2015年3月,中国证券业协会修订发布了《证券公司网上证券信息系统技术指引》,对证券公司网上证券信息系统的安全性、系统性、可用性提出多项要求。

中国证券业协会咨询委员会委员、国泰君安证券董事长在随后的券商创新大会上表示:"互联网金融对证券业的影响是全方位的,特别是将对证券业的传统经纪业务以及理财和产品销售带来直接冲击,前者仍然是证券业的主要收入来源,后者是重要的创新发展方向。"未来几年,互联网金融将不断推动证券业向更加注重客户体验、以客户为中心转变,弱化网点功能、加速金融脱媒,逐渐改变金融业、证券业的传统边界和竞争格局。

二、证券业向互联网证券的转型

(一)提供综合性金融服务的券商巨头

资本雄厚的传统巨头证券经纪公司凭借其强大的综合实力,主要定位在高端客户,提供客户面对面、一对一全方位的投资咨询服务,拥有强大的投资研究能力和资产组合咨询能力。全面提升公司的核心竞争力,成为一个综合性的金融服务提供商,是该类券商的战略选择。

互联网金融

回归金融服务本质、彰显公司相对互联网企业的专业优势,以综合理财账户的持续创新为轴心,依托电子商务的成本优势和创新应用来满足客户生活消费、便捷理财、业务办理、证券交易的全方位需求。同时,引入大数据概念,利用数据解决客户价值深度挖掘和精准营销的问题;比照互联网企业,在风险可控、留痕可查的前提下设计投资者适当性分层管理机制,提升客户在证券公司享受服务的网络操作体验。

(二)"O2O"双线发展的中型券商

线上、线下双线发展的券商主要通过分支机构和在线交易为投资者提供相对廉价的服务来吸引投资者,信息的研究和开发能力比较弱,从线下转移到线上的角度重构渠道。而传统现场分支机构可能会慢慢地失去渠道功能,只有面谈的体验功能,但是这种现场的金融服务体验还是可以给客户带来对金融机构极大的信任感。二维码的渠道特性更强,用户通过扫描金融机构提供的产品购买二维码,可以获得商品展示信息,进而被引导进入基金、资管产品的购买页面等,购买将更为便捷和实时。

互联网提供的只是一个技术手段,还必须不断扩大客户渠道。金融企业只有使用这些技术和客户服务渠道,才能提升客户体验、留住客户,并且吸引更多的客户。成熟的"O2O"模式是一个企业战略转型的重要手段,可以提高金融平台的整体水平。

(三)轻量级的网络券商

采用纯粹的网上证券交易模式的公司只提供纯通道服务,所有客户的交易都在互联网上进行,佣金是相对比较低的,但其缺点在于稳定客户群体的缺乏。这类券商的成功主要源于明确的客户群体定位,发展适合自己公司业务的互联网模式。

国内的中山证券近年就将自身定位为轻量级的互联网券商。年轻一代是天生的互联网使用者,但是现阶段"80后"人群生活压力较大,其社会财富水平并不是最高的人群,他们正是中山证券锁定的目标细分客户群体。建立一个强大的轻量级互联网证券公司离不开互联网公司的参与,而互联网公司此时更倾向于选择具有全业务资格的小型券商。

2014年2月,国金证券与腾讯合作推出"佣金宝"。推出在网上开户即可享有万分之二的佣金费率时,证券市场一片哗然。新参与理财的用户可在腾讯的网站进行网络开户,并且可以通过其"佣金宝"产品让保证金增值,较低的佣金和闲置保证金的保值、增值,对投资者有很大的吸引力。一年之后,已经有55家券商开始互联网证券业务试点,券商经纪业务打响价格战。"互联网+证券"正在从试验阶段步入量产阶段。

三、互联网证券未来的发展趋势

随着互联网证券业务的不断推广,证券市场将逐渐从"有形"的市场过渡到"无形"的市场。现在的证券交易营业大厅将会逐渐失去其原有的功能,远程终端交易、网上交易将会成为未来证券交易方式的主流。

(一)证券公司经营理念发生变化,互联网证券市场的发展速度将加快

证券市场是一个快速多变、充满朝气的市场。在证券市场的发展过程中,互联网证券作为证券市场的一种创新形式,发挥了积极的推动作用。其表现是:第一,证券市场的品种创新和交易结算方式的变革,为网上证券建设提出了新的需求;第二,网上证券建设又为证券市场的发展创新提供了技术和管理方面的支持,两者在相互依存、相互促进的过程中得到了快速发展。

未来的证券公司将不再以雄伟气派的建筑为标志,富丽堂皇的营业大厅不再是实力的象征,靠铺摊设点扩张规模已显得黯然失色。取而代之的是依托最新的电子化成果,积极为客户提供投资咨询、代客理财等金融服务,发展与企业并购重组、推荐上市、境内外直接融资等有关的投资银行业务。努力建立和拓展庞大的客户群体将成为其主营目标。

(二)证券公司的营销方式、经营策略都将发生变化

未来证券公司的市场营销将不再依赖于营销人员的四面出击,而是将更多的精力集中于网络营销。通过网络了解客户的需求,并根据客户的需求确定营销的策略和方式,再将自己的优势和能够提供的服务通过网络反馈给客户,从而达到宣传自己、推销自己的目的。

在未来网络互联、信息共享的信息社会里,证券公司将不再单纯依靠自身力量来发展业务,而是利用自身优势与银行、电信等行业建立合作关系。各行业在优势互补、互惠互利的前提下联手为客户提供全方位、多层次的立体交叉服务。这种合作会给各方带来成本的降低和客源的增加,从而达到增收节支、扩大业务的目的。

(三)证券经纪人将面临严峻挑战,网上交易将成为主流

我国证券行业正在向集中交易、集中清算、集中管理以及规模化、集团化的

经营方式转换。证券公司采用互联网证券经营模式,更有利于整合券商的资源,实现资源共享,节约交易成本与管理费用,增强监管和风险控制能力。可见,集中式网上交易模式符合未来券商经营模式的发展方向。

未来,企业可绕过证券金融机构,直接通过互联网公开发行股票来募集资金,甚至自己开展交易活动。例如,美国电子股票信息公司自1996年开始利用互联网为客户提供股票交易服务。又如美国春街啤酒厂(Spring Street)作为全球第一个在互联网上发行股票的公司,直接在网络上向3 500个投资者募集了160万美元的资本,并在网络上制定了一套交易制度来交易该公司股票。该公司还计划成立一个网络投资银行,专门做网络上公开发行的股票交易业务。在网络技术迅速发展的今天,金融机构如果无法适应网络技术的发展,无疑将成为最大的输家。

本章小结

互联网证券,又称网络证券,是电子商务条件下的证券业务的创新,网上证券服务是证券业以因特网等信息网络为媒介,为客户提供的一种全新商业服务。在互联网时代的背景下,传统券商面临着竞争加剧、佣金减少、利润下降、客户流失等诸多问题,下一步各证券公司需结合国家政策导向、市场环境变化等情况,及时调整经营策略和运行模式。互联网证券在国外和国内都有一定的发展,国外模式主要有E﹡TRADE模式、嘉信模式和美林模式,国内主要有券商自建网站模式、独立第三方网站模式、券商与互联网公司合作模式。未来互联网证券市场的发展速度将加快,证券公司的营销策略、经营模式等都将发生改变。

关键术语

互联网证券、交易佣金、经纪业务、第三方服务平台、运行模式

习 题

简答题

1. 简述互联网证券基本概念。
2. 简述互联网证券在国内和国外的主要运行模式。

3. 简述互联网证券对证券公司、证券从业人员和投资者都带来了哪些影响。
4. 简述互联网证券今后的发展趋势。

论述题

1. 论述互联网证券与传统证券的区别。
2. 论述互联网证券的发展历程。

案例分析

2015年4月30日晚间,大智慧发布公告称,收到中国证券监督管理委员会《调查通知书》。因公司信息披露涉嫌违反证券法律规定,根据《中华人民共和国证券法》(以下简称《证券法》)的有关规定,中国证券监督管理委员会决定对公司进行立案调查。

2016年7月22日,证监会公布行政处罚决定,上海大智慧股份有限公司在2013年通过承诺"可全额退款"的营销方式,以"打新股""理财"等为名进行营销,利用与相关公司的框架协议等多种方式,共计虚增2013年度利润1.2亿余元,违反了《证券法》第63条规定,依据《证券法》第193条、第233条和《证券市场禁入规定》(证监会令第33号)第3条第(1)项、第4条、第5条规定,我会决定对大智慧责令改正,给予警告,并处以60万元罚款;对大智慧董事长兼总经理等14名责任人员给予警告,并处以3万元至30万元不等的罚款;对张长虹等5名责任人员采取5年证券市场禁入措施。该案经过公开开庭审理后,上海市第一中级人民法院做出了一审判决,认定大智慧应当对投资者损失承担70%的赔偿责任,立信会计师事务所对上述投资者的损失承担连带赔偿责任。

大智慧以及立信会计师事务所在收到该一审判决后,旋即上诉至上海市高级人民法院,要求高院改判其不承担任何赔偿责任,上海高院在受理上诉案件后,经过审理,做出了终审判决,驳回大智慧以及立信会计师事务所的上诉请求,维持上海市第一中级人民法院的判决结果。

问题: 你认为本案例中最大的争议是什么?

第七章 互联网金融平台

教学目标与要求

1. 了解互联网金融、平台经济与互联网金融平台的区别与联系
2. 掌握互联网金融平台分类
3. 了解互联网金融平台运营模式
4. 了解互联网金融平台存在的问题
5. 掌握互联网金融平台风险管理及监管趋势

导入案例

阿里与京东的金融平台分析

电商大数据金融平台是当前大数据金融最具代表性的应用场景,分为平台金融和供应链金融两大模式,具体见表7-1。

表7-1　大数据金融——平台金融模式和供应链金融模式

类型	定义	优势	代表企业
平台金融模式	指平台企业利用自身平台优势,对其积累的专属数据通过信息化方式进行专业化的挖掘和分析,从而获得其他投资人无法得到的决策依据	(1)平台优势 (2)风险管控优势 (3)征信体系优势 (4)数据使用场景优势	蚂蚁金服:2014年成立,2018财年,蚂蚁金服税前利润为91.8亿元人民币
供应链金融模式	指供应链中部分核心企业通过相关产业上下游企业营运、交易等数据的累积与分析,通过搭建资金平台或者与特定金融机构合作,对供应链中企业提供金融服务的模式	(1)"一站式"全产业链金融模式优势 (2)信贷风控优势 (3)产品服务优势 (4)授信主体优势	京东金融:2013年10月开始独立运营,2018年首次扭亏为盈,第一季度净利润为2 140万元人民币

事件:2020年11月3日,上海证券交易所暂缓蚂蚁金服在科创板上市;2021年3月30日,京东数科(京东金融)撤回科创板IPO申请。

资本估值:在中止上市之前,蚂蚁金服的估值达到了22 000亿元;京东数科估值近2 000亿元。

2021年4月16日晚间,证监会发布修订后的《科创属性评价指引(试行)》,

在原有的科创属性评价标准基础上,丰富了科创属性认定标准,并进一步明确科创板的行业领域。关键信息:金融科技、模式创新等类型的企业,限制在科创板上市。

从宏观层面分析,不到半年时间,先后有蚂蚁金服和京东数科两大独角兽企业折戟科创板 IPO,这恐怕不能用偶发因素来解释,而是互联网金融科技商业模式和监管体系面临重大调整的必然趋势,即金融与科技业务分离,金融业务将纳入监管,符合条件的要申请金控牌照。短期来看,金融科技估值参考金融公司和科技公司,缩水在所难免;长期来看,监管导向鼓励创新与风险预防并重,金融科技商业模式要从场景、流量、生态取胜,转变为更好地服务实体经济、普惠金融,提高科技硬实力。

(资料来源:陈荣达,余乐安,金骋路.中国互联网金融的发展历程、发展模式与未来挑战.数量经济学技术研究.2021.1,3-21)

第一节 互联网金融平台的基本概念

一、平台经济

平台经济是近 10 年才被国外经济学界广泛重视并深入研究的。梯若尔和伊万斯等著名学者纷纷提出前沿观点和研究成果。罗歇和梯若尔 2006 年的工作论文对平台经济给出了一个基本定义:如果平台可以通过向市场的一方收取更多费用并将另一方支付的价格降低相同数量来影响交易量,则市场是双边的;也就是说,价格结构很重要,而平台必须设计这种结构以便让双方都参与其中,即两方以上的参与者通过利益互动形成的市场为双边市场或平台经济。国外学者的研究大多基于"双边市场"的内涵,认为双边使用群体通过使用平台使彼此受益,形成平台经济,如信用卡市场、在线拍卖平台、在线销售平台等。

国内对平台经济的研究起步较晚,目前还没有形成清晰定义和明确定位。概括国内外学者见解,可以认为,平台经济是基于电子信息技术快速发展而逐步兴起的,以信息技术和第三方支付为手段,基于虚拟或真实的交易空间或场所,促成双方或多方供求之间的交易,通过重构产业链、价值链关联,促进三次产业融合发展的一种创新型经济发展形式。

所谓平台,无非是一种交易空间或场所,促成双方或多方客户之间的交易,

互联网金融

收取恰当的费用而获得收益。在大数据时代,平台是指不同要素数字化的组织形式,其核心是不同要素及资源的数字化链接,网络平台有以下的基本功能:一是通过吸引大量的消费者及厂商并将其连接起来建立一个流动性的市场;二是通过数字化技术创建有效的渠道,匹配消费者与厂商之间的交易,以此来促使交易与互动产生,为客户创造价值;三是开发支持交易与互动产生的核心算法程序及服务,以此来降低交易成本、降低进入障碍、增加平台使用的价值,吸引更多的客户;四是确立平台的规则及标准,鼓励正向行为,限制负向行为等。从平台经济的功能来看,平台经济就是在数字经济技术快速发展的基础上,以数据作为生产要素或一种有价值的资产进行资源配置的新方式。

二、互联网金融平台

互联网金融主体即从业机构,主要包括传统金融机构和互联网企业。传统金融机构包括银行业金融机构、非银行业金融机构和小微金融机构(如小额贷款公司、融资性担保公司等)。传统金融机构主要依托互联网技术,利用创新型互联网平台,积极开展和开发网络银行、网络证券、网络基金销售、网络消费金融和网络保险等业务及其新产品和新服务,实现传统金融业务及其产品和服务的转型升级。互联网企业即以网络为基础的经营性企业,如IT企业、电子商务企业和软件开发企业等。互联网企业包括搜索引擎类,如谷歌、百度;综合门户类,如雅虎、新浪、搜狐;即时通信类,如腾讯、飞信;电子商务类,如阿里巴巴集团、亚马逊等。互联网企业主要通过依法合规设立互联网金融平台,建立和完善服务于实体经济的多层次、多元化、高效率的金融服务体系,更好地满足小微企业或创新创业企业和个人的投融资需求,拓展互联网普惠金融的广度和深度。

无论是股权众筹和第三方支付,还是网络借贷和货币基金,均是以平台为支撑的金融形态,互联网金融在整体上可以纳入平台经济的范畴。换言之,互联网金融是以股权众筹平台、第三方支付平台、网络借贷平台等具象化的形式存在的。平台不仅构成了互联网金融的关键设施,也构成了互联网金融的组织基础。与社交网络平台(如腾讯)、搜索网络平台(如百度)等平台相比,互联网金融平台的特性在于集信息中介与信用中介于一身,其本质是信息和信用风险的关系问题。互联网金融平台的内核是"金融"而非"互联网",而金融的实质是以货币为对象的信用交易,因此互联网金融平台不可能脱离信用而存在。

经过昙花一现的"非理性繁荣"之后,那些打着"金融创新"之名却从事非法金融交易的互联网金融平台因信用缺失被淘汰出局,而那些资信良好、风控严格、注重契约精神的互联网金融平台逐渐成长为行业的中流砥柱。特别是随着大数据征信、区块链技术在互联网金融平台中的广泛运用,传统意义上以主体为中心的信用创建方式走向式微,强调"去中心化"的算法信用开始勃兴。因此,真正意义上的互联网金融平台不仅肩负着向交易双方提供真实、充分、及时的信息撮合、数据管理等私法上的责任,还肩负着通过技术应用为参与者创造信用、为社会建立信用体系的公共性责任,唯有如此,互联网金融平台才能融入经济民主和普惠金融的时代发展潮流,进而获得内生性发展的强大动力支持。

互联网金融平台分类介绍

第二节　互联网金融平台的分类

在我国,互联网金融的主要业务品种包括互联网支付业务、以 P2P 为代表的网络借贷、互联网保险、互联网信托和互联网消费金融及以区块链金融为代表的其他创新品类。这些业务品种又可以按金融传统定义归纳为支付、借贷、股权投融资、经纪和顾问五大类。

一、支付类业务——第三方支付

第三方支付(Third-Party Payment,又称非银行支付)是最早兴起,并且对银行业务直接提出挑战的互联网金融业务。它是非银行机构借助通信、计算机和信息安全技术,在用户与银行支付结算系统间建立连接的电子支付模式。第三方支付在中国发展迅速,已经成为涵盖线上线下、应用场景非常丰富的综合支付工具。

2017 年,我国第三方移动支付的交易规模达到了 120.3 万亿元,同比增长 104.7%;第三方互联网支付交易规模达到 28 万亿元,同比增长 40.8%。第三方支付复合增长率达到 80%,而美国同业同期的复合增长率仅为 3.2%。同年,银行卡单笔交易的均值是 6 424 元,而通过第三方支付的单笔均值仅有 606 元。单笔均值的差异表明传统银行卡已退居大额交易支付途径,小额移动第三方支付已经在相当多的地区取代银行卡和现金。通过银行卡的支付为 1 400 亿笔,而通过第三方平台完成的电子支付高达 1 640 亿笔。以第三方支付为主要支付手段的网络电商已经占据中国零售销售的四成以上,其中支付宝和微信支付联手拿下超九成的市场份额。移动支付从线上普及到线下,现在停车场、超市、百货商店甚至个人摊贩都普遍接受支付宝和微信支付,不带钱包出门越来越普及,中国正在加快进入无现金社会。

133

二、借贷类业务——P2P、互联网小贷和供应链金融

借贷类互联网金融主要是网络借贷,包括点对点的网络借贷(业内俗称P2P)和互联网小额贷款。此外,以供应链金融为代表的商业贷款也在网贷之列。

P2P(Peer-to-Peer,点对点网络借贷)是指个体和个体之间通过互联网平台实现的直接借贷。2009—2017年,P2P贷款交易规模从1.5亿元增长到2.71万亿元,年复合增长率达到216%。2016年年中以来,由于行业风险不断暴露,当局强化了监管和整治,P2P平台纷纷转型调整,行业增长势头回落。近两年来正常运营的平台数量呈现出直线下降的趋势。2020年11月27日,银保监会首席律师在"《财经》年会2021:预测与战略"上透露,互联网金融风险大幅压降,全国实际运营的P2P网贷机构由高峰时期的约5 000家逐渐压降,到11月中旬完全归零。

互联网小贷是主要通过网络平台来获取借款客户的小贷公司,是传统小贷"互联网+"的结果。按规定,互联网小贷不吸收公众存款,其主要资金来源为股东缴纳的资本金和捐赠资金、金融机构的融入资金等。互联网小贷运用网络平台积累客户经营、网络消费和网络交易等行为数据,以此分析、评定借款客户的信用风险,确定授信方式和额度。贷款申请、审批、发放和回款全程均在线上完成。典型的互联网小贷包括阿里小贷、阿里微贷、海尔小贷、小米小贷、小雨点等。

现金贷业务是互联网小贷的一个变种。对比P2P和互联网小贷,现金贷属于纯线上、超短期、小额现金贷款,具有利率高、实时审批、快速到账等多种优势,客户多为传统金融服务没有覆盖或较少覆盖的群体,借款用途主要包括日常消费、短期现金周转和信用卡代偿等,借贷额度只有500~5 000元。借款人中,半数以上申请现金贷的次数大于2次,多次借款人在多家平台申请贷款的比例接近50%,多头借贷现象明显。

供应链金融是基于真实的贸易背景开展的金融活动,实质是帮助链内(原材料—中间产品—产成品)成员盘活流动资产。"互联网+供应链金融"是基于大数据、云平台、移动互联网等信息收集、处理方面的优势,将传统供应链网络化、精准化、数据化。典型的互联网供应链金融企业包括海尔、阿里、京东、顺丰、创捷、苏宁等。2017年,中国非金融企业应收账款余额规模达到16万亿元,互联网供应链金融中仅保理业务部分的应收账款规模已过6万亿元,供应链金融市场规模目前已超过10万亿元。

互联网消费贷款依托大数据等信息技术,把互联网与消费信贷结合起来。与传统消费金融模式相比,互联网消费贷款更加注重用户体验,在降低客户时间和资金成本的同时,也减少了银行等资金提供方的运营成本,使得信息流、物流与资金流高度融合。与传统信用卡业务相比,互联网消费金融的客户定位是中低收入、无担保和抵押人群,单笔授信规模不超过借款人月收入的5倍。相对于信用卡13%~16%的费率,消费金融费率最高可达33%。

三、股权投融资类业务——众筹

股权众筹平台为通过互联网平台为股权众筹投融资双方提供信息发布、需求对接、协助资金划转等相关服务的中介机构。众筹平台没有门槛,不限定投融资额度,采取非公开发售,单项目投资者累计不得超过200人。

众筹尚处于发展起步阶段,平台平均寿命很短,下线失联成为常态,还没有形成龙头行业和稳定业务模式。因为项目优劣评判的困难、回报率的极为不确定性,投资者仅仅停留在少量天使投资人、投资机构及少数个人投资者之间,涉及金额也相对较小。截至2018年9月,我国处于运营状态的众筹平台共有208家。其中,互联网非公开股权融资型平台有65家,权益型平台有73家,物权型平台有30家,综合型平台有26家,公益型平台有14家。

四、经纪类业务——信息化金融机构

互联网信托、互联网保险、互联网基金、互联网理财等业务都是在传统的金融业务当中融入了互联网技术,充分利用互联网技术与信息通信技术开展传统金融服务,依托线上平台签订合同、提供产品信息查询以及转让等业务,本质是依托互联网平台进行的经纪业务。

互联网信托主要采取两大类模式:一是在互联网上实现销售和引流,二是将信托拆分成更小的理财单位后通过互联网进行销售。上述两种业务类型在互联网金融出现初期有一定的流行度,但是由于信托的私募属性要求,信托产品不得向不特定对象进行销售,因此在2016年监管趋严后,互联网信托发展基本处于停滞状态。

互联网保险、互联网基金和互联网理财大部分可允许直接面向不特定公众进行销售,因此在通过互联网进行销售时能够充分发挥互联网自身便捷、快速的特性。这些产品在互联网平台上均取得了非常成功的销售业绩,甚至改变了行业形态。以依靠互联网渠道销售的保险产品为例,统计数据显示,2017年互联网保险签单件数124.91亿件,增长102.60%,互联网渠道所占比重和利润贡献能力不断提升。

五、顾问类业务——大数据金融服务、互联网金融门户和科技金融平台

互联网金融中,大数据金融服务集合海量非结构化数据,分析客户的基本情况、交易特征和消费习惯等,有助于金融机构提升风险管理能力,提高经营绩效。

互联网金融门户是指借助各种互联网渠道来进行金融产品销售以及为金融产品销售提供第三方服务的平台。其业务核心是"搜索＋比价",为用户提供金融产品的垂直比价方式,便于用户挑选金融产品。因此,互联网金融门户又可以看作是金融超市。这种模式更多是起到了咨询顾问的作用,而不是直接进行产品的实际销售,不承担任何违约责任,买卖交易也不完全通过门户进行。比较知名的金融门户包括融360、91金融超市、好贷网、格上理财、网贷之家等。

为服务于经济转型升级,推动高科技商业资源与金融资源整合,政府推出了一站式、全方位、个性化服务的科技金融服务平台。自2007年起步以来,科技金融服务平台数量快速增加,功能日趋完善。截至2018年,我国已设立各类科技金融服务中心250余家,汇集各类金融及投资机构超过4千家,累计服务企业超过2.4万家,企业通过该平台的专业服务获得银行信贷超过2700亿元。

第三节　互联网金融平台的运营模式

互联网金融平台运营模式包括但不限于以下七类:互联网支付;网络借贷;股权众筹融资;互联网基金销售;互联网保险;互联网信托;互联网消费金融。

一、互联网支付

互联网支付是指用户通过计算机、手机等电子设备,依托互联网支付平台(依法合规设立的互联网支付机构)实现支付、结算和货币资金转移的行为。互联网支付的宗旨是"为社会提供小额、快捷、便民的小微支付服务"。

互联网支付方式按照使用互联网终端形态的不同,可分为网络支付和移动支付。网络支付基于个人电脑(PC)终端,是比较常用的方式。移动支付基于手机和平板电脑移动终端。目前,移动支付市场基本被支付宝、微信支付两分天下,移动支付成为主流支付方式的趋势已经愈来愈明显。支付宝、财付通、易宝

支付等厂商成为移动支付领域的主导者。

互联网支付方式按照支付主体的不同,通常可分为网上银行和第三方支付。网上银行是基于银行业金融机构的网上支付,第三方支付是基于第三方支付机构或企业的网上支付。

网上银行,包含两层含义:一是开办网络业务的银行;二是银行通过互联网提供的网上银行服务业务。前者是机构概念层面的"银行";后者是业务概念层面的"网上银行服务"。网上银行在互联网金融模式中是业务概念,是指银行通过互联网支付平台向用户提供诸如开户、转账汇款、账户查询、缴费支付、信贷、投资理财、信用卡等传统服务,以及其他网上银行的特有服务,如定制财务管理报告、财富顾问服务等。用户通过网上银行,可以足不出户地在任何时间办理各种银行业务。

第三方支付是指通过第三方支付平台进行交易和结算的模式。这里的"第三方支付平台",是指具备一定实力保障和信誉保证,与各大银行签约、拥有支付牌照的第三方独立机构,除支付手段灵活多样外,还具有资金传递、约束和监督的功能。在第三方支付交易和结算过程中,用户选购商品,划转结算款项至第三方支付平台账户(第三方账户);第三方支付平台收款后,通知商户货款到账、向用户发货;商户收到第三方通知后按订单发货;用户查验到货商品,通知第三方付款给商户;第三方划转款项至商户账户,交易完成。第三方支付的显著特点是通过拥有支付牌照的第三方支付平台完成支付结算业务,用户和商户之间的结算通过第三方来完成,使网上交易结算更加便捷、安全,减少了网络交易中的欺诈行为。目前拥有央行发放的第三方支付牌照的公司仅有 267 家。其中,支付宝、财付通等 27 家非银行支付机构获得首批续牌资格。

第三方支付的主体可以分为两类:一类是以银联电子支付(银联商务、银联在线)、快钱、汇付天下等为首的金融型支付企业,侧重于满足行业需求和开拓行业应用;另一类是以支付宝、财付通、易宝支付、通联支付、拉卡拉、百度钱包、百付宝等为首的互联网型支付企业,侧重于捆绑大型电子商务网站,以在线支付为主,迅速做大做强。

二、网络借贷

网络借贷主要为传统金融覆盖不到的个体经营者和个体消费者以及小微企业等服务,遵循小额、分散的普惠金融原则。网络借贷包括 P2P 网络借贷(个体网络借贷)和网络小额贷款。

互联网金融

(一) P2P 网络借贷

P2P 网络借贷是指个体和个体之间通过网络借贷平台实现的直接、小额信用借贷,因此又称为"个体网络借贷"。"个体"包含自然人、法人及其他组织。P2P 网络借贷平台实际上就是专门设置的网络借贷信息中介机构。P2P 网络借贷坚守平台功能,坚持"小额、分散、普惠"的借贷原则,为借款人和出借人(贷款人)提供信息搜集、信息公布、借贷咨询、信息交互、借贷撮合、资信评估、手续办理等中介服务。为了维护借款人和出借人的合法权益,保证为借款人和出借人提供真实、准确的信息,P2P 网络借贷信息中介机构在提供信息中介服务的过程中,要严格遵守《网络借贷信息中介机构业务活动管理暂行办法》(2016 年 8 月 24 日发布)的规定,遵循"依法、诚信、自愿、公平"的原则,不得非法集资、不得设立资金池、不得提供增信服务、不得代替客户承诺保本保息、不得从事债权转让行为、不得进行虚假宣传、不得损害国家利益和社会公共利益。P2P 网络借贷信息中介机构由地方金融监管部门负责办理备案登记,专门从事网络借贷信息中介业务,而不是 P2P 网络借贷合同的借款人或者出借人。

(二) 网络小额贷款

网络小额贷款这一微型金融模式近年来在我国获得了快速发展,已逐渐成为金融市场的有益补充,成为助推普惠金融发展的有力手段,如阿里小贷推出的"借呗""花呗"。所谓网络小额贷款,是指互联网企业通过其控制的小额贷款公司(网络小额贷款平台),利用互联网向客户提供的小额贷款。这里的小额贷款公司就是互联网企业基于 P2P 网络借贷模式而成立的网络小额贷款平台,互联网企业只是通过该平台操作小额贷款公司的放贷业务。

互联网企业投资设立小额贷款公司,目的在于整合企业资源,利用企业金融数据处理优势和风险控制等方面的经验,为中小微企业和个人投资者提供金融服务。这不仅有利于互联网企业发展战略的进一步推进,还有利于拓宽互联网企业的业务领域,增强互联网企业的盈利能力和综合竞争力。

网络小额贷款的优势如下:(1)从贷款额度上看,网络小额贷款可根据实际资金需要量身定制,额度高。(2)从贷款对象上看,网络小额贷款基于"小额、分散"的原则,始终服务于小微企业,在低贷款条件门槛下,贷款对象形成了多点开花的局面。(3)从贷款速度上看,网络小额贷款办理和放款速度快,通常当天申请、当天即可到账。(4)从贷款流程上看,网络小额贷款审批流程简单,贷款申请、审核、发放和还款等实现全流程线上完成。(5)从贷款期限上看,网络小额贷款的贷款期限由借贷双方根据公平、自愿的原则协商确定,一般比较短。(6)从贷款方式上看,网络小额贷款一般免抵押、纯信用、随借随还,但也可以采取担保贷款、抵押贷款和质押贷款的形式。(7)从贷款利率上看,网络小额贷款的贷款利率一般高于金融机构的贷款利率,但低于民间贷款利率的平均水平。

三、股权众筹融资

　　股权众筹融资是指融资方通过互联网形式(主要是通过股权众筹融资中介机构平台,比如互联网网站或其他类似的电子媒介)进行公开小额股权融资的活动。具体是指融资方出让公司一定比例的股份,通过股权众筹融资中介机构平台面向普通的投资者融资,投资者则通过出资入股融资方公司,以期获得未来收益。亦有对股权众筹融资的一种简单诠释,即"非公开股权融资互联网化"。在股权众筹融资过程中,股权筹融资应该遵循诚实、守信、自愿、公开的原则以保护投资者的合法权益,尊重融资者的知识产权,不得损害投融资双方的利益,不得损害国家和社会公众利益。股权众筹融资的核心点如下:

　　(1)股权众筹融资必须通过股权众筹融资平台(专设的、经证监会批准的股权众筹融资中介机构)完成融资。这里所指的平台必须基于互联网或类似的电子媒体(并非一定要建立网站)建立。目前,天使汇、人人投、原始会、天使街、筹道股权、云筹、众投帮及投行圈成为国家首批八家中国证券业协会会员股权众筹平台。

　　(2)股权众筹融资中介机构是指为股权众筹投融资双方提供信息发布、需求对接、协助资金划转等相关服务的中介机构。股权众筹融资中介机构必须专业提供中介服务,不得自融或者进行投资,不得提供承诺、担保和回购等增信服务。

　　(3)股权众筹融资中介机构可以在不违反法律法规的前提下,对股权众筹融资业务模式进行创新探索。

　　(4)股权众筹融资方应为小微企业或创新创业企业。股权众筹融资方应通过股权众筹融资中介机构向投资人如实披露企业的商业模式、经营管理、财务状况、资金使用等关键信息,不得误导或欺诈投资者。股权众筹投资者应当充分了解融资者的股权构架风险、公司治理风险、投资者非理性风险、资金监管风险以及股权退出风险等。股权众筹投资者只有具备了相应的风险承受能力,才可以进行小额投资。

　　(5)股权众筹融资是一种公开、小额的股权融资活动。这里的"公开、小额"将打消行业在项目推广方面的顾虑,使更多的投资者将视野投向小微企业或创新创业企业。

（6）证监会负责监管股权众筹融资业务。股权众筹融资的产生，降低了投资门槛，能够让小微企业或者创新创业融资者更容易地获得资金支持，同时为普通的投资者提供了高风险、高收益的投资项目。

目前，较常见的股权众筹融资模式有两种：一是以京东众筹（2014 年 7 月 1 日成立）、36 氪众筹（2015 年 6 月 15 日成立）等为典型的"领投＋跟投"模式，即在项目选择上以热点项目为主，在企业选择上广撒网，以量大为优势，讲求众筹融资的规模。二是以 360 淘金（2016 年 1 月成立）为典型的"远期定价"模式，即在项目选择上以能够保持长线走势的项目为主，优质项目先融资后定价，讲求众筹融资的效率。且相比传统模式，这种模式的打款周期相对缩短，在企业选择上更在意精品化。

四、互联网基金销售

互联网基金销售是指证券投资基金通过互联网基金销售平台（互联网基金代销机构，如商业银行、证券公司、期货公司、保险公司、证券投资咨询机构、独立基金销售机构等）实现销售的模式。2012 年 10 月，汇添富基金在我国首次采用互联网直销模式。2013 年 6 月，余额宝引爆互联网基金销售的热潮，开启了互联网基金销售高速发展的篇章。

互联网基金销售的特点如下：

1. 规范化营销

作为基金销售业务的一种业态类型，互联网基金销售业务应遵循证监会关于现有基金销售业务监督和管理的法律法规、规则的要求，充分关注投资者的风险承受能力。基金销售机构及其合作机构通过互联网平台或其他活动进行互联网基金销售时，要确保投资者的资金安全，不得违规违法销售，不得隐瞒风险，要全面、真实、准确地表述和列示相关业务内容，切实履行风险披露义务。基金管理人要严格落实基金销售适用性原则，销售适合的产品给相应的投资者。互联网基金销售平台未持牌（未经证监会注册），擅自以智能投顾、智能理财等名义公开销售基金的将被依法予以查处。

2. 交互式营销

2015 年，传统商业银行和证券公司占基金销售主导地位的格局逐渐被打破，作为基金营销新渠道的其他渠道，因其便捷性、选择多、费率低等优势已占据整个市场的三分之一（约 35%）。据证券时报数据显示，截至 2016 年 7 月 12

日,陆金所共有 2 554 只基金,其互联网基金代销数量位居第一。天天基金网共有 2 516 只基金,其互联网基金代销数量由保持了长达 4 年多的龙头地位变成第二。此外,盈米财富、蚂蚁聚宝、好买财富、众禄、同花顺、诺亚正行等代销基金的数量也超过了 2 000 只。互联网基金销售交互式发展迅速。

3. 个性化、定制化营销

互联网基金销售模式强调创新、合作,除在网上单一销售基金产品外,便利化、低成本的在线销售模式将以投资者为导向,通过互联网基金销售平台为投资者进行资产配置,乃至提供以个性化、定制化为特征的顾问式销售服务,改变以佣金为主流的传统销售模式,为普通投资者提供复杂基金产品。

4. 专业化营销

互联网基金销售是一种相对复杂、有一定风险的金融模式。对大多数缺乏投资理财基础知识、不具备专业的分析判断能力的投资者而言,互联网基金销售专业化指导和营销极其重要。一方面,可以在线上进行广泛的营销宣传,对部分产品辅以线下的服务和指导,或者是引导至线下完成最后的交易。另一方面,即使完全在线上销售,也可以通过组建网上基金投资者服务团队等模式,配备专业的在线销售平台理财顾问,对投资者的线上基金购买活动进行指导,这也是互联网基金销售公司顺应同质化竞争的关键。

5. 组合式营销

针对投资者遴选基金难的问题,目前已经有蚂蚁聚宝、天天基金网、盈米财富、金融界等多家互联网基金销售平台推出了不同形态的基金销售组合,受到不少基金公司及投资者的青睐。如 2016 年 6 月底,天天基金网联合数家基金公司,在业界推出了第一个以基金公司为投资顾问的投资组合产品——组合宝。组合式营销在基金组合上有全市场组合和内部组合,前者基于销售平台构建,后者基于基金公司自行构建。对于组合式营销,不同的销售平台可能采取不同的运作模式,如"分开购买"模式、"一键购买,指令调仓"模式和"自动调仓"模式。

五、互联网保险

互联网保险是指保险公司或新型第三方保险网(如淘宝保险、网易保险、众安保险、放心保、易安保险等)以互联网和电子商务技术为工具来销售保险的一种经济行为和新型的商业模式。相较于传统的保险代理人营销模式,互联网保险以互联网为媒介,通过互联网平台的连接,解决客户黏性差的问题,增加与客户的接触频次,实现与客户的高频率互动和中介费用的降低;通过现代技术的运用以及移动终端的简洁服务,激发客户潜在意识,提升客户消费倾向(不仅仅是在事故、疾病发生后才考虑购买保险),以实现随时随地的流程运转,增强核保、承保、保全、理赔服务的时效性。此外,互联网保险还具有保险产品碎片化、场景化、个性化,覆盖面广、成本相对低廉,信息透明、贴近客户、便于互动等特点。

六、互联网信托

互联网信托基于专业金融服务公司(信托公司)的眼光和高于金融行业的自创标准风险控制体系,为客户(借款人或融资方)提供线下的信息核实、资产质(抵)押、信用评级等征信服务,以确保投资者(出资人)的资金安全。

互联网信托面向的是中小微企业或创新创业企业,以及有投资理财需求的个人。互联网信托的融资项目在互联网信托平台上发布前,需进行严格和严谨的审核,并要求融资项目的客户(借款人或融资方)提供质(抵)押资产,且保证其易于处置或变现。投资者(出资人)基于对互联网信托平台线下征信服务的信任,对通过互联网信托平台审核的融资项目选择不同投资方式进行出资,最终达到资产增值的目的。

互联网信托的主体是信托公司。信托公司要构建"以客户为中心"的经营理念,通过互联网信托平台、借助大数据等技术开展业务,严格遵循银监会有关信托交易和风险监管的规定,形成互联网信托的价值链网络,保证交易过程合法合规。

七、互联网消费金融

互联网消费金融是指通过互联网并以互联网技术为手段,向各阶层消费者提供消费贷款的一种金融服务。

目前市场上提供互联网消费金融服务的主体大致可归为三类:一是商业银行,主要提供传统消费金融互联网化服务;二是消费金融公司,指由银监会批准成立的、专业的消费金融服务提供商,拥有消费金融合法牌照,依托互联网消费金融平台提供专业的互联网消费金融服务;三是互联网消费金融公司,其主要依托于电商平台和P2P平台,从事电商系消费金融服务和P2P小额消费金融服务,但互联网消费金融公司并未获得消费金融公司的营业许可。互联网消费金融主体及其主要特征见表7-2。

表 7-2　　　　　　　　　互联网消费金融主体及其主要特征

互联网消费金融主体		主要特征
商业银行		主要通过信用卡(如各银行信用卡)和消费贷款(典型企业如招联消费金融)为消费者提供消费金融服务
消费金融公司		北银消费金融、中银消费金融、锦程消费金融等15家持牌的消费金融公司向借款人发放的除房屋和汽车之外的、以消费为目的的贷款(与商业银行的目标客户群形成错位的关系)
互联网消费金融公司	P2P小额消费金融	惠人贷、宜人贷、拍拍贷、人人分期等P2P消费金融公司面向白领和有固定收入的阶层,采用"线上+线下"、侧重线上的方式,提供以汽车、装修等大额支出消费为目的的贷款
	电商系消费金融	京东白条、蚂蚁花呗、零钱贷等电商系消费金融公司面向网购用户群,通过体系内电商平台,采用线上站内营销的方式,提供以电商平台销售产品为主的贷款

第四节　互联网金融平台风险管理及监管趋势

一、互联网金融平台存在的问题

(一)互联网金融平台参与机构经营风险较大

1. 行业进入门槛低,市场参与主体风险意识薄弱

互联网金融主要解决传统金融机构无法覆盖、无法顾及的"长尾客户"。通常情况下,这些"长尾客户"并非是传统金融机构眼中的优质客户,与这些客户开展业务本身就存在着巨大的风险。社会公众往往缺少必要的金融知识和风险意识。为吸引投资者,部分互联网金融平台又进行夸大宣传和风险隐瞒,所产生的信息不对称剥夺了投资者的知情权,严重误导了投资者的投资行为。部分互联网金融机构在暴利的诱惑下,冲破道德底线,资金挪用、恶意欺诈、高息理财、暴力催收等违法违规行为时常发生,给社会经济发展带来了大量的风险和负面影响。

2. 部分机构利用监管盲区野蛮生长,出现"大而不能倒"局面

目前,第三方支付平台上货币流动增长速度之快令人侧目。支付宝和财付通已事实上成为网上清算组织,但这两家机构却无意申请清算牌照。很多庞大的以第三方支付为主导的机构在闭环生态中,都涉足各类借贷和理财产品,在"一行两会"监管系统之外实现了创造货币的职能。这些互联网金融巨头业务之

互联网金融

全面、清算地位之重要已远远超过传统金融机构,成为"大而不能倒"的系统重要性金融机构。更重要的是,互联网金融巨头与传统金融机构的联系日益紧密,极易造成系统性的风险。

(二)互联网金融平台基础建设不完善

互联网金融的发展要依托互联网的通信系统、信息技术以及信用体系等基础体系的建设。当前,在计算机网络通信系统的建设方面,现行 TCP/IP 协议安全性较差,如果被黑客或者计算机病毒攻击成功,将会直接导致互联网金融中的各类交易出现极大的风险隐患。而在互联网的信息技术方面,我国目前采用的互联网软硬件有相当一部分采购自国外,缺乏具有自主知识产权的相关系统。自主性缺失容易导致在特殊场景下受制于别国,这对于金融体系的稳定将产生负面影响。另外,我国信用体系建设还很不完善,互联网金融并没有改变金融业经营风险的本质,海量、小微、资质较差的客户与快速响应的互联网技术结合在一起产生了新的风险。现行征信体系无法适应这种变化,一定程度上阻碍了行业中参与主体的健康持续发展。

(三)互联网金融监管体系不完善

相对于互联网金融迅猛发展的势头,现行监管体系出现了明显的迟滞,制约了互联网金融的健康稳定发展。这不但与互联网金融业态复杂、监管难度较大有关,也与监管理念有关。首先是互联网金融的监管难度大。互联网金融依托于互联网技术,业态多元复杂,而且调整和变化速度极快,要求监管机构既要熟悉金融,又要熟悉互联网,这对现行监管机构提出了巨大的挑战。在传统的监管思维下,中国人民银行要求第三方支付公司将客户储备金(客户预付款)拨付到央行或商业银行开设的专用账户。但是,第三方支付机构通过各种手段直接或间接与数十家商业银行开展业务,关联关系复杂,资金往来不透明,穿透目的难以实现。

其次,监管缺乏协调。互联网金融企业多为地区性企业,除了受到"一行两会"等全国性监管机构的监管之外,还需要受到地方性金融监管部门的监管,而这些监管机构和部门出于自身利益考虑对于辖内互联网金融企业的监管要求存在一定差异,这就容易造成地区性监管套利和寻租空间。

二、互联网金融平台的风险管理

(一)加强金融监管

强化对互联网金融行业监管,是我国互联网金融风险治理的前提。具体措施包括:

(1)加强互联网金融机构的内部监管,有条件的机构应成立风险控制部门,从全流程风险控制的角度出发,梳理内控流程,完善信息安全管理办法,制定风险应急预案。

(2)完善互联网金融机构的外部监管,建立多部门联合监管协调机制,对于互联网金融机构实行准入管理,制定准入标准和审批制度。

(3)推动跨部门、跨行业、跨领域的协同监管,金融监管与法律监管、国际监管与国内监管、内部监管与外部监管有机整合,建立有效的监管制度,各监管部门相互配合、形成合力。

(4)加强信息管理,制定统一的技术标准,增强金融系统内部的信息共享和系统互动,提供安全保障的基础,提升风险控制能力和风险防范水平。

(5)推动互联网金融征信体系建设,综合运用信息技术系统,提高风险应对能力,减少或避免由于信息不对称、信用体系不健全而造成对互联网金融客户做出的不利选择和错误决策。

(二)完善安全保障体系

完善的互联网金融安全保障体系,是我国互联网金融风险治理的环境基础。具体措施包括:

(1)持续增加在软硬件方面的研发投入,不断优化信息安全系统的运行环境,提升信息安全系统的稳定性以及面对病毒、黑客入侵时的防御能力。

(2)提高自主知识产权比重,减少对技术外包的依赖,不断降低技术引进带来的风险,保护机构及行业的金融安全。

(3)提高信息安全系统稳定性。通过完善技术认证机构、资信评估机构、行业协会、企业安全联盟等银行金融服务机构,进一步巩固金融安全体系建设。同时,定期评估信息安全保障系统运行情况,确保系统正常运行。

(三)强化行业自律

加强互联网金融行业自律,是我国互联网金融行业风险治理的内在要求和保障。具体内容如下:

1. 树立自律理念和自律意识

互联网金融行业广大从业机构和从业人员应当从保护和扩大共同利益的角度出发,自觉树立自律理念和自律意识,遵守行业规则,实现自我约束和自我治理。

2. 发挥行业协会作用

各地均应建立互联网金融协会,制定会员单位统一的自律准则和自律规范,共同执行,严格遵守。

3. 建立自律监督机制

为保障自律机制有效运行,互联网金融机构应从内部建立自律监督评价机制,以此与外部风险治理措施配合互动,发挥内外联动效应,实现长效治理,维护互联网金融行业健康、安全发展。

4. 充分保障投资人利益

保障投资人利益是互联网金融从业人员最基本的道德准则。投资人是互联网金融机构的衣食父母,任何互联网金融机构想要持续经营,就必须保障投资人的利益,否则这个互联网金融机构就做不好、做不长。如果投资人的本金都得不到保障,那么投资人就不会再继续投资,因此保障投资人的利益必须放在第一位。

5. 完善信息公开和披露制度

互联网金融机构要建立健全信息披露制度。通过充分、及时的信息披露,解决互联网金融业务固有的信息不对称性问题,引导互联网金融行业形成公平、公开的市场环境,消除投资者对平台、对项目的疑虑,增强投资人的信心,保障投资人的合法权益。

三、互联网金融平台的监管动向

(一)监管堵住套利空间

首先,从主体监管的角度看,政策更加强调持牌经营,规范持牌机构与外部机构的合作。早期监管重点在于处理非持牌机构,包括逐步出清P2P网贷平台和无牌照的互联网理财平台,清理支付行业的"二清"问题等,强调开展金融业务必须持有相关的牌照;在非持牌机构基本出清之后,近期监管目标转向持牌机构,规范金融机构和互联网平台的业务合作,采取疏堵结合的方法,开启牌照的发放,鼓励持牌机构积极参与市场竞争。

其次,从功能监管的角度看,政策不断细化各类业务的监管要求,根据市场的变化更新并完善前期发布的管理办法。例如,将之前陆续发布的支付监管要求整合成支付行业管理条例,针对互联网贷款业务提出定量要求以便于执行等。目前,互联网金融相关监管政策覆盖支付、借贷、存款、理财、保险等各类金融业务,从资金来源的管理到业务流程的规范,覆盖范围逐渐拓宽,政策内容不断细化。

(二)未来监管趋势

2020年以来至今,互联网金融监管的重点偏向于互联网流量平台,尤其是头部平台,主要有以下原因:

第一,互联网公司积极布局金融牌照,逐渐成长为综合性的金融公司,存在监管套利。近年来,互联网公司积极布局金融牌照,开展金融业务,基于平台的流量、数据和技术优势在移动支付、互联网消费金融、投资理财及保险销售领域对传统金融机构形成异业竞争,占据了原本属于传统金融机构的市场份额。互联网公司开展金融业务缺乏明确的监管主体和监管要求,金融业务和平台主营业务(电商、社交等)、不同金融业务(支付、借贷等)之间存在交叉性,在数据管理、风险隔离上有待进一步明确监管要求。

第二,随着互联网金融监管的持续进行,中小平台逐步淘汰,流量优势逐步向头部平台集中,与缺乏流量的中小平台和传统金融机构相比,资源优势导致互联网头部平台在金融业务上有明显的优势,竞争的公平性降低,从而造成市场格局的分化,少数头部公司的金融业务规模在其细分领域中已占据主要市场份额。

第三,互联网平台与金融机构的合作日益深入,合作中存在的问题或导致部分金融机构的风险提升,同时传导至整个金融市场。目前,传统金融机构与互联网平台的合作较为普遍,尤其是获客能力、技术能力偏弱的中小金融机构,通过与平台合作获取增量客户并做大业务规模。从机构层面而言,中小金融机构主要依靠合作平台进行获客、运营及风控支持,话语权较弱,支付的服务费率较高,部分机构通过这种合作实现资产负债表的快速扩张,资产端的信用风险和负债端的流动性风险提升。从行业层面而言,金融机构的资金支持使头部平台的信贷规模快速扩张,导致行业整体信贷风险提升,而互联网存款业务的爆发也抬升了整个银行业的负债成本,不利于行业的健康发展。

金融科技公司尤其是头部互联网公司的金融服务平台主要面临三个方面的监管:一是针对金融控股公司的监管,二是针对平台经济的反垄断监管,三是针对各细分领域的政策监管。这些监管政策本身并不仅仅针对金融科技公司,其分别适用于开展各类金融业务的公司以及互联网平台型公司。

2021年4月13日,阿里巴巴港交所公告:蚂蚁集团将整体申设金融控股公司,实现金融业务全部纳入监管;支付业务回归支付本源,坚持小额便民、服务小微定位;申设个人征信公司,依法持牌、合法合规经营个人征信业务,加强个人资讯保护,有效防范数据滥用;将"借呗""花呗"全部纳入消费金融公司,依法合规开展消费金融业务;强化消费者权益保护,加强金融消费者适当性管理。

对金融控股公司的监管要点主要有以下三个方面:

第一,持牌经营,全面监管。对于达到金融控股公司认定标准的公司必须申请金控牌照,接受金融监管部门的全面监管。监管模式与美国的伞形监管制度类似,由央行对金融控股公司实施监管,国务院金融管理部门依法按照金融监管职责分工对金融控股公司所控股金融机构实施监管,财政部负责制定金融控股公司财务制度并组织实施。建立金融控股公司监管跨部门联合机制,加强监管部门之间的信息共享。

第二,强化资本管理和全面风险管理。建立资本充足性监管制度,金融控股公司的资本应当与其资产规模和风险水平相适应。设立金融控股公司的实缴注册资本额不低于50亿元人民币,且不低于直接所控股金融机构注册资本总和的

50%。金融控股公司需要具备为所控股金融机构持续补充资本的能力,资金来源满足合规性要求。金融控股公司应当在并表基础上建立健全全面风险管理体系,覆盖所控股机构和各类风险。

第三,完善公司治理,实现穿透式监管,简化股权关系,规范关联交易。金融控股公司应当具有简明、清晰、可穿透的股权结构,金融控股公司和所控股金融机构法人层级原则上不得超过三级,金融控股公司所控股金融机构不得反向持有母公司股权。集团内部交易需满足监管要求,与其所控股金融机构之外的其他关联方之间发生的关联交易应当遵循市场原则,不得违背公平竞争和反垄断规则,不得通过关联交易开展不正当利益输送、损害投资者或客户的消费权益、规避监管规定或违规操作。

第五节　互联网金融平台和社会信用建设

由于普惠性和低门槛特性,互联网金融平台在发展初期得到了快速发展。但是近年来,平台爆雷事件不断发生,平台跑路,资金断裂,给投资人和筹款人都带来了巨大损失。究其原因,是加持了金融科技的互联网金融平台对金融风险,尤其是信用风险的漠视。互联网金融平台作为媒介,应当将信用风险作为第一风险管控,应当把防范信用风险作为风险管理工作的重中之重。现实中,信用风险恰恰是这些金融平台最薄弱的一环。

2019年,国务院办公厅发布《关于加快推进社会信用体系建设,构建以信用为基础的新型监管机制的指导意见》,为新时期建设社会信用进行了方向性的指导。这也为互联网金融平台的健康发展提供了思路、方向和保障。

社会信用体系的建立和完善是我国社会主义市场经济不断走向成熟的重要标志之一。社会信用体系是以相对完善的法律、法规体系为基础;以建立和完善信用信息共享机制为核心;以信用服务市场的培育和形成为动力;以信用服务行业主体竞争力的不断提高为支撑;以政府强有力的监管体系做保障的国家社会治理机制。它的核心作用在于,记录社会主体信用状况,揭示社会主体信用优劣,警示社会主体信用风险,并整合全社会力量褒扬诚信,惩戒失信。可以充分调动市场自身的力量净化环境,降低发展成本,降低发展风险,弘扬诚信文化。它是一种社会机制,具体作用于一国的市场规范,它旨在建立一个适合信用交易发展的市场环境,保证一国的市场经济向信用经济方向转变,即从以原始支付手段为主流的市场交易方式向以信用交易为主流的市场交易方式的健康转变。这种机制会建立一种新的市场规则,使社会资本得以形成,直接地保证一国的市场经济走向成熟，扩大一国的市场规模。

互联网金融平台的发展和我国社会信用的建设是密不可分，相辅相成的。平台的发展不能是盲目扩张，而是要在充分评估信用风险的前提下的有序发展。这里的信用风险评估不仅是针对投资人的信用风险，同时也包括筹资人或者平台自身的信用风险。由于平台的信息不对称特点，仅仅依靠个人或者平台掌握的信息可能难以进行精确的风险评估。这时，充分发展的社会信用就能作为金融业务开展的重要依据而发挥作用。同时，金融平台的不断发展和完善，业务数据的不断积累，以及信用记录纳入国家的社会信用体系统中，也能进一步促进我国社会信用的建设。

本章小结

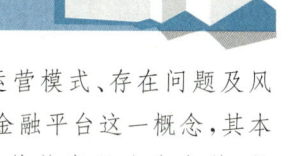

本章主要介绍互联网金融平台的基本概念、分类、运营模式、存在问题及风险管理。首先，从互联网金融和平台经济来界定互联网金融平台这一概念，其本质为"金融"。其次，互联网金融平台业务种类按照金融传统定义分为支付、借贷、股权投融资、经纪和顾问五类，进而描述互联网支付、网络借贷、股权众筹融资、互联网基金销售、互联网保险、互联网信托、互联网消费金融的业务运营模式。再次，对我国互联网金融平台的存在问题进行归纳，从而提出如何对这些风险进行监管的建议及监管最新动向。

关键术语

互联网金融平台、第三方支付、网络借贷、股权众筹、互联网保险、互联网消费金融、风险管理

习 题

简答题

1. 简述互联网金融、平台经济与互联网金融平台的区别与联系。
2. 简述互联网金融平台分类。
3. 简述互联网金融平台运营模式。

论述题

1. 互联网金融平台存在哪些问题？如何监管？
2. 互联网金融平台监管趋势如何？

互联网金融

案例分析

陈某曾经是某借贷平台的高校业务员,在开展业务过程中接触到一些有借款需求的在校大学生,通过审查个人资料、家庭信息等,掌握了一批以家庭条件优越、有超前消费习惯、自控能力差等为特点的在校大学生资源。该借贷平台的借款模式是,以1周或2周为借款周期,利息15%~25%不等,每日逾期费为借款金额5%~10%不等,利息计入本金提前扣除,或者在转账后立即返还,并签订虚高的借款合同或者就同一笔借款签订多份借款合同;如果借款人到期未还,会被收取高额逾期费,在支付手续费后可续期一次;借款人若仍未能偿还,陈某等人便介绍或要求借款人再借一笔钱来偿还之前的欠款,以此类推,通过借新还旧、转单平账的方式人为地垒高借款人的债务。

由于借款人一般是在校大学生,没有经济来源,借款人逾期不还款时,陈某等人利用借款人害怕被家长知道对外负债的心理,频繁通过打电话、发信息等方式威胁恐吓借款人还钱,趁机要求借款人借新还旧或转单平账,借款人被迫只能答应。当债务被垒高到一定程度,借款人实在无力偿还时,陈某等人便会上门向借款人家长追讨,最终实现骗取财物的目的。最终陈某以涉嫌诈骗罪被法院判刑。

问题:作为一名大学生应当如何理性消费并拒绝校园贷?

第八章 区块链及其在金融领域的应用

教学目标与要求

1. 了解区块链的一些基本概念，通过模拟加深对区块链技术的理解
2. 掌握区块链技术的商业价值与应用层次，了解区块链目前的应用领域
3. 理解区块链的金融属性，了解区块链在金融领域不同层面的实践
4. 了解区块链金融的前景与面临的挑战

导入案例

深圳开展数字人民币红包试点

2020年10月，深圳官方发布消息称，深圳联合央行开展数字人民币红包试点，将在罗湖区派发1 000万元人民币红包，民众通过摇号抽签方式获得数字人民币红包后，可直接在罗湖区指定的商户进行消费。

这是我国央行法定数字货币首次与公众见面，并且是以红包的形式"露面"。具体情况方面，总价值1 000万元的"礼享罗湖数字人民币红包"中，每个红包金额为200元，共计5万个。2020年10月12日18时起，"i深圳"系统通过深圳政务短信服务平台陆续向中签个人发送中签短信和下载链接。中签个人可单击中签短信中的下载链接，按照页面指引下载"数字人民币"App，并开立预约时所选银行的"个人数字钱包"，钱包开立后即可领取红包。

事实上，早在2019年8月，中共中央、国务院便发布关于支持深圳建设中国特色社会主义先行示范区的意见。意见指出，支持在深圳开展数字货币研究与移动支付等创新应用。2020年8月，深圳方面表示目前数字货币研究与移动支付创新应用等金融科技创新取得积极进展。

多个迹象表明，我国数字货币已进入了一个全新阶段。中国人民银行是较早开始法定数字货币研究工作的国家央行之一。2014年，中国人民银行就成立专门团队，开始对数字货币发行框架、关键技术、发行流通环境及相关国际经验等问题进行专项研究。2017年年末，经批准，人民银行组织部分实力雄厚的商业银行和有关机构共同开展数字人民币体系（DC/EP）的研发。DC/EP在坚持

双层运营、现金(M0)替代、可控匿名的前提下,基本完成了顶层设计、标准制定、功能研发、联调测试等工作。

目前,数字人民币研发工作遵循稳步、安全、可控、创新、实用原则,先行在深圳、苏州、雄安、成都等城市进行内部封闭试点测试,以检验理论可靠性、系统稳定性、功能可用性、流程便捷性、场景适用性和风险可控性。

想象一下未来数字货币的使用场景:只要手机有数字人民币的数字钱包,手机还有电,连网络都不需要,两个手机"触碰"一下,就能把数字钱包里的数字货币转给对方。

(资料来源:光明网,2020-10-21)

第一节 区块链的概念及其分类

一、区块链与区块链技术

对区块链的认识基本上源于比特币。比特币每10分钟通过矿工产生一个区块(Block),这个区块是一份账单,里面记录的是10分钟内全球发生的所有交易信息。比特币的每个区块都被打上了时间戳,每个区块都会通过计算机算法告诉人们它的上一个区块是哪个。这样比特币就严格按照时间顺序将所有区块组织成一条首尾相接的长链,故名区块链。

2016年工信部发布了《中国区块链技术和应用发展白皮书》,根据其定义,区块链(Blockchain)是分布式数据存储、点对点传输、共识机制、加密算法等计算机技术的新型应用模式。从技术属性上看,区块链是利用加密机制、共识机制、激励机制等方式对数据进行封装,从而提供可信、共识、防篡改的技术体系。该技术实现了在分布式计算机网络里对数据进行存储或操作,全网记录,可追溯、防篡改,从而在保证安全的情况下,提高效率,降低成本。

二、区块链及其分类

区块链按照适用范围、准入机制和参与方式,目前可以分为三种:公有链、联盟链与私有链,未来还可能出现其他种类的区块链。

(一)公有链

公有链是公开透明的,任何个体或者组织都可加入区块链中,也可以在公有链上发送交易,且交易能够获得该区块链的有效确认,每个链上的节点都可以竞争记账权。比特币区块链是公有链的典型代表。

公有链系统存在的问题有:

1. 激励问题

为激励全节点(拥有区块链上完整数据账本的节点)提供资源,主动维护整个网络,公有链系统需设计激励机制,以保证公有链系统持续健康运行。在公有链系统中,为了获得打包记账权,得到记账奖励,节点需投入算力进行挖矿。目前比特币区块链的激励机制存在一种"验证者困境",即在新一轮的竞争记账中,没有获得记账权的节点同样付出了算力,但没有获得记账权,也就没有任何回报。

2. 效率和安全问题

比特币平均每 10 分钟产生 1 个区块,且其工作量证明机会(PoW)需要全网的所有节点共同验证一个难题,难题的难度不断进行调节,所以很难缩短时间。权益证明机制(PoS),不依靠算力争夺记账权,而是凭借节点的代币质押来争夺记账权,相对而言可缩短区块生成的时间,但更易产生分叉,所以交易需要等待更多的区块确认才被认为安全。一般,比特币区块链中新产生的区块,需经过之后 6 个区块的产生,才能确认该区块足够安全,而这大概需要 1 小时,这样的交易处理速度,根本无法满足大多数应用需求。

3. 安全风险问题

公有链安全风险有多种来源,可能来自外部实体的攻击,也可能来自内部参与者的攻击、组件的失效、算力集中化攻击等。

4. 隐私问题

公有链被称为公开的分布式账本,任何人都可以在链上进行交易传输和数据存储,同步区块链上的全部数据。目前仅通过"伪匿名"(节点在区块链上不体现出真实的姓名、性别等信息,以区块链地址的方式存在于链上)的方式对链上交易双方进行隐私保护。对于涉及大量商业机密和利益的业务场景来说,链上数据的公开不符合业务规则和监管要求。

5. 最终确定性问题

它是指特定的某笔交易是否会最终被包含进区块,加入区块链中。比特币需要经过 6 个区块的确认,才能最终确定一笔交易的成功,所以在这之前只能保证一定概率的近似,比如在比特币中,一笔交易在经过 2 小时后最终被包含进区块的概率为 99.99%,这对现有工商业应用和法律环境来说可用性较差。

(二)联盟链

联盟链是指某个群体或组织内部使用的区块链,对加入的组织和单位有一定的限制和要求。在联盟链记账权的确定上,需要预先指定几个节点为记账人,而且记账人会不断变化。每个区块的生成由预定的所有记账人共同决定和打包,链上的其他节点可以交易,但是没有记账权。通过这种记账方式,联盟链上的区块产生更快,交易的确认效率达到秒级共识。

联盟链的主要使用群体为银行、保险、证券、商业协会、集团企业及上下游企业,这些群体根据其使用需求不断改造区块链体系,从而形成了目前的联盟链形态。对于使用群体来说,区块链对于进一步提升其产业链条中的公证、结算清算和价值交换网络的效率很有帮助,但现有区块链技术的处理性能、隐私保护合规性等都不能满足其业务需求。另一方面,使用群体意识到如果全面采用完全公链的设计理念,会颠覆现有的商业模式和固有利益,而且有很大的风险。于是,使用群体不断改造区块链体系。区块链的分布式账本和分布式共识解决了核心问题——联盟中多个参与方交互的信任问题。

联盟链的优点主要体现在以下几点:(1)交易成本更低。交易只需被指定的几个节点验证就可以,无须全网络验证与达成共识。(2)节点之间的连接更稳定。若有故障,联盟链可以迅速通过人工干预来修复,并允许使用共识算法减少区块时间,从而更快完成交易。(3)更好的隐私保护。联盟链数据读取权限受到限制,可以对商业信息提供更好的保护。(4)更加灵活。根据需要,运行联盟链的组织或公司可以修改该区块链的规则,还原交易,移改交易。

(三)私有链

私有链完全封闭,将区块链作为分布式记账系统进行记账,记账权不公开,而且只记录内部交易,由公司内部或者个人独享。

私有链的特点:

(1)交易速度快。私有链的交易速度比其他区块链都快,甚至接近常规数据库的速度。因为在组织内部,链上所有的节点以职责、权限、所属权等进行分配。即使只有少量的节点去验证交易数据,在链上也都具有很高的信任度,并不需要每个节点都来验证一个交易。

(2)隐私性更强。私有链的数据隐私政策不用传统的处理访问权限和使用办法,私有链上的数据不会公开地被连接到网络的任何人获得。

(3)交易成本大幅降低,甚至为零。私有链上可以进行非常廉价甚至完全免费的交易。如果一个实体机构控制和处理所有交易,那么就不再需要为工作而收取费用。

第二节　区块链技术的一些基本概念与模拟

一、哈希函数

哈希函数(Hash)也称散列函数、杂凑函数。把任意长度的输入文本,通过散列算法变换成固定长度的输出,输出的结果是由字符和数字组成的字符串,这个字符串就叫散列函数。哈希函数的输入域可以是非常大的范围,如输入的数值、数据体量、信息长度等;输出域是固定的范围。

哈希函数有以下几个特征:

(1)不可逆:同样的输入值一定会得到同样的哈希值,但是在得到哈希值的情况下没办法还原出输入值。

(2)无冲突:输入值只要改动一点点,哈希值就会完全不一样,且毫无规律。

(3)固定输出:输入值无论长短,输出的哈希值长度都是一样的。

由于哈希算法的加入,区块链具备了以下三个技术特征:

(1)加密。这是由哈希函数的不可逆性决定的,因为你永远无法通过哈希值知道它背后的输入值。

(2)防篡改。这是由哈希值的变化决定的。也就是说,输入值改变一点点,最后形成的哈希值会发生翻天覆地的变化。

(3)节省空间。这是由固定长度的字符串决定的。无论输入的内容是什么,最终输出的哈希值都是一个固定长度的字符串,保证了区块链的空间。同时,对于轻节点来说,其具备存储能力,可以同步最新区块。

哈希模型实训操作:

扫描图 8-1 的二维码,进入由北京知链科技公司提供的区块链金融创新实训平台。

图 8-1　区块链金融创新实训平台

交易数据框目前是空白的,其所对应的哈希值是 0000 开头的字符串,如图 8-2 所示。当在交易数据框中输入任意数据、文字、符号,按生成键,就得到了不同的 Hash 值。

互联网金融

图 8-2　哈希操作模型

二、区块

区块链由"区块"和"链"两部分组成，链上所有的交易、数据都以电子的形式存储下来。在区块链上存放这些电子数据、电子记录的地方，我们称之为"区块"，是组成区块链的基本单元结构。每一个区块都被贴上时间标签，也就是说，区块按时间顺序先后生成，每一个区块存放的是该区块生成期间的所有交易数据。但是，每个区块存储信息的空间是有限的，就类似于我们的账页，一个账页记完之后就会有新的账页，也就会生成很多区块，每个区块通过特定的信息结构映射到上一区块的后面，前后顺连来呈现一套完整的数据链，从而构成"区块链"。

每个区块由区块头和区块体组成。如果把区块比作一个人，那么区块头更像是人的头部，用来存储结构化的数据，大小是 80B；而区块体是人的身体，记录了所有的交易数据，所需空间较大。假设新产生的区块上记录了 400 笔交易，那么区块体的空间大概比区块头大 1 000 倍以上。虽然区块头比区块体小，但大部分功能都要通过区块头实现。

区块模型实训操作：

扫描图 8-3 的二维码，进入区块模型实训平台，打开操作界面，如图 8-4 所示。

图 8-3　区块模型实训平台　　　　图 8-4　区块模型操作界面

可以看到,区块模型中包含了 Hash 值,说明 Hash 值是区块的一部分。除了 Hash 值之外,区块还包含其他三部分:

(1)区块高度,代表当前区块在区块链中的位置,区块高度是识别区块的另一种方式。通过该区块在区块链中的位置进行识别,第一个区块,其高度为 0,每一个随后被存储的区块在区块链中都比前一区块"高"出一个位置。与哈希值不同的是,区块高度并不是唯一的标识符,在区块链的增长过程中可能会出现两个或两个以上的区块有同样的高度,这种情况叫作"区块链分叉"。

(2)随机数(Nonce,Number Once 的缩写),在密码学中 Nonce 是一个只被使用一次的任意或非重复的随机数值。区块链中被用来作为矿工挖矿的答案。

(3)交易数据。在本模型中,挖矿模拟的是挖矿操作,也就是不断碰撞随机数的过程,直到碰撞出正确的随机值。

在交易数据框中输入"区块链金融"5 个字后,整个区块模型的颜色从蓝色变为红色。为什么呢?

①初始状态为

随机数＝72608

交易数据＝空白

Hash＝ 0000348bd3ce10ec00ecc29d31ec97cd

②修改后的状态为

随机数＝72608

交易数据＝区块链金融

Hash＝b55f312b859e6a1f54c4a71c801ace45

在交易数据为空时,也有自己的 Hash 值 0000348bd3ce10ec00ecc29d31ec97cd,此时的区块会匹配一个唯一的随机数值 72608,这个随机数值是当前状态的区块答案。当改变交易数据中的内容时,区块 Hash 值发生了变化,变成了 b55f312b859e6a1f54c4a71c801ace45,不再是之前的 Hash 值了。但此时的随机数没有发生变化,还是 72608,这就导致了区块 Hash 值与随机数的不匹配,整个区块会变成错误的状态。

那么,如何才能将篡改的区块变成正确的呢?单击底部的"挖矿"按钮,重新计算随机数值,直到匹配出正确的答案。新生成的 Hash 值最前面是由 n 个 0 组成的,标志着已经找到了随机数这个答案。

三、区块链

2008 年,比特币刚诞生时,并没有"区块链"这个概念。2015 年,《经济学人》发布了封面文章《重塑世界的区块链技术》后,区块链技术在全球掀起一股金融科技狂潮。世界各大金融机构、银行争相研究区块链技术,仅 2016 年就有数十亿美元投资到区块链相关产业中。2017 年 9 月,中国政府网发表文章《我国区块链产业有望走在世界前列》,公开支持区块链技术发展,并向全国人民普及了区块链技术。随后区块链在金融、保险、零售等经济领域的应用开始加速落地。随之而来的是区块链产业公司大量成立。

区块链模型实训操作:

扫描图 8-5 的二维码,进入区块链模型操作实训平台。

这是一个简单的区块链模型,它由三个区块组成,分别是区块 0、区块 1、区块 2。整个区块链模型包含以下 6 部分:

图 8-5 区块链模型操作实训平台

(1)区块高度:当前区块在整个区块链中的位置。

(2)Nonce 值:随机数,当前区块的挖矿答案。

(3)Data:区块打包的数据。

(4)Prev 值:前置区块哈希,上一区块哈希。

(5) Hash 值:区块哈希,当前区块的区块哈希。

(6) MINE:挖矿。

由此还可以看出区块链的特点:

(1) 区块高度从 0 开始,不是从 1 开始。在所有的区块链中,第一个区块的区块高度都是 0,这是因为在计算机语言中,第一是从 0 开始的。

(2) Prev 前置区块哈希。模型中存在两种哈希值:Prev 和 Hash,Prev 是前一区块的哈希,将前一区块哈希带到后一区块中,作为本区块的一部分,这样做的好处是达到防篡改的目的。

(3) 哈希指针。如何理解哈希指针呢?我们来分析这个模型:

区块 0 的 Hash 是 0000348bd3ce10ec00ecc29d31ec97cd

区块 1 的 Prev 是 0000348bd3ce10ec00ecc29d31ec97cd

区块 1 的 Hash 是 0000e76606627638e832e153fde57

区块 2 的 Prev 是 0000e76606627638e832e153fde57

通过对比可以看出区块 0 的区块哈希是区块 1 的前置哈希,区块 1 的区块哈希是区块 2 的前置哈希。前置区块的哈希不仅作为下一区块的一部分,而且还形成串联。这种串联关系叫作"哈希指针"。哈希指针是一种数据结构,准确地说是一个指向数据存储位置的指针,同时是位置数据的哈希值。相较于普通的数据指针,哈希指针不但可以告诉你数据存储的位置,而且还可以验证数据有没有被篡改过。

四、挖矿

共识机制算法是区块链的核心技术,因为区块链是一个去中心化的记账体系,由共识机制来决定由谁来记账。对于记账方式的选择将会影响到整个系统的安全性和可靠性。目前已经出现了十余种共识机制算法,其中比较知名的有工作量证明机制(Proof of Work,PoW)、权益证明机制(Proof of Stake,PoS)、股份授权证明机制(Delegated Proof of Stake,DPoS)等。

工作量证明机制是共识机制的一种,可以简单地理解为一份证明,证明你做过一定量的工作,通过查看工作结果就能够知道你具体完成了多少指定的工作。比特币挖矿采用的就是这种机制。比特币网络通过调节计算难度来保证每一次的竞争记账都需要全网的矿工计算大约 10 分钟,才能够得到一个满足条件的结果。

如果矿工已经找到一个满足条件的结果,那么我们就可以认为是全网的矿工完成了指定难度系数的工作量,而获得记账权的概率取决于矿工们工作量在全网的占比,如果占比是 30%,那么所获得的记账权概率也就是 30%。所以,只有提高工作量才能提升竞争力,这样才能获得更多的记账权。

扫描图 8-6 的二维码,进入 PoW 挖矿操作模型实训平台,如图 8-7 所示。

图 8-6　PoW 挖矿操作实训平台　　　图 8-7　PoW 挖矿操作模型 1

可以把 PoW 挖矿的工作量证明的过程理解成一个破解密码的过程。给定一个指定的密码,需要去破解,那么你的计算速度越快,破解密码的速度也就越快。单击图 8-7 的"继续＞"按钮,系统给出了一个随机位数密码 216433,如图 8-8 所示。密码的长度越长,破解的难度就越大。

图 8-8　PoW 挖矿操作模型 2

有了这个密码之后,单击"继续＞"按钮,进入一个显示密码破解的界面;接着单击"继续>"按钮,进入一个可以调节计算能力的界面。单击"开始匹配",调节算力:按照 10、100、400 这三个档位进行观察。通过三种算力的对比,发现屏幕上显示的破解数字明显不同。算力越高,屏幕上显示的数字碰撞出答案的概率越大,进度显示也越来越快,直到匹配出正确的密码。这是一个标准的 PoW 挖矿的例子,通过消耗算力也就是计算能力,来寻找或者碰撞一个答案。

区块链的商业价值及实践探索

第三节 区块链技术的商业价值及其实践探索

一、区块链技术的商业价值

去中心化、不可篡改是区块链技术的商业价值所在。传统的数据库技术是中心化的,这个"中心"拥有篡改或删除数据的权力,从而使得数据真伪难辨。正是基于区块链这种去中心化、不可篡改的技术特点,可以通过区块链技术建立一个低成本的信任机制,解决商业社会中信任成本高昂的痛点。

信任是商业社会的基础。缺乏信任,商业交易合作关系就不可能长期持续。在现代商业社会里,通过"契约"的合作关系,是以法律和制度为保障,并基于违法成本预期而建立的制度信任。制度信任是现代商业社会运行的基本准则和基石,但这种信任需要一整套的社会规则、制度、法律作为保障,其运行成本高昂。而随着区块链技术的出现,这种基于算法保证的机器信任,实现了不依赖第三方主观意志的客观信任,从而使得区块链技术也有广阔的商业价值。在大数据时代,现代商业社会中的各种交易或者利益分配规则,都可视为数据,这样就可以通过区块链技术,在不需第三方背书情况下实现系统中的交易公开、透明、有效、可信,从而极大地降低交易执行时的信任成本。客观上,区块链技术推动了人类信任扩展的进程,为商业合作开辟了新的路径与保证。

二、区块链技术的应用层次

区块链技术的应用分为区块链 1.0、区块链 2.0、区块链 3.0。

(一)区块链 1.0

区块链 1.0 是可编程货币,是与转账、汇款和数字化支付相关的密码学货币应用。在区块链 1.0 时期,只解决了一个问题:金融支付问题。这一阶段典型的代表是比特币。通过这一次的应用,区块链技术大幅影响着金融市场,大型金融机构如纽交所、芝交所、纳斯达克、高盛、花旗等大型机构都纷纷进入区块链领域。

这一阶段产生了影响力比较大的联盟链 R3 联盟。目前全球 70 多家机构已经加入了区块链联盟 R3。其核心任务是进行区块链技术的概念验证和相关技术标准的制定。同时,其在证券市场领域也引起了各大证券交易所的重视。2015 年 11 月伦敦证券交易所、伦敦清算所、法国兴业银行、瑞银集团(UBS)以及欧洲清算中心(Euroclear)等机构联合成立了区块链集团,探索区块链技术将如何改变证券交易的清算和结算方式。

这一层次应用的另一个影响是构建新型货币体系,比如 Facebook 准备发行的 Libra 以及我国央行准备发行的数字货币等。

(二)区块链 2.0

区块链 2.0 也叫作可编程的金融,是经济、市场和金融领域的区块链应用,如股票、债券、期货、贷款、抵押、产权、智能财产和智能合约。这一阶段区块链从金融支付领域向社会更多的领域进行扩展和延伸,典型的代表是以太坊(ETH)。

基于区块链可编程的特点,人们尝试将智能合约添加到区块链系统中,形成可编程金融,从而可以在区块链上定制自己想实现的应用和程序。

智能合约的核心是将现实中的条款、规则、规范等转化成程序代码,利用程序算法替代人执行合约。这些合约执行的前提是现实中的资产数据化,依托资产、过程、系统的组合与相互协调实现自动化。智能合约形成了新型的执行形式,使得区块链从最初的金融支付体系向金融的其他应用领域拓展,比如在食品溯源、版权维护、证券交易等领域逐渐开始有应用落地。

(三)区块链 3.0

区块链 3.0 也叫作可编程的社会,是价值互联网的核心。这一阶段区块链能够对每一个网络中代表价值的信息和数据进行归属权的确认、计量和存储,从而实现资产在区块链上可追踪、控制和交易。

区块链 3.0 的核心是由区块链构造一个全球性的分布式记账系统,它不仅能记录金融业的交易,而且几乎可以记录任何有价值的能以代码形式表达的事物。作为扩展应用阶段,人们意识到区块链的应用价值不再局限于区块链技术本身,其衍生的应用价值也被逐渐挖掘出来。3.0 阶段,我们在现实世界中的行为信息,如个人信息、消费信息、资金信息、生活缴费、对账流水、医疗数据等,通过信息上链,实现真实性、可追溯和不可篡改。

区块链 3.0 突破了金融领域,进入社会治理、程序智能化领域,应用范围扩大到了整个社会,包括身份认证、公证仲裁、审计域名、物流、医疗、邮件、签证投票等应用。伴随着 5G 技术的发展与普及,物联网与区块链的结合变得更为密切,区块链技术有可能成为"万物互联"的一种最底层协议。

三、区块链技术的商业实践探索

区块链作为一种底层协议或技术方案,可以有效地解决信任问题,在商业领域具有广阔前景。区块链产业方兴未艾,经过短短几年的发展,已经从最开始在底层平台上的探索萌芽阶段发展到现在赋能于各个领域,不断实现落地的阶段。纵观国内外发展现状,从现有的资料看,区块链技术逐渐落地于金融、共享经济、版权、医疗、供应链、教育、社会管理等各种行业,并有加速发展的趋势。区块链技术的应用场景见表 8-1。

表 8-1　　　　　　　　区块链技术的应用场景

领域	细分行业
金融	数字货币、支付、交易清结算、资产数字化、供应链金融、智能证券、场外市场、票据、征信、反洗钱
共享经济	租车、租房、智能电网
供应链管理	物品溯源、防伪、认证、物流追溯、责任认定
版权	专利、著作权、商标保护、软件、游戏、音频、视频、书籍许可证、艺术品证明
医疗	数字病例、隐私保护、健康管理
教育	档案管理、学生征信、学历证明、产学合作
社会管理	代理投票、身份认证、档案管理、公证、遗产继承、个人社会信用、工商管理
智能制造	仓储管理、零件生命周期监控
慈善公益	善款追溯、公益审计

资料来源:根据网上资料整理

第四节　区块链在金融中的实践

一、区块链的金融属性

比特币等数字货币的出现使我们认识了区块链技术。区块链从一开始就被刻上货币的烙印。但区块链绝不仅仅是数字货币,也不仅仅是分布式账本技术,区块链技术的特性对于提高金融效率有着天然的匹配性。金融业是现代经济发展的重要引擎,并已成为一个国家的核心竞争力。金融业是中心化程度最高的行业之一,金融交易中存在的信息不对称问题经常导致无法建立有效的信用机制。区块链技术则可以建立去中心化的信任机制,从而重塑金融基础的架构。

区块链技术应用也是从金融行业开始的,也因此受到银行、互联网巨头的青睐。区块链的金融属性主要有如下几点:

1. 区块链的账本功能

简单账本、复式账本、数字化账本,以及正在探索的分布式账本,账本技术的每一次突破都会引发金融领域的革新,进而对社会的生产活动产生深远的影响。区块链分布式记账技术记录参与方的每一笔交易,各节点协同记录、不可篡改,减少信息的重复验证,可以提高金融业务处理的质量和效率。

2. 区块链的信任功能

金融机构的本质是信任中介。基于对金融机构的信任,资金供求者通过金融机构进行资金融通。在这个过程中,金融中介机构"不劳而获",收取高额的中介费用,还有存在道德风险的可能。由于区块链技术的点对点交易、分布式账户以及不可篡改的特点,交易参与方不需要相互了解或者彼此信任,不需要金融机构的信任背书,就能安全可靠地完成交易,从而降低交易成本,提升社会运行效率。

3. 区块链的支付结算功能

以跨境支付为例,目前处理银行间国际结算的全球系统 SWIFT,其主要功能是金融信息传送服务与交易处理服务。区块链点对点传输、分布式数据存储与极低的交易成本可以提供境内外支付、资产管理和交易在内的一系列金融活动,还可以降低银行间的结算费用,提高效率。

4. 区块链的风险防范功能

尽管无数黑客企图攻破数字交易平台和数字钱包窃取比特币,但比特币即分布式账本本身却是不可侵犯的,仍保持不可篡改。区块链技术证明了:如果广泛分发分布式账本,即使是公共分类账,也可以保持安全。此外,区块链的分布式储存意味着买方可以确保卖方拥有资产的清晰所有权。数字记录意味着买方在收到价格的同时,更新区块并执行智能合约把资产转移给新的所有者。这就有效地防止了风险集聚,是金融业追求的重要目标。

5. 区块链金融是天然的数字金融

数字金融是一种新型金融业态,是金融创新和未来的发展方向。在服务对象上,数字金融是普惠金融和服务型金融。在传统金融机构的服务模式下,小微企业、低收入群体由于规模小、没有抵押资产等原因,很难达到传统金融机构信用评估的基本门槛,普惠金融服务需求难以得到满足。区块链技术利用客户的数据信息自动甄别客户的信用状况和经营状况,金融机构就可以提供相应的金融服务,而不论其规模大小。区块链金融可以有效降低金融准入门槛,扩大金融服务的范围。

二、银行、互联网巨头纷纷拥抱区块链金融

随着区块链技术的发展,其价值也不断被挖掘,引起了银行、互联网巨头、政府的重视。以中国为例,2012—2015 年,区块链底层技术不断创新发展,银行、BATJ[①]等互联网巨头多从这个时段开始了区块链技术的研究。凭借资金、技术和人才优势,这些头部企业在区块链金融探索中占据领先地位。2016 年以后,出现了很多创业型公司,致力于区块链金融探索,区块链金融生态不断向纵深拓展。

阿里公司积极探索区块链在金融中的应用,其区块链专利数量目前排在全球第一。2017 年 3 月,支付宝爱心捐赠平台引入区块链技术,实现了善款来源可追溯、慈善透明化;2018 年 6 月,完成了首个电子钱包跨境汇款服务。2016 年,微众银行发起"金链盟",开发出了面向金融业的区块链服务 BaaS,聚焦区块链金融应用场景的落地,如供应链、票据、数据共享、资产证券化、征信、场外股权市场等。2017 年 4 月,腾讯发布《区块链方案白皮书》,宣称"腾讯区块链在鉴证证明、智能合约、共享经济、数字资产等领域拥有多样化的应用前景,为合作伙伴提供金融级区块链基础设施的同时,也为用户提供更安全、平等的产品服务。"2018 年 4 月,建设银行区块链贸易金融平台上线,交易金额不断攀升。该平台先后部署国内信用证、福费廷、国际保理、再保理等功能,为银行同业、非银机构、贸易企业等三类客户提供基于区块链平台的贸易金融服务。2018 年 5 月,众享比特研发区块链清分管理平台、信用证管理平台、保函管理平台等金融服务,促进区块链技术的成果转化,赋能传统金融业,促进转型发展。

伴随区块链可扩展性和效率的提高,区块链将成为社会的一种最底层的协议落地于各个领域。区块链具有天然的金融属性,金融领域必将是区块链技术最先成熟落地的领域。目前从技术角度而言已经成熟,唯一要找的是能够大规模运用于金融的合适场景。

(一)微粒贷机构间对账平台[②]

区块链金融正在加速落地,微众银行、平安银行、浙商银行、众安保险等多家银行保险机构都在进行探索和应用,且取得了不俗的成绩。

微粒贷是微众银行面向微信用户和手机 QQ 用户推出的首款互联网小额信贷产品,为超过千万的用户提供便捷、高效的贷款服务。微粒贷与其他银行存在较为普遍的同业合作,在该合作模式下,合作银行之间的资金清算显得极为重

---

①BATJ 是指百度、阿里巴巴、腾讯、京东这四大互联网公司。
②感谢微众银行分布式商业科技发展部鲍大伟提供的资料。

要。2016年8月,微众银行联合合作行,基于BCOS推出了微粒贷机构间对账平台,这是国内首个在生产环境中运行的银行业联盟链应用场景。微粒贷机构间对账平台,通过区块链与分布式账本技术,优化微粒贷业务中的对账流程,实现了准实时对账、提高运营效率、降低运营成本等目标。平台稳定运行3年多来,记录的真实交易笔数已逾7 000万笔。

金融业务合作需要频繁地进行数据交换及对账等繁杂工作,因此"对账"是金融机构之间最普遍的需求之一,对账目的时效性和准确度要求尤为苛刻。传统的对账方式是"批量文件对账",即机构之间会约定好某一个时间点对前一个交易日的所有数据进行汇总,按照约定格式输出成文件,并以某一种技术手段交付给其他机构进行对账。在这种"批量文件对账"方式下,存在着一些痛点,如:合作行无法实时了解到引发账户变动的贷款借还交易明细信息;合作行无法及时了解到账务是否不平;合作行需要自己开发对账系统;缺乏统一全面的信息视图等。

传统"批量文件对账"模式长久以来未能解决的问题,正是区块链技术的用武之地。微众银行基于此特征,设计了银行间区块链对账方案,如图8-9所示。利用区块链技术将交易信息旁路上链,解决微粒贷业务系统与合作行的对账问题,降低了合作行的人力和时间成本,提升了对账的时效性与准确度。

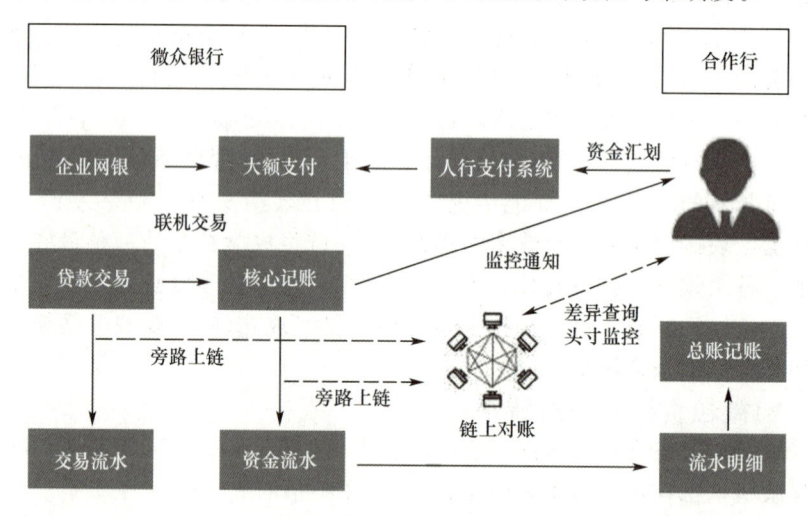

图 8-9 银行间区块链对账方案

(二)区块链供应链金融平台

供应链金融是指以核心企业为依托,以真实贸易为前提,运用自偿性贸易融资的方式,通过应收账款质押、货权质押等手段封闭资金流或者控制物权,对供应链上下游企业提供的综合性金融产品和服务。供应链金融对改善中小企业生存困境至关重要。在我国,中小企业占比90%以上,但由于经营风险大、生存周期短、缺乏抵押物、信用状况不佳等原因,这些中小企业融资难问题突出。

在传统供应链中,金融机构只信赖核心企业的销售调节和控货能力,但出于风控的考虑,只愿意对与核心企业有直接应付账款关系的上游一级供应商和下游一级经销商提供对应的融资服务,即核心企业的信用难以多级、跨级传导。这直接导致了有巨大融资需求的二级及以上的供应商或经销商的需求难以得到满足。同时,由于供应链金融中存在多方委托监管、质押物货值变化、订单所有权转移等现实问题,融资企业虚构交易数据等负面现象屡见不鲜,而在仓单质押等场景中,频发伪造虚假仓单骗贷一类的案件,这便导致各个环节的真实性与可靠性存疑,而金融机构在融资业务中的控货权、信息可视与风险识别也不可避免地受到挑战,这无疑大大增加了风控成本。

区块链平台的搭建,能够以恰当的结构和保障机制帮助供应链全链条信息化,实现信息的透明、畅通与安全,并实现对与核心企业没有直接交易的远端企业的信用传递。如图8-10所示,在一个基于区块链技术的供应链金融系统中,平台可以给核心企业授信,也可以根据各级供应商的应收应付账款直接授信;核心企业也可以用自有额度给上下游一级、二级企业授信;一级供应商可以继续给二级供应商授信等。可见,平台、核心企业、上游供应商、下游经销商之间的信用流转通畅,能够让信用实现多级流转。同时,核心企业的信用实现传导后,金融机构和投资方的风控成本大大降低。另外,区块链记录的数据不会丢失且无法篡改,解决了供应链金融中存在的单证伪造、信息遗失等问题。区块链技术也可以促进公正可信交易环境的形成,避免了传统供应链金融模式下的私下交易或串通行为的发生,降低了信任缺失而带来的各种交易成本,有效管控履约风险。

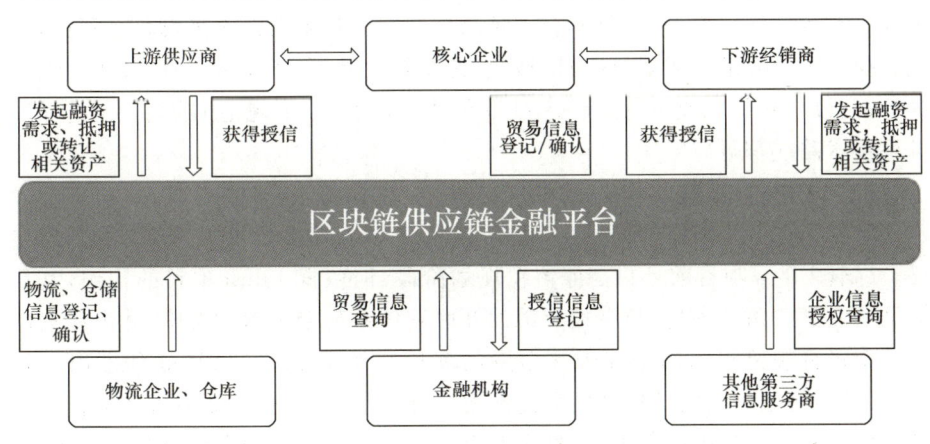

图 8-10 区块链供应链金融业务模式

资料来源:天风证券

三、国家主权与超主权数字货币出现雏形

(一)中国人民银行 DCEP 项目

区块链技术的进展不仅让众多国家重视数字货币的应用前景,也吸引不少央行主动加入数字货币的研发队伍。许多国家认为数字货币在普惠金融、安全和消费者保护上起到积极作用,并期望在未来国际货币体系重构中占领先机。根据美国布鲁金斯学会发布研究报告显示,截至 2019 年年末,已有许多国家在央行数字货币研发上取得实质性进展或有意发行央行数字货币,包括欧洲的法国、瑞典等国以及亚洲的中国。

我国央行推出的数字货币(DCEP,Digital Currency Electronic Payment)是基于区块链技术的加密电子货币体系,目前取得了积极进展。我国央行把数字货币和电子支付工具结合起来,将推出一揽子计划,目标是替代一部分现金。我国央行从 2014 年就开始着手研究,DCEP 的推出经历多年的探索:2014 年央行成立法定数字货币专门研究小组,2016 年在原小组基础上设立数字货币研究所;2018 年 6 月成立深圳金融科技有限公司;2019 年 8 月中央发文称在深圳等地开展数字货币研究和移动支付试点。目前,DCEP 项目正在逐步落地中。DCEP 采用双层运营体系,即中国人民银行先把 DCEP 兑换给银行或者是其他金融机构,再由这些机构兑换给公众。

DCEP 与人民币一样,同样由中国政府提供信任背书,只是以数字货币的形式表现出来。中国政府作为一个强信任源存在,所以在 DCEP 的场景中,采用混合架构,在央行发行货币层面采用的是中心化的技术架构,而在商业银行层面不预设技术路线。亦即,央行不会干预商业银行的技术路线选择,商业银行对民众兑换数字货币的时候,用区块链钱包、传统账户体系、子支付工具、移动支付工具等都可以,只要商业银行能够达到并发量的要求、技术规范的要求,无论采取哪种技术路线都可以。

(二)Libra 项目

2019 年 6 月 18 日,Facebook 公司公布天秤币(Libra)白皮书,引发全球热议。尽管 Libra 项目前还只是停留在规划阶段,但依据 Libra 项目的构想,其目标是建立具有跨境支付、超主权货币的互联网体系的金融基础设施,并由此提出了一个极具想象空间的全球未来金融的展望。如果 Libra 项目顺利推出并发展,其冲击将是巨大的。短期内可能颠覆全球支付体系,中长期内可能颠覆全球货币体系和全球货币政策体系,并重塑全球金融市场生态和全球金融稳定体系。这是 Libra 项目引发全球各国热议的主要原因。

此外,Libra 项目由协会进行管理,成员还包括全球知名企业、非营利组织

和学术机构。Facebook 是协会中的一员,负责正式网络发布前的构建和运营服务。Libra 协会没有绝对的中心,却有一个高效的核心,既能保障组织的公平,又能兼顾发展的稳定。Libra 项目目前仍在全球热议中,各国政府和科技企业都在关注其发展动态。

第五节 区块链金融的前景与挑战

一、区块链在金融中大有作为

区块链技术实现了去中介化的信用背书,很大程度上解决了多中心由于信息不对称带来的信任问题,给传统金融中介的信用创造机制和商业模式带来了巨大的冲击。金融行业里,主体间缺乏信任和需要数据确权的场景具有广泛的现实需求,这给区块链技术带来了广阔的前景,包括数字货币、跨境支付、数字票据、信用证业务、供应链金融、贷款业务、银团业务、征信业务、资产转让、KYC 以及相关业务的延伸,都可以基于区块链技术进行相关的应用探索。

在数字化时代,金融科技作为金融与科技深度融合的产物,正日益成为这个时代全球金融创新和金融竞争的制高点。区块链金融作为目前金融领域最受期待的发展方向,已在跨境支付、供应链金融、证券交易、票据等方面落地多项应用,表现出了对金融业的巨大优化力。区块链技术在全球主要国家都已引起了政府部门、金融机构、科技企业和资本市场的高度重视与广泛关注。

中国在区块链技术探索方面,目前走在前列。《中国区块链发展报告(2019)》显示,近年来,随着中国各类区块链机构在技术领域的不断创新,中国的区块链专利数量增长迅速,已超过美国居全球首位。中国区块链专利数量的高速增长,不仅代表着中国对区块链技术的重视和推动,也预示着中国在区块链金融领域将拥有更多的国际话语权。

二、区块链金融面临的挑战

金融领域区块链应用仍处于早期探索阶段,目前在技术、风险管理等诸多方面仍然面临挑战,各国政府也积极调整、摸索其发展与监管策略。

首先,区块链技术与金融市场的结合存在较多的不确定性。区块链在金融领域中的应用仍处于探索阶段,其安全性、效率等仍有待检验,目前并没有对金融领域的生产关系产生颠覆性的影响。区块链技术在资产权益证明与流通环节的新型解决方案也仍在探索当中。在区块链产业中,币与链的应用应区分对待,对于"币"应用要严防金融风险,对于"链"应用要在合规合法的框架内挖掘潜力。因此,在区块链金融的发展过程中,要坚持、要探索包容的审慎监管原则,推进区块链技术应用型研究,持续、深入验证其应用中的利与弊。

其次,区块链金融产业发展混乱无序,有待引导与规制。由于区块链具有天然的金融属性,金融投资领域作为目前区块链技术应用最热门的行业,自然受到社会民众、投资者的关注。众多的区块链企业各自摸索前进,鱼龙混杂,其中难免产生背离区块链本意、扰乱市场、牟取暴利的行为。因此,要促进产业主体之间的协调与合作,探索搭建政府与市场之间的政策传导和信息反馈桥梁,通过建立行业协会等平台,推动产业链上下游主体联动与合作,加强引导、跟踪与规制。

再次,区块链对金融监管体系带来挑战。区块链金融涉及复杂的界定问题,如 ICO 问题。在监管机构未能彻底明晰区块链在金融的应用领域、监管手段贫乏、监管技术落后的情况下,很容易出现监管真空。去中心化,所有交易都匿名且无法被禁止,交易数据虽然都是公开的,却无法被有效监管的问题,也有赖于监管手段的不断升级。区块链在金融领域的应用,必须结合相关市场实践,深入研究其对现有金融市场结构、风险管理模式、监管及法律框架产生的影响,并适时为区块链技术在金融中的应用提供必要的法律基础,明确法律和监管规则的适用性问题。

中国的区块链政策经历了严厉监管、积极应对、倡导无币区块链、积极拥抱区块链技术四个阶段。2019 年 10 月 24 日,中共中央政治局就区块链技术发展现状和趋势进行第十八次集体学习,区块链成为国家发展战略,中国区块链发展大幕已掀开。与此同时,有关区块链的政策从上到下推出和推广开来。在此背景下,中国除了继续积极支持区块链技术的应用与创新之外,对加密货币和各种代币的监管逐渐加强。

三、国家主权与超主权数字货币的挑战与应对

Libra 项目在宣布计划后的一段时间里受到了来自四面八方的攻击。在监管压力之下,包括 eBay、PayPal 等支付公司先后宣布退出 Libra 协会成员。目前,虽然有 7 家组织退出,但是还有 1 600 多个组织机构正在申请成为 Libra 数字货币的节点。需要说明的是,Libra 项目并没有真正颠覆当今全球金融体系的利益格局,它仍是美元霸权在数字世界的延续。根据 Libra 的一篮子计划,美元是支持 Libra 的主要货币,占比 50%,欧元占比仅为 18%、日元占 14%、英镑占 11%、新加坡元占 7%。事实上,美联储在 Libra 项目上没有表达过明确的反对意见,其在美国国会遭遇了障碍,可以理解为从立法角度使其合理化。因为

Libra 项目选择了瑞士作为注册地,美国国会不同的声音,实际上是弄清楚如何监管的问题。

在 2019 年的最后几天,欧洲中央银行(ECB)也公布了数字货币的布局。2019 年 12 月 17 日,欧洲中央银行发布了一个基于 POC(Proof-of-Concept,概念证明)名为 EUROchain 的项目。欧洲央行一直明确反对 Libra 项目,不过在反对的同时也在关注、研发自己的数字货币。欧洲央行推出 EUROchain 项目是面对 Libra 项目可能对其产生的冲击而提出的应对之策。基于当前的发展现状,新的数字货币体系格局已经逐渐显露出来。中国、欧盟、美国三大经济体的央行对于未来数字经济和数字金融的观点和态度各不相同。欧洲央行的 EUROchain 和中国人民银行的 DCEP 有些内容比较接近,目前看,EUROchain 项目偏重于 B 端,DCEP 项目偏重于 C 端。

如果超主权数字货币成功,那么有可能从根本上重构全球的货币体系,冲击国家主权货币的地位,并重塑全球货币霸权。各国对国家数字货币的偏好,首先是出于中央银行控制权和密切跟踪货币的需要,其次是可以切断对美元等主导货币的依赖,尤其受到新兴国家和发展中国家的青睐。就我国而言,Libra 项目的一篮子货币计划,并未包括人民币,直接的结果是可能影响人民币国际化的进程,削弱人民币的影响范围。这是值得我们重视的地方,中国要积极应对数字货币发展带来的挑战。

首先,要积极掌握数字技术、数字经济的主导权。中国要积极研究数字化时代人民币国际化的实现路径,探索研发中国主导的全球性数字货币的可行性。中国在 DCEP 项目研发、数字资产市场监管、技术标准制定等方面要积极探索,总结经验,并不断拓展,在未来全球数字经济竞争中掌握主导权。

其次,要加强国际协调。数字金融推动的金融全球化进程中,我国应积极参与并努力争取话语权。同时应该加强国际监管协调,促进达成监管共识,建立数字金融国际监管统一标准。

第六节　审慎发展区块链金融

2019 年 10 月 24 日下午,中央政治局第十八次集体学习指出,要推动区块链和实体经济深度融合,解决中小企业贷款融资难、银行风控难、部门监管难等问题。此后,公众及各地政府对区块链的关注度极大提升,区块链概念空前活跃。需注意的是,不少违反现行法规的活动也借区块链热潮乘势而上。一些企业以"区块链创新"的名义,在境内非法组织虚拟货币交易;以"区块链应用场景落地"等为由,发行各种形式的虚拟货币,发布"白皮书",虚构使用生态,募集资金或比特币等虚拟货币资产;为注册在境外的ICO项目、虚拟货币交易平台等提供宣传、引流、代理买卖服务等。与此同时,大量名字或业务与"区块链"有关的企业也涌现出来。一些企业非法吸收公众资金,侵害公众合法权益。

区块链金融乱象受到了各地金融监管部门的高度重视,并适时推出了各项应对措施。区块链应用场景不仅局限于数字货币,而在金融、工业、政务、民生等方面都有良好的发展前景。但目前我国区块链技术的发展还处于初级阶段,无论在法律、监管还是应用领域都需探索。不论外部环境如何,技术发展和创新不会一蹴而就,要让区块链技术真正实现大规模应用还需要比较长的时间。我们要高度重视区块链在金融领域的应用,让其在解决金融服务的难点、痛点上切实发挥作用。但打好防范化解重大金融风险攻坚战、有效维护金融稳定,一直都是金融监管的重要任务。国家大力推进区块链的建设,必须加大整治力度,为区块链更好地服务实体经济奠定基础。

本章小结

金融科技是未来全球金融竞争的制高点,是金融核心竞争力的源泉。区块链经过多年的发展逐渐形成独立的技术体系,并成为当前金融科技的先锋。

本章介绍了区块链的概念及其分类,目前主要有公有链、联盟链与私有链之分,其中联盟链是我国政府鼓励发展的领域。区块链技术是集成创新的技术,其中,哈希函数、区块、区块链、挖矿等是该技术的核心概念。模拟操作可以帮助我们更好地理解区块链技术。

区块链技术基于算法保证的机器信任,实现了不依赖第三方主观意志的客观信任,是其商业价值所在。随着区块链技术的发展,其广泛的应用前景正逐渐被挖掘。

区块链具有天然的金融属性,其在金融领域的探索必然是重点,也引领着金融科技发展的方向。全球各大科技公司与金融企业不断加大区块链金融的研究与探索。其中,我国央行DCEP项目走在世界前列。区块链技术在金融领域大有可为,同时也面临诸多挑战。

关键术语

区块、区块链、哈希函数、挖矿、联盟链、数字人民币

习 题

简答题

1. 区块与区块链有何区别与联系?
2. 区块链可以分为哪些类型?
3. 哈希函数有什么特征?
4. 为什么区块链技术具有商业价值?
5. 简述区块链技术的应用层次。
6. 区块链有哪些金融属性?
7. 区块链在金融领域的应用有哪些?

论述题

1. 区块链技术在供应链金融领域有什么作用?
2. 区块链技术面临哪些挑战?

案例分析

美国东部时间2021年4月14日,Coinbase在纽约的纳斯达克上市。全球资本市场因此而沸腾。首日开盘价为381美元,对比纳斯达克给出的参考价250美元上涨了52.4%,半小时内涨幅72%,最高时总市值为1 120亿美元。有人说Coinbase的上市是加密公司合法化的加速器,也是数字资产进入主流资本配置的分水岭。有人认为,Coinbase登陆纳斯达克,其最核心的要点在于再造"纳斯达克"。Coinbase是美国第一家持正规牌照的交易所,是美国政府认可的数字资产交易的合法平台。当全世界物理资产向数字资产转变时,如果能在Coinbase上交易自己的数字资产(Token或者其他智能合约),那它就可以向全世界进行流通。那些在它平台上交易的加密货币(数字资产),就像现在纳斯达克上市的一家家公司。只不过,这个世界才刚刚开始发酵,它是一个即将爆发的宇宙。因为物理资产的数学化,这在未来世界不可阻挡。在未来,加密货币世界的公司数字资产总值,不会比现在纳斯达克低,在可预见的区块链时代,资产数学化是大势所趋⋯

问题:查阅Coinbase公司的资料,你如何理解Coinbase上市纳斯达克是再造"纳斯达克"?

第九章 互联网金融风险与监管

教学目标与要求

1. 掌握互联网金融的风险特征
2. 掌握互联网金融一般风险和特殊风险
3. 了解互联网金融监管的必要性
4. 掌握互联网金融监管的目标、原则、模式、对象和内容
5. 了解我国互联网金融监管政策发展过程

导入案例

基金大跌 支付宝发文了

2021年春节以来，市场持续震荡调整，抱团股大跌。不少"网红"基金近段时间跌幅高达20%以上。

基金公司与第三方代销机构纷纷出手为投资者做"心理按摩"。支付宝9日深夜发文呼吁相信专业的力量，给绩优基金经理更长时间进行运作。

支付宝发布题为《风物长宜放眼量》致投资者的一封信，呼吁投资者不要在低谷转身离去，要选择适合自己的投资方式。增配新基金也是应对市场波动的一个方法，新基金没有持仓的负担，手握大把现金，面对波动反而可以择机进行建仓，市场的回调恰恰为新基金建仓提供了好机会。

此外，更多机构加入"按摩"队伍，相继公开发文，呼吁不要悲观，要做时间的朋友。

3月8日晚间，天弘基金发文表示："做时间的朋友，未来属于理性乐观派！"文章中，天弘一基金经理表示，目前基金仓位没有大幅减仓，未来如果不出现基本面的问题，也不会大幅调仓，但从长期的角度看，天弘基金会对长期看好的、回调又多的公司逐步加一些仓位。

（资料来源：广州日报全媒体2021年3月10日）

杨卫国等人非法吸收公众存款案

浙江望洲集团有限公司（以下简称望洲集团）于2013年2月28日成立，被告人杨卫国为法定代表人、董事长。自2013年9月起，望洲集团开始在线下进行非法吸收公众存款活动。2014年，杨卫国利用其实际控制的公司又先后成立上海望洲财富投资管理有限公司（以下简称望洲财富）、望洲普惠投资管理有限公司（以下简称望洲普惠），通过线下和线上两个渠道开展非法吸收公众存款活动。其中，望洲普惠主要负责发展信贷客户（借款人），望洲财富负责发展不特定社会公众成为理财客户（出借人），根据理财产品的不同期限约定7%~15%不等的年化利率募集资金。在线下渠道，望洲集团在全国多个省、市开设门店，采用发放宣传单、举办年会、发布广告等方式进行宣传，理财客户或者通过与杨卫国签订债权转让协议，或者通过匹配望洲集团虚构的信贷客户借款需求进行投资，将投资款转账至杨卫国个人名下42个银行账户，被望洲集团用于还本付息、生产经营等活动。在线上渠道，望洲集团及其关联公司以网络借贷信息中介活动的名义进行宣传，理财客户根据望洲集团的要求在第三方支付平台上开设虚拟账户并绑定银行账户。理财客户选定投资项目后将投资款从银行账户转入第三方支付平台的虚拟账户进行投资活动，望洲集团、杨卫国及望洲集团实际控制的担保公司为理财客户的债权提供担保。望洲集团对理财客户虚拟账户内的资金进行调配，划拨出借资金和还本付息资金到相应理财客户和信贷客户账户，并将剩余资金直接转至杨卫国在第三方支付平台上开设的托管账户，再转账至杨卫国开设的个人银行账户，与线下资金混同，由望洲集团支配使用。

因资金链断裂，望洲集团无法按期兑付本息。截至2016年4月20日，望洲集团通过线上、线下两个渠道非法吸收公众存款共计64亿余元，未兑付资金共计26亿余元，涉及集资参与人13 400余人。其中，通过线上渠道吸收公众存款11亿余元。

2017年2月15日，浙江省杭州市江干区人民检察院以非法吸收公众存款罪对杨卫国等4名被告人依法提起公诉，杭州市江干区人民法院公开开庭审理本案。法庭经审理认为，望洲集团以提供网络借贷信息中介服务为名，实际从事直接或间接归集资金，甚至自融或变相自融行为，本质是吸收公众存款。判断金融业务的非法性，应当以现行刑事法律和金融管理法律规定为依据，不存在被告人开展P2P业务时没有禁止性法律规定的问题。望洲集团的行为已经扰乱金融秩序,破坏国家金融管理制度,应受刑事处罚。

2018年2月8日,杭州市江干区人民法院做出一审判决,以非法吸收公众存款罪,分别判处被告人杨卫国有期徒刑九年六个月,并处罚金人民币50万元;判处被告人刘蓓蕾有期徒刑四年六个月,并处罚金人民币10万元;判处被告人吴梦有期徒刑三年,缓刑五年,并处罚金人民币10万元;判处被告人张雯婷有期徒刑三年,缓刑五年,并处罚金人民币10万元。在案扣押冻结款项分别按损失比例发还;在案查封、扣押的房产、车辆、股权等变价后分别按损失比例发还。不足部分责令继续退赔。宣判后,被告人杨卫国提出上诉后又撤回上诉,一审判决已生效。

【指导意义】

1. 向不特定社会公众吸收存款是商业银行专属金融业务,任何单位和个人未经批准不得实施。根据《中华人民共和国商业银行法》第十一条规定,未经国务院银行业监督管理机构批准,任何单位和个人不得从事吸收公众存款等商业银行业务,这是判断吸收公众存款行为合法与非法的基本法律依据。国务院《非法金融机构和非法金融业务活动取缔办法》进一步明确规定,未经依法批准,非法吸收公众存款、变相吸收公众存款、以任何名义向社会不特定对象进行的非法集资都属于非法金融活动,必须予以取缔。国务院金融监管机构于2016年发布了《网络借贷信息中介机构业务活动管理暂行办法》等"一个办法、三个指引",允许单位或个人在规定的借款余额范围内通过网络借贷信息中介机构进行小额借贷,并且对单一组织、单一个人在单一平台、多个平台的借款余额上限做了明确限定。检察机关在办案中要准确把握法律法规、金融管理规定确定的界限、标准和原则精神,准确区分融资借款活动的性质,对于违反规定达到追诉标准的,依法追究刑事责任。

2. 金融创新必须遵守金融管理法律规定,不得触犯刑法规定。金融是现代经济的核心和血脉,金融活动引发的风险具有较强的传导性、扩张性、潜在性和不确定性。金融也需要发展和创新,但金融创新必须有效地防控可能产生的风险,必须遵守金融管理法律法规,尤其是依法须经许可才能从事的金融业务,不允许未经许可而以创新的名义擅自开展。

3. 网络借贷中介机构非法控制、支配资金,构成非法吸收公众存款。网络借贷信息中介机构依法只能从事信息中介业务,为借款人与出借人实现直接借贷提供信息搜集、信息公布、资信评估、信息交互、借贷撮合等服务。信息中介机构不得提供增信服务,不得直接或间接归集资金,包括设立资金池控制、支配资金或者为自己控制的公司融资。网络借贷信息中介机构利用互联网发布信息归集资金,不仅超出了信息中介业务范围,同时也触犯了刑法规定。

(资料来源:最高人民检察院 检例第64号 2020年3月25日)

第一节 互联网金融的风险特征

金融风险,即在金融活动中产生的不确定性。随着互联网金融的规模不断扩大,互联网金融创新产品不断涌现,其风险问题也开始凸显。由于互联网金融覆盖人群广、传播速度快,其风险特征更加复杂多变,其风险传播速度也更加迅速,其风险造成的后果也更加难以控制。互联网风险既有传统金融风险的基本特征,同时又具有其作为新兴市场所面临的特殊风险特征。

互联网金融风险主要表现出以下特征:

一、风险突发性增强

互联网金融是低门槛的金融业务活动,在"长尾理论"的指引下,产生了众多传统意义上的"非优质客户"。同时,也带来了更多的道德风险、流动性风险和技术风险。互联网金融是一种跨界金融活动,这导致系统性风险加大。金融企业和互联网的结合、互联网企业进入金融领域,这些活动都模糊了行业边界,风险不确定性增加,风险突发性增强。

二、风险破坏性严重

互联网是互联网金融活动的载体,同时是金融风险的放大器。信用风险、流动性风险、操作风险以及其他风险都会受到互联网的影响而呈现放大趋势。互联网上的高速和广泛传播将加大金融风险的破坏性。

三、风险传染性广泛

传统金融因为分业经营和严格监管,金融风险监管经验丰富,金融活动的风险能够及时被发现并提出警示,进行防范和管理,风险的传播能够得到有效控制。相比之下,互联网金融因为互联网的连通性使得业务分割变弱,混业经营的模式增强了各个环节之间的风险关联。风险一旦出现,不仅对某一环节、某一企业形成冲击,还容易沿着风险传导路径蔓延,甚至导致其他行业受到危害,其传染性大大增强。

四、风险可控性变弱

在互联网上,金融活动突破了时间和物理场所的限制,活动过程大大压缩,活动频率大大加快。一旦产生风险危害,企业或监管机构难以做出及时的反应,纠错能力下降,风险可控性变弱。

五、风险危害性加大

根据长尾理论,互联网金融关注数量众多的低收入人群和小微企业,具有普惠金融性质。这样的客户群体一般也不具备太多专业的风险自控意识,更容易出现违约风险。同时,这些客户群体通常缺乏优质的贷款抵押物,资金风险承受能力较差。客户群体又极为庞大,一旦遭受风险冲击,将会引发互联网金融的系统风险,乃至整个社会的动荡。

第二节　互联网金融的风险类型

互联网金融一方面具有金融的本质属性,一方面具有互联网的特性。由于其业务活动的复杂性,产生的风险也是双重的。一方面,互联网金融面临传统金融的一般风险;另一方面,它又会面临其特有风险。同时,传统风险在互联网载体下也将发生新的变化。因此,正确识别互联网金融风险类型是非常重要的。

一、互联网金融的一般风险

和传统金融行业面临的风险一样,互联网金融也面临着流动性风险、信用风险、操作风险、市场风险和法律风险。

(一)互联网金融流动性风险

流动性是金融企业具有的随时应付客户提取资产以及满足必要的债务支付的能力。金融机构的流动性体现在两个方面:资产的流动性和负债的流动性。资产的流动性指金融企业在不发生价值损失的条件下变现的能力;负债的流动性指金融企业以合理价格获得可用资金的能力。相比传统金融机构,互联网金融企业缺乏完备的流动性风险防范机制,没有完备的准备金制度和风险拨备制度。在出现资金不足或资金外流的情况下,将面临更大的流动性风险。近年来出现的互联网金融企业倒闭事件,多是源于机构的流动性不足。互联网金融企业出现流动性不足的原因主要是:

1. 资金期限错配

互联网金融企业面临的融资需求大多是短期小额需求。为了满足短期小额融资需要,企业采用拆解的方式将长期大额资金负债拆解为短期的、小额的融资标的。这就造成了投融资期限的错配。一旦期限错配,金融企业如果难以迅速解决负债流动性问题,就容易造成资金链断裂,从而带来严重后果。

2. 资金供求失衡

互联网金融企业在资金吸收和资金使用之间存在平衡风险。如何保证资金的合理投资和调度,是互联网金融企业面临的难题。互联网金融企业以"随时提现"等高流动性优势吸引资金,这就需要应对客户随时提取资金而带来的货币需求。一旦出现资金提取异常,则有可能出现资金失衡,从而引起流动性风险。

3. 投资收益率下降

互联网金融面对的客户对金融产品收益率波动的敏感度更高。如果互联网金融产品的实际收益率出现下降,会带来更严重的赎回请求。投资人的巨量赎回是流动性风险产生的重要原因之一。

(二)互联网金融信用风险

信用风险也叫违约风险,是指借款人、证券发行人或交易的对方不愿或无力履行合同条件而构成违约,致使银行、投资者或交易对方遭受损失的可能性。互联网金融信用风险主要来自两方面:金融机构的信用风险和资金需求方的信用风险。

1. 金融机构的信用风险

在监管不力的情况下,互联网金融机构为了促成融资交易,容易对投资者虚报投资标的的信用评级结果,将信用等级低的标的物上调至高等级。金融机构还容易通过虚假资金用途证明欺骗投资人,将筹集到的资金挪作他用。一旦金融机构无法实现投资盈利,将不能及时承担偿付责任,从而造成信用风险。

2. 资金需求方的信用风险

传统金融机构要求资金需求方提供抵押物或质押物,作为偿还债务的保障。而互联网金融活动中往往无此要求。无抵押物的资金需求方存在很大的不确定

互联网金融

性，仅仅凭借上传的资质证明和历史交易数据等线上资料，其还款真实意图无法得到有效保证。同时，这些证明材料作假成本低，互联网金融企业难以判断其真实性。互联网金融机构之间缺乏中国人民银行这样的信用记录中心，各个机构之间信用数据无法共享，资金需求方在某个平台违约后仍然能够在其他机构获得贷款。以上因素，造成了互联网金融链上资金需求方违约成本很低，容易带来信用风险。

(三)互联网金融操作风险

操作风险是指由于不完善或有问题的内部操作过程、人员、系统或外部事件而导致的直接或间接损失的风险。根据《巴塞尔新资本协议》，操作风险可以分为由人员、系统、流程和外部事件所引发的四类风险，并由此分为七种表现形式：内部欺诈，外部欺诈，聘用员工做法和工作场所安全性，客户、产品及业务做法，实物资产损坏，业务中断和系统失灵，交割及流程管理。基于信息技术的互联网金融交易全过程都在网上完成，线上操作环节超过了传统金融活动，也就增大了产生操作风险的概率。互联网金融的操作风险分为内部操作风险和客户操作风险。

1. 内部操作风险

互联网金融是新生事物，还处于业务扩张和产品创新阶段，尚未完善起成熟的内部操作管控机制。金融机构，尤其是中小互联网金融机构，不能完全保证内部系统运行的安全和稳定，也没有成熟的应急机制应对突发事件和操作失误。当互联网操作失误后，和操作密切相关的账号授权使用权限、风险管理系统、客户信息交流和管理系统都可能产生混乱，造成严重的操作风险。

2. 客户操作风险

互联网金融的客户端操作都是在终端设备上由客户自行完成的。在缺乏专业指导下，客户可能会出现因自身操作错误或失误而导致的风险，包括登录账号遗失、支付密码被盗等风险。此外，客户终端设备还可能遭到病毒和黑客的非法入侵、钓鱼网站欺诈或是设备被偷盗等意外，从而导致资料被窃取、账号密码被破解。这些都是产生客户操作风险的原因，都会给客户带来损失。

(四)互联网金融市场风险

市场风险是指由于基础资产市场价格的不利变动或者急剧波动而导致衍生工具价格或者价值变动的风险。基础资产的市场价格变动包括市场利率、汇率、股票、债券行情的变动。市场风险也是互联网金融市场面临的风险之一。互联网金融的金融属性决定了其要受到金融市场波动的影响，因此利率、汇率等传统金融市场基础变量的变化也将影响互联网金融市场。利率的变动将影响互联网保险产品的价格和收益率，股票的价格会引起互联网理财产品或是基金产品的波动，汇率的变化直接影响了跨境互联网金融交易。

(五)互联网金融法律风险

按照《巴赛尔新资本协议》的规定，法律风险包括但不限于因监管措施和解决民商事争议而导致的风险，具体表现为由于市场外部的法律环境发生变化，或由于企业自身在内的各种活动未按照法律规定或合同约定行使权利、履行义务，而对企业造成负面法律后果的可能性。互联网金融是新生事物，相关的法律规定和监管条例尚未完全成熟，诸多监管细节尚需进一步补充。在监管滞后创新的阶段，互联网金融企业面临的法律风险是显而易见的。

现阶段，互联网金融企业面临的法律风险分为合规风险和监管风险。

合规风险是指金融机构由于违反监管规定和原则，而招致法律诉讼或遭到监管机构处罚，进而产生不利于商业银行实现商业目的的风险。现有法律法规滞后于实际的互联网金融活动，市场存在监管漏洞。这导致一些互联网金融企业利用监管漏洞进行"寻租"。具体表现为重复性和合规性。重复性是指互联网金融企业在未经允许的情况下提供类似传统金融行业的产品和服务。合规性是指互联网金融企业未取得相关金融牌照或某些业务范围的许可证，而擅自开展许可范围外的活动。

监管风险是由于法律或监管规定的变化，可能影响金融机构经营活动，或削弱其竞争能力的风险。法律与监管规定也在不断完善中。现阶段处于"灰色地带"的互联网金融活动可能因为法规的完善而变成违规或违法的业务行为，从而受到取缔或整顿。

二、互联网金融的特殊风险

(一)技术风险

互联网金融更加依赖网络信息技术。同时，对网络信息技术的依赖也给互联网金融带来了更大的技术风险。技术本身存在的不足和缺陷、技术操作的失误和故障、技术应用的错配和依赖，都可能对互联网金融的发展产生影响和威胁。具体而言，互联网金融的技术风险表现为技术安全风险和技术支持风险两类。

技术安全风险能够给互联网金融带来直接的危害。互联网金融系统如果存在漏洞和缺陷，将会造成传输障碍、病毒入侵、信息资料被盗或者容易受到黑客攻击。这都会使金融系统受到严重损害,带来极大的风险。

技术支持风险是指现有技术水平和技术系统滞后于互联网金融活动而产生的风险。互联网金融活动是创新型活动,其运营模式和活动目标需要先进的技术自上而下为其提供有效保障。先进的底层技术是互联网金融创新的基础,优越的技术架构是互联网金融创新的整体保证。一旦创新活动严重脱离技术保障,将出现巨大的技术风险,甚至导致系统性风险。

(二)信息安全风险

互联网金融信息包括客户个人信息、公司经营信息、产品信息、公司安全信息等。互联网金融信息安全风险是指互联网金融机构未能有效保证相关信息传输、存储、使用和销毁这些关键环节,未能对信息进行安全保护,造成信息的盗用、泄露、篡改、滥用和丢失,从而产生损失的可能性。

金融机构应当加强信息安全风险的防控。首先,要建立应急管理机制。金融机构要做好信息安全风险预案。当出现电力中断或自然灾害发生时,金融机构要有及时应对的措施,尽可能减轻风险带来的损失。其次,金融机构要完善内控管理体系,要加强内控制度的建设,加强员工的操作培训。再次,金融机构要加强外包业务的管理。目前,大多数互联网金融机构的技术支持采用外部形式,由第三方负责,因此加强对第三方的安全防范管理是金融机构风险防范的重要环节。

第三节 互联网金融监管的必要性与基本框架

一、互联网金融监管的必要性

首先,互联网金融的金融属性要求对其进行监管。互联网金融本质上是金融活动,具备完全的金融属性。在金融市场活动过程中,贯穿全程的就是风险问题。金融市场失灵和市场缺陷是金融市场产生风险的根本原因。而政府主导的监管活动就是通过对金融机构及其经营活动实施的领导、组织、协调、控制、检查和督促,以期纠正其市场失灵的现象,完善市场存在的缺陷。

其次,互联网金融的信息化特征需要对其加强监管。互联网金融转变为以信息为基础的活动。对信息数据的依赖加强了监管的需求。一旦虚假信息出现,将以指数级的速度进行传播,同时风险也是指数级地放大。

再次,互联网金融的创新特征需要对其及时监管。互联网金融是以创新为特征的新兴市场,势必对原有的市场秩序产生巨大的冲击,新技术也将带来极大的风险隐患。监管部门需要尽快完善和加强对互联网金融市场的监管。金融创新与监管之间是相互促进、相互抑制及功能互补的关系。

二、互联网金融监管的基本框架

(一)监管目标

基于英国经济学家泰勒提出的"双峰监管理论",互联网金融监管有两个目标:保护金融消费者和维护金融秩序稳定。保护金融消费者和维护金融秩序稳定两个目标之间具有辩证关系,它们相互统一,相互对立,又相互促进。保护金融消费者立足于金融机构的对立面,监管机构和互联网金融机构之间处于相对的双方。这属于审慎监管的范畴。维护金融秩序稳定,又需要金融机构和监管当局密切配合,协同实现金融秩序稳定的目标。这属于宏观监管的责任。保护金融消费者利益有利于维护金融秩序稳定,只有在稳定的金融秩序下,消费者的利益才能得到进一步保护。这两个监管目标既有对立,又是统一的,需要兼顾两者,才能共同促进互联网金融的发展。

在现实中,保护金融消费者和维护金融秩序稳定两个目标是有先后之分的。在互联网金融发展的初期阶段,由于市场规则尚未制定,市场行为较为混乱,损害消费者的行为层出不穷。这时的监管重心更多地落在保护消费者利益上。这个阶段,互联网金融发展规模还较小,对金融体系整体的影响有限,因此,维护金融秩序稳定还不是最重要的监管目标。随着互联网金融的不断发展,规模不断扩大,维护金融秩序稳定也日益成为监管的重要目标之一,从而形成了互联网金融的双峰监管。

(二)监管原则

1. 鼓励创新与审慎监管相结合原则

创新是互联网金融发展的动力源泉,风险防范是互联网金融发展的方向保证,两者相辅相成,缺一不可。只有坚持创新,互联网金融才有生命,才能保持持续发展。创新需要正确的方向,不能是无规则的创新。没有规则的创新,最终只能带来市场的危害。审慎监管也叫"金融风险监管",是对互联网金融机构防范、控制风险的能力和状况的监督管理。互联网金融各种风险集中,除了具有传统金融活动的风险,更是增加了自身特有的风险,更容易带来金融系统的冲击。因此,鼓励创新绝不是忽略审慎监管。相反地,在互联网金融领域,更要强调审慎监管的重要性。监管不是杜绝创新,而是为创新明确方向,为金融创新保驾护航,制定好相应的创新规则,鼓励正确方向上的创新。同时,监管是动态的全程监管,具有连续性和持续性,时刻为创新守住不发生系统风险的底线。

2. 行业自律与政策监管相结合原则

《中国互联网行业自律公约》第三条规定,互联网企业自律的基本原则就是爱国、守法、公平、诚信。互联网金融企业自然也要遵循以上原则。自律是互联网金融企业能够健康发展的有效保障。行业自律包含了企业自律和员工自律。企业自律要求互联网金融企业从维护国家和行业整体利益的高度出发,坚持把创造良好的行业发展环境作为己任,保证经营管理上不违规违法,符合社会主义核心价值观。员工的自律标准是企业规章制度的内化,是互联网金融企业本身自律的个人体现。所以互联网金融行业的自律,企业是首要的,只有企业自律,才能保证个人自律,才能实现行业自律。行业自律,对企业和员工提出更高的要求,能够促进行业整体健康发展,避免业内恶性竞争。

行业自律条款的制定离不开政策监管的参与。自律条款不能和行业政策法规相违背,条款的制定需要结合政策监管条例才能保证其约束力。同时,行业自律需要政府参与,并要求政府定期对自律情况进行监督,充分调动行业自律的自觉性和自发性,保证互联网金融行业自律是有效的自律。2015年12月31日,由中国人民银行指导的中国互联网金融协会被批准准予成立;2016年3月25日,在上海召开成立会议暨第一次全体会员代表大会并揭牌,标志着我国国家级的行业自律组织正式成立。中国互联网金融协会将充分发挥行业协会的自律管理作用,推动形成统一的行业服务标准和规则,引导互联网金融企业规范发展。

3. 监管一致性原则

监管一致性原则是指只要从事相同性质的金融业务,就接受同样的监管。监管一致性也是互联网金融行业需要遵循的基本原则之一。无论是在虚拟的还是真实的环境下提供金融服务,都应当基于同一法律框架管理,确保公平竞争并防止监管套利。若未能保证监管一致性,一旦互联网金融活动利用监管标准的差别进行监管套利,将有碍整个金融行业公平竞争,扰乱金融整体市场秩序稳定状态,还会损害金融行业监管的公信力和有效性。

监管一致性包括监管的横向一致性和纵向一致性两方面。横向一致性指不同的金融主体,只要从事的金融业务本质相同,就应当保证监管标准的一致,无论是传统金融企业还是互联网金融机构;纵向一致性指同一金融主体的线上和线下活动,应当受到相同标准的监管,保证纵向监管的一致性。

(三)监管模式

互联网金融的特征是跨域创新和边缘创新。互联网金融通过创新,最大化地实现金融活动和互联网的紧密结合,同时形成了类似混业经营的发展模式。混业经营最大的风险来源于风险的传染性。当某个业务出现风险后,极容易向其他业务领域蔓延,从而产生全面风险冲击。因此,对于互联网金融的监管,既需要分类开展监管,又要强调协同监管,分类监管和协同监管相结合,才能形成全面的监管体系。

1. 分类监管

互联网金融业务种类繁多,业态呈多元化发展。有些业务领域,如涉及公众利益的金融活动,必须实行严格监管;对于涉及业务流程、技术手段创新的非涉及公众利益的金融创新,则需放宽监管,鼓励创新。这就要求监管部门采用分类模式进行监管活动。监管部门以业务分类为依据,按不同的业务部门实行和传统金融活动一致的监管标准,对于传统金融行业不存在的新兴业务,审慎制定具有针对性的新监管标准。目前,我国互联网金融活动已经形成分类监管的基本架构:由银保监会负责互联网保险和网络借贷、网络信托、互联网消费金融的监管活动,由证监会负责股权众筹和互联网基金销售的监管活动,由中国人民银行负责互联网支付业务的监督管理,由工信部负责互联网金融的技术开发和应用活动,由公安部负责涉及互联网金融的金融犯罪活动。

2. 协同监管

互联网金融是跨领域的网络金融活动,机构内部和机构之间架构复杂,业务交错,单纯的分类监管难以实现全面的监督管理,监管部门有时会遇到责任难以认定的问题,甚至会出现监管部门之间的推诿现象,难以形成监管合力。这就需要构建协同监管的监管系统。协同监管既包括监管部门内部的机构协同,也包括互联网金融企业与监管部门之间的沟通协调。协同监管由横向协同和纵向协同构成。横向协同监管指监管机构协同合作,纵向协同指金融企业和监管部门协调沟通。二者共同构成立体协同体系,和分类监管一起形成全方位、多层次的立体监管网络。

(四)监管对象

按照监管对象的差异,金融监管分为机构监管和功能监管。

机构监管是在分业经营背景下,针对不同的机构类型开展监管活动。其优势表现在:专业性强,能有效对负责的业务活动进行监督管理;针对性强,监管部门能迅速对经营活动产生的风险做出反应。缺点:不同机构之间容易产生监管盲区,容易产生系统性风险;不能适应混业经营的发展趋势。

功能监管是按照金融业务的性质划分监管对象的金融监管模式。其优势是:监管的针对性强,监管水平更加专业,能有效防范单一部门的风险;按照金融产品或金融活动的功能属性进行监管,能够解决金融创新产品的归属问题;减少重复监管和多头监管,提高监管效率,减轻金融机构负担;适应混业经营的发展趋势,能够减少系统性风险的威胁。缺点:存在功能归属确认程序,会影响监管反应速度和监管效果;对复杂的金融活动进行监管需要开展监管机构内部的协调工作,程序复杂,过程冗长。

在互联网技术推进下,互联网金融呈现了混业经营的业态趋势,这就要求监管机构朝功能监管转变。首先,互联网企业向金融领域的业务扩张,为金融监管提出了功能监管的要求。其次,传统金融机构通过互联网渠道和移动终端拓展多种业务,也为金融监管提出了新的要求。再次,金融创新产品和金融创新模式层出不穷,新产品和新模式的监管认定也要求开展功能监管。

(五)监管内容

互联网金融监管内容和传统金融监管类似,包括市场准入监管、市场运作监管和市场退出监管三方面。

1. 市场准入监管

市场准入监管属于事前监管的范畴,是对传统金融机构或互联网企业进入互联网金融市场,开展线上金融活动进行审查、审批。这一类的审查或审批多是属于资格审查。在传统金融业务领域,金融机构进行金融活动必须受到严格的准入资格审查,这是维护金融秩序稳定的需要。互联网金融具有传统金融的本质属性,加持互联网的特点,其风险传播速度快,传播范围广,因此,互联网金融活动更需要进行市场准入监管。互联网金融存在创新领先和监管滞后的矛盾,在开展创新性金融活动后,市场监管难度加大,容易产生金融风险隐患,这对整个金融体系都是严峻的考验。为避免后续产生更大的风险,有必要加强事前监督,允许监管部门对从事金融业务的互联网企业或传统金融机构开展的线上金融活动进行审查、审批,衡量其从事互联网金融业务的准备充分性和在市场竞争中的生存能力,以此做出是否允许其进入金融市场的判断。

2. 市场运作监管

市场运作风险属于事中监管,是对互联网金融活动的日常经营活动展开持续性的监管,包括传统金融活动的风险监管和互联网金融特有的风险监管,具体包括业务范围、流动性、资本充足率、市场风险防范和信息安全管理等方面的监管。通过监管,可以对互联网金融活动的合规性和可行性进行实时监测,可以提高互联网金融机构的风险意识,可以促进互联网金融机构不断提高风险识别、计量、防范和管理水平,最大限度地降低互联网金融活动的风险危害。

当前,我国互联网金融处于快速发展阶段,创新活动活跃,新的金融业务模式层出不穷,从而容易产生诸多监管漏洞,容易产生诸多金融风险。因此,创建新型监管体系,做好互联网金融市场的运作监管是现阶段我国互联网金融发展的当务之急。

3. 市场退出监管

市场退出监管是事后监管的重要部分,主要是指针对互联网金融企业因经营运作困难、财务资金困难、违规违法等原因退出金融市场的处理过程的监管。当互联网金融企业因财务困难或市场环境变化导致难以继续经营,或者出现涉及违法违规事宜,出现因并购活动而产生的退出活动,监管部门需要对其退出过程进行全程监管,以保证债权人和权益所有人的合法利益得到充分保证。检查、审计、信用评价、残值评估等均是互联网金融市场退出的监管手段,其结果可作为市场退出的依据。

目前我国尚未制定完善的互联网金融市场退出监管制度,使得互联网金融企业退出市场的行为容易造成利益相关人的损失,甚至可能带来严重的社会影响。对互联网金融行业而言,抓紧建立科学、完善、可行的市场退出监管机制迫在眉睫。

第四节 我国互联网金融监管政策

党的二十大报告指出:"加强和完善现代金融监管,强化金融稳定保障体系,依法将各类金融活动全部纳入监管,守住不发生系统性风险底线。"这对互联网金融的监管也提出了新的要求。随着互联网金融的不断发展,存在的问题也不断浮现。在对互联网金融存在问题的整治过程中,监管政策也不断完善,监管更加全面,更加科学。

我国的互联网金融监管始于2010年,迄今为止可以分为三个阶段。

(一)第一阶段:2010年至2015年,互联网金融监管的探索阶段

这一阶段监管政策主要围绕互联网支付展开。在这一期间,相继出台了《非金融机构支付服务管理办法》《非金融机构支付服务管理办法实施细则》《支付机构客户备付金存款办法》《关于加强商业银行与第三方支付机构合作业务管理通知》《非银行支付机构网络支付业务管理办法》等系列文件,对互联网金融支付业务开始了规范和监管,明确了互联网金融支付的性质、机构的准入条件,对互联

网金融支付的备付金也开始了监管。

（二）第二阶段：2015 年至 2018 年，互联网金融监管的全面推进阶段

该阶段的标志是 2015 年 7 月 18 日，中国人民银行等十部委联合发布的《关于促进互联网金融健康发展的指导意见》。这一阶段，开始了分类监管的全面推进。四年时间内，监管机构对不同类型的互联网金融业务都出台了相应文件法规，对各种互联网金融业务进行了规范和管理。

2015 年，中国证券业协会发布《场外证券业务备案管理办法》和《关于调整〈场外证券业务备案管理办法〉个别条款的通知》。同年，证监会发布《关于对通过互联网开展股权融资活动的机构进行专项检查的通知》。这些文件把私募股权众筹定义为"互联网非公开股权融资"，明确为场外证券业务，确立了其金融本质，纳入了监管范围。2016 年，证监会、中宣部等 15 部门联合印发了《股权众筹风险专项整治工作实施方案》，开始对互联网股权融资乱象开展专项整治。

2015 年 12 月 28 日，国务院法制办发布《网络借贷信息中介机构业务活动管理暂行办法（征求意见稿）》，对我国 P2P 网络借贷提供了纲领性的指导。2016 年，国务院和银监会先后发布《互联网金融风险专项整治工作实施方案》和《P2P 网络借贷风险专项整治工作实施方案》，设立了互联网金融风险专项整治工作领导小组办公室和 P2P 网络借贷风险专项整治工作领导小组办公室。由此，拉开了网络小额贷款清理整顿和 P2P 网络借贷机构的合规清查。2017 年，中国银监会办公厅印发《关于印发网络借贷资金存管业务指引》，细化了网络借贷业务的监管细节。

2016 年至 2017 年，互联网金融监管工作持续在各个领域全面铺开。2016 年，中国人民银行发布《关于加强支付结算管理防范电信网络新型违法犯罪有关事项的通知》。同年，中国人民银行等十三部门联合印发《非银行支付机构风险专项整治工作实施方案》。互联网金融支付业务的监管工作继续得以加强。这期间，保监会先后出台《关于加强互联网平台保证保险业务管理的通知》《关于严格规范非保险金融产品销售的通知》《互联网保险风险专项整治工作实施方案》，开始对互联网保险业务展开监管。原工商总局等十七部门印发《关于开展互联网金融广告及以投资理财名义从事金融活动风险专项整治工作实施方案》。中国人民银行等十七部门联合印发《通过互联网开展资产管理及跨界从事金融业务风险专项整治工作实施方案》。另外，我国相继出台《全国人民代表大会常务委员会关于加强网络信息保护的决定》《电子认证服务管理办法》《电信和互联网用户个人信息保护规定》《中国人民银行关于改进个人银行账户服务加强账户管理的通知》等文件,对互联网金融信息安全展开了监督管理。

(三) 第三阶段:2018年至今,互联网金融监管的全面深化阶段

2018年7月11日,中国人民银行下发了《关于加强跨境金融网络与信息服务管理的通知》,对境外提供人、境内使用人、行业自律、审慎管理等方面提出了相应的要求。特别要求境外提供人要在事前事项报告、服务事项报告、变更事项报告和应急事项报告四个方面尽到相应义务,境内使用人则要尽到事前事项报告和应急事项报告合规义务。

2018年10月4日,公安部发布《公安机关互联网安全监督检查规定》。根据规定,公安机关根据网络安全防范需要和网络安全风险隐患的具体情况,可以采取进入营业场所、机房、工作场所,要求监督检查对象的负责人或者网络安全管理人员对监督检查事项做出说明,查阅、复制与互联网安全监督检查事项相关的信息,查看网络与信息安全保护技术措施运行情况等措施对互联网服务提供者和联网使用单位开展监督检查。互联网服务提供者和联网使用单位有违法行为的,公安机关可以依法予以行政处罚;构成违反治安管理行为的,依法予以治安管理处罚;构成犯罪的,依法追究刑事责任。

2018年10月10日,中国人民银行、银保监会、证监会联合发布《互联网金融从业机构反洗钱和反恐怖融资管理办法(试行)》(以下简称《管理办法》)。《管理办法》建立了监督管理与自律管理相结合的反洗钱监管机制;明确中国人民银行、国务院有关金融监督管理机构协同监管和互联网金融协会自律管理相结合,做到履职各有侧重,工作相互配合。同时,充分发挥互联网金融协会和其他行业自律组织的管理作用,借助自律组织的力量,促使从业机构强化内控建设,增强反洗钱意识,提升监管有效性。《管理办法》还建立了对全行业实质有效的框架性监管规则。《管理办法》对从业机构需要履行的反洗钱义务进行原则性规定。同时,明确由互联网金融协会协调其他行业自律组织制定行业规则,实现监管和自律管理的有效衔接。《管理办法》要求互联网金融机构要建立健全反洗钱和反恐怖融资内部控制机制,要有效进行客户身份识别,要及时提交大额和可疑交易报告,要开展涉恐名单实时监控,要妥善保存客户身份资料和交易记录。

2018年12月15日,中国人民银行印发《金融机构互联网黄金业务管理暂行办法》(以下简称《暂行办法》),规定黄金账户作为黄金产品的簿记系统,在互联网黄金业务中,由金融机构提供黄金账户服务,互联网机构不得提供任何形式的黄金账户服务。《暂行办法》强调,金融机构负责互联网黄金业务产品的报价、黄金和资金的运用、产品推介说明的制作。互联网机构对其代理销售的金融机

互联网金融

构黄金产品,可提供产品展示服务,不得提供黄金清算、结算、交割等服务,不得提供黄金产品的转让服务,不得将代理的产品转给其他机构进行二级或多级代理。

2018年12月19日,证监会发布《证券基金经营机构信息技术管理办法》,在传统信息安全监管基础上,针对信息技术治理、数据治理、业务合规提出监管要求,强化信息技术管理的主体责任,支持经营机构应用信息技术提升服务效能。

2019年1月10日,国家互联网信息办公室发布《区块链信息服务管理规定》,要求区块链信息服务提供者落实信息内容安全管理主体责任;配备与其服务相适应的技术条件;制定和公开管理规则和平台公约;落实真实身份信息认证制度;不得利用区块链信息服务从事法律、行政法规禁止的活动或者制作、复制、发布、传播法律、行政法规禁止的信息内容;要求区块链信息服务提供者按规定做好备案、变更或注销手续。

2019年3月25日,中国人民银行发布《关于进一步加强支付结算管理防范电信网络新型违法犯罪有关事项的通知》,要求从健全紧急止付和快速冻结机制、加强账户实名制管理、加强转账管理、强化特约商户与受理终端管理、广泛宣传教育、落实责任追究机制等方面进一步筑牢金融业支付结算安全防线。同时希望广大公众能掌握电信网络新型违法犯罪典型手法及应对措施、转账汇款注意事项,认识买卖账户社会危害,强化个人金融信息保护意识。日常生活中,要注意保管好自己的身份证、银行账户和支付账户,妥善保护个人身份信息、账户信息、金融交易信息等,确保自己的个人金融信息等隐私信息不受侵害。

2020年6月22日,银保监会发布《关于规范互联网保险销售行为可回溯管理的通知》,要求保险机构采取措施对在自营网络平台上销售保险产品的交易行为进行记录和保存,使其可供查验。保险机构应当在自营网络平台通过设置销售页面实现互联网保险销售,不得在非自营网络平台设置销售页面。主要对可回溯资料内容、保管、安全防护及相关内控制度做出规定,要求保险机构建立全面、系统、规范的内部控制体系。特别强调互联网保险销售行为可回溯资料应当可以还原为可供查验的有效文件,销售页面应当可以还原为可供查验的有效图片或视频,以便调查检查使用。

银保监会于2020年7月印发《商业银行互联网贷款管理暂行办法》(以下简称《办法》)。《办法》明确了互联网贷款小额、短期的原则,对消费类个人信用贷款授信设定限额,防范居民个人杠杆率快速上升风险,并在资金用途、贷款支付、风险数据与模型、消费者权益保护等方面提出监管要求。

同时,在合作机构管理方面,《办法》要求商业银行建立全行统一准入机制,分层分类实行名单制管理,压实银行自身的风险管理主体责任;要求商业银行独立实施授信审批、合同签订等核心风控环节,核心风控不得外包给合作机构。对于与合作机构共同出资发放贷款业务模式,要求商业银行加强集中度风险管理,把与合作机构共同出资发放贷款总额纳入限额管理,对单笔贷款出资比例实行区间管理。

2020年9月15日,中国人民银行发布《中国人民银行金融消费者权益保护实施办法》,对与金融消费者息息相关的八项权利进行了规范。例如:规章新增了受尊重权的内容;为适应金融市场发展,在公平交易权与自主选择权方面提出更为明确的要求;对营销宣传进行了针对性规范;从保护金融消费者信息安全权目的出发,在信息收集、披露和告知、使用、管理、存储与保密等方面进行了更全面细致的规定。

2020年12月7日,银保监会公布《互联网保险业务监管办法》。《互联网保险业务监管办法》共五章八十三条,重点规范内容包括:厘清互联网保险业务本质,明确制度适用和衔接政策;规定互联网保险业务经营要求,强化持牌经营原则,定义持牌机构自营网络平台,规定持牌机构经营条件,明确非持牌机构禁止行为;规范保险营销宣传行为,规定管理要求和业务行为标准;全流程规范售后服务,改善消费体验;按经营主体分类监管,在规定"基本业务规则"的基础上,针对互联网保险公司、保险公司、保险中介机构、互联网企业代理保险业务,分别规定了"特别业务规则";创新完善监管政策和制度措施,做好政策实施过渡安排。

2020年12月30日,银保监会印发《消费金融公司监管评级办法》,从公司治理与内控、资本管理、风险管理、专业服务质量、信息科技管理五个方面,通过科学方法的规范,对消费金融公司整体评级判断提出了监管要求,是实施分类监管的基础。监管评级结果是监管部门衡量公司经营状况、风险管理能力的重要依据,也是监管机构开展监管工作的基础。

2021年1月15日,银保监会和中国人民银行联合印发《关于规范商业银行通过互联网开展个人存款业务有关事项的通知》,重点明确了以下内容:

(1)规范业务经营。要求商业银行依法合规通过互联网开展存款业务,不得借助网络等手段违反或者规避监管规定。商业银行不得通过非自营网络平台开展定期存款和定活两便存款业务。

(2)强化风险管理。商业银行应当加强业务风险评估与监测,强化资产负债管理和流动性风险管理,合理控制负债成本。地方性法人银行要坚守发展定位,立足于服务已设立机构所在区域的客户。

(3)加强消费者保护。商业银行通过互联网开展存款业务应当强化销售管理和网络安全防护,切实保障金融消费者合法权益。

(4)严格监督管理。各级监管部门要加大监管力度,对违法违规行为,依法采取监管措施或者实施行政处罚。

2021年1月26日公布《防范和处置非法集资条例》,赋予了金融主管部门很多调查权利,为主管部门调查非法集资提供了依据,对处置非法集资的合法性以及效率都带来了质的改变。《防范和处置非法集资条例》中特别要求处置非法集资牵头部门会同互联网信息内容管理部门、电信主管部门加强对涉嫌非法集资的互联网信息和网站、移动应用程序等互联网应用的监测,并强调通过设立互联网企业、投资及投资咨询类企业、各类交易场所或者平台吸收资金的行为经有关部门调查认定后应当确认属于非法集资。

2021年2月20日,银保监会引发《关于进一步规范商业银行互联网贷款业务的通知》。针对实施过程中遇到的实际问题,该通知从以下三方面细化审慎监管要求:一是落实风险控制,要求商业银行强化风险控制主体责任,独立开展互联网贷款风险管理,自主完成对贷款风险评估和风险控制具有重要影响的风控环节,严禁将关键环节外包;二是明确三项定量指标,包括出资比例、集中度指标、限额指标;三是严控跨区域经营,明确地方法人银行不得跨注册地辖区开展互联网贷款业务。此外,进一步明确外国银行分行、信托公司、消费金融公司、汽车金融公司开展互联网贷款业务的参照执行规定。

2021年3月17日,银保监会、中央网信办、教育部、公安部、中国人民银行五部门联合发布《关于进一步规范大学生互联网消费贷款监督管理工作的通知》,要求加强针对放贷机构大学生互联网消费贷款业务的监督管理,明确未经监管部门批准设立的机构一律不得为大学生提供信贷服务,银行业金融机构要审慎开展大学生互联网消费贷款业务。

除了对商业银行与合作机构开展互联网贷款强化监管外,对于互联网平台开展的网络小额贷款业务,2020年11月,银保监会联合央行公开发布了《网络小额贷款业务管理暂行办法(征求意见稿)》,对小额贷款公司网络小额贷款业务开始进行规范的监管。

本章小结

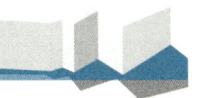

随着互联网金融的规模不断扩大,互联网金融创新产品不断涌现,其风险问题也开始凸显。由于互联网金融覆盖人群广、传播速度快,其风险特征更加复杂多变,其风险传播速度也更加迅速,其风险造成的后果也更加难以控制。互联网风险既有传统金融风险的基本特征,同时又具有其作为新兴市场所面临的特殊风险特征。

互联网金融风险类型有传统金融领域的流动性风险、信用风险、操作风险、市场风险、法律风险,也有其特有的技术风险和信息安全风险。风险种类繁多,风险危害大,因此需要对互联网金融活动进行严格有序的监管。构建完备的监管框架是开展互联网金融风险监管的基础。一个完整的监管体系包括监管目标、监管原则、监管模式、监管对象和监管内容。

我国互联网金融监管已经经历了三个阶段,分别是监管的探索阶段、监管的全面推进阶段和监管的全面深化阶段。随着互联网金融的不断发展,对其的监管将更加科学、更加全面。

关键术语

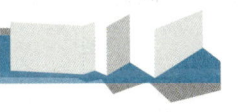

技术安全风险、技术支持风险、信息安全风险、双峰监管、监管一致性原则、分类监管

习 题

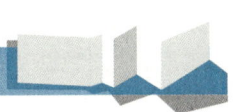

简答题

1. 简述互联网金融的风险特征。
2. 简述互联网金融的一般风险和特殊风险。
3. 简述互联网金融监管的必要性。
4. 简述互联网金融监管的目标。
5. 简述互联网金融监管的原则。
6. 简述互联网金融监管的模式。
7. 简述互联网金融监管的对象。

8.简述互联网金融监管的内容。

论述题

1.如何理解互联网金融的一般风险和特殊风险？
2.互联网金融监管框架具体包含哪些内容？

案例分析

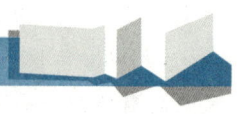

2020年4月9日,价值近200万美元的韩国和美国支付卡信息在暗网出售。位于新加坡的网络安全公司Group-IB检测到一个数据库,其中包含韩国、美国的银行和金融组织将近40万张支付卡记录的详细信息,并且这些信息已于4月9日上载到暗网。值得注意的是,这是2020年韩国在暗网上最大的一次支付卡"销售"。2010年,瑞士汇丰银行被爆有7.9万名客户资料遭到泄露;2019年,美国第七大商业银行Capital One承认超1亿人信息遭窃取;2019年,意大利最大银行之一UniCredit被爆至少300万条客户泄露;2020年初,西澳大利亚州最大的银行P&N Bank在服务器升级期间遭遇了网络攻击,目前尚不清楚有多少客户受到了影响⋯

问题:案例中出现的风险属于什么风险类型?该如何对此风险进行监管?

第十章 互联网金融综合实训练习

练习一 大学生互联网金融投资理财案例分析

理论学习目标

1. 掌握互联网金融个人资产配置的基本原则和方法
2. 熟悉互联网金融个人资产配置的风险及防范方法

能力培养目标

1. 了解互联网金融个人资产配置种类及途径
2. 培养大学生互联网金融资产配置的意识和能力
3. 提高大学生互联网金融资产配置的风险防范能力

实训要求

1. 能根据自身实际财务状况,编制个人资产负债表和个人现金流量表。
2. 熟悉各种互联网金融产品,并能根据自身基本情况设计合理的投资理财方案。
3. 掌握互联网金融风险防范知识,了解互联网金融监管法律规定。

实训方式

小组讨论形式:6~8人一组,分组进行讨论,最终以小组为单位形成分析报告。

小林同学今年大三,在福州某高校就读计算机专业。其独立性较强,大一时就利用课余时间在一家软件公司从事软件代码编程工作,每月报酬稳定,目前月收入有 4 500 元,未来半年收入有望增加至 5 500 元。家庭情况较好,家庭资助其求学期间的资金较为充裕,每月给予小林同学 6 000 元生活费。小林同学生活简单,暂时没有女朋友,每月花费较为固定。每月伙食费用 1 200 元,购买日

互联网金融

常用品及书籍、文具500元,公共交通费用500元,通信费100元;每年衣服购置费用3 000元,旅游费用5 000元,和朋友聚餐娱乐费用2 000元。小林同学现有资金留存7万元,都以活期存款形式存在传统商业银行。小林同学计划未来数月可能购买一台高性能笔记本电脑,价值1万元。未来两年都没有其他大笔的开支。

小林同学没有考研深造的计划。未来毕业后极有可能留在现在的兼职公司,成为正式员工,并极有可能毕业后即出任技术主管一职,届时年薪有望达到35万元。

请根据以上描述,编制小林同学的现金流量表,并对小林提出互联网金融资产配置的建议。

1. 投资人属性分析

生命周期概念是指个人在相当长的时间内计划消费和储蓄行为,以在整个生命周期内实现消费的最佳配置。生命周期理论是由意大利人莫迪利阿尼等人创建的。莫迪利阿尼认为人的生命是有限的,可以区分为依赖、成熟和退休三个阶段。一个人一生的财富累积状况就像驼峰的形状,在年轻时很少,赚钱之后开始成长累积,到退休之前(中年时期),其财富累积达到高峰,随后开始降低。基本思想:一个人将综合考虑其即期收入、未来收入,以及可预期的开支、工作时间、退休时间等诸因素来决定目前的消费和储蓄,以使其消费水平在一生内保持相对平衡,而不至于出现消费水平的大幅波动。

个人理财规划就是根据个人不同生命周期的特点,针对学业、职业的选择到家庭、居住、退休所需要的财务状况,综合使用金融工具,来进行理财活动和财务安排。

按年龄层可将个人生命周期分为五个阶段:

(1)探索期:15~24岁,学生时代对理财活动的探索。

(2)建立期:25~34岁,单身创业时代个人财务的形成期。收入少,开支低,但是由于年轻,抗风险能力强。

(3)提升期:35~55岁,成家立业时代的理财任务。家庭生活趋于稳定,收入增加的同时,支出也在增加,抗风险能力中等。

(4)维持期:56~60岁,事业发展稳定,收入达到顶峰,但不再有明显增加。家庭收入稳定,支出减少,财富积累达到最大值,但是年龄增大,抗风险能力开始下降。

(5)退休期:60岁以后,养老时代,稳健投资保住自己的财产。家庭进入空巢期,收入快速下降,支出结构发生变化,医疗支出比例大幅度提高,抗风险能力低。

小林同学正是出于生命周期中的探索期。但是由于小林同学较早开始实践活动,家庭经济情况又较好,给予相当的资助,所以已经有了一定的经济积累。小林同学年纪轻,身体健康,意外事件发生概率小,因此预防性准备可以少一些。支出方面,小林没有铺张浪费,支出稳定可控。因为还是在校学生,没有购房、结婚、生子等方面的经济压力。理财方面,小林同学能力较弱,没有什么理财行为。

2.财务状况分析

编制现金流量表,可以清晰地展示小林的财务状况。表 10-1 给出了现金流量表的示例,请根据实际情况填写表格。

表 10-1　　　　　　小林同学现金流量表(2022 年)

现金流入项目	金额(元)	比重%	现金流出项目	金额(元)	比重%
1. 经常性收入			1. 经常性支出		
1.1 兼职收入			1.1 伙食费		
1.2 家庭资助			1.2 通信费用		
1.3 其他金融投资收入			1.3 衣物购置费		
2. 非经常性收入			1.4 交通费		
			1.5 医疗费用		
			1.6 保险费用		
			1.7 书籍、文具购置费用		
			1.8 其他经常性支出		
			2. 非经常性支出		
			2.1 旅游费用		
			2.2 娱乐费用		
			2.3 投资支出		
			2.4 信用卡支出		
			2.5 其他非经常性支出		
现金流入总计			现金流出总计		
净现金流量(收入盈余)					

3.收入分析

小林同学作为在校的大学生,年现金净流入接近 9 万元,数量极为可观。但是小林同学不懂资产配置,没有进行科学的投资理财。

请对小林同学未来两年、五年收支结构进行预测,并做进一步分析(资产负债表和现金流量表)。

4. 持有现金资产的机会成本

小林同学目前持有资产均以现金形式,并采用活期存款方式持有。请调查目前活期存款利率水平,并将其与定期存款、互联网股票市场、互联网基金市场等互联网金融市场产品比较,估计小林同学持有现金资产的机会成本。

5. 互联网金融产品配置建议

针对小林同学年纪轻、抗风险能力强的生命周期特点,根据小林同学的收支状况,为他提出三种互联网金融产品的配置建议。设计建议过程中,请认真判断可纳入建议体系的互联网金融产品的具体分类和业态,并注意防范互联网金融风险。

6. 设计配置方案

根据配置建议调查现有市场上的互联网金融产品,并设计三种详细配置方案。

7. 计算并比较投资期望收益率和波动率

跟踪配置方案中的互联网金融产品收益和波动变化情况,根据金融资产收益和风险计算方法,计算小林三种资产组合的投资期望收益率和波动率,并进行比较。

练习二　家庭互联网金融资产配置案例分析

理论学习目标

1. 掌握互联网金融家庭资产配置的基本原则和方法
2. 熟悉互联网金融家庭资产配置的风险及防范方法

能力培养目标

1. 了解互联网金融资产配置种类及途径
2. 培养互联网金融资产配置的意识和能力
3. 提高互联网金融资产配置的风险防范能力

实训要求

1. 能根据样本家庭实际财务状况,编制家庭资产负债表和家庭现金流量表。
2. 熟悉各种互联网金融产品,并能根据样本家庭基本情况设计合理的投资理财方案。

3.掌握互联网金融风险防范知识,了解互联网金融监管法律规定。

实训方式

小组讨论形式:6~8人一组,分组进行讨论,最终以小组为单位形成分析报告。

王老师今年35岁,家住福州,某高校任教,副教授。妻子陈女士是某企业财务主管。家有一子,年纪6岁,就读于福州某小学一年级。目前妻子已怀有二胎,待产中。夫妻双方均为独生子女,父母均双全。双方家庭经济状况均可,且均有医疗保险,不需要他们负担太多。目前王老师年收入约25万元,陈女士年收入约28万元。两人在福州购置商品房一处,每月需还贷8 000元,还需还贷五年。夫妻双方公积金共8 000元。房子市值400万元。家庭开支方面:两人各有小型轿车一辆,价值共计40万元,每年养车费用1.5万元左右;每月的家庭食物开支在3 500元,水电煤气杂项约500元,每年外出旅游费用30 000元,物业费5 000元,子女教育费用40 000元,衣物和化妆品购置费3万元,家庭每年过年给双方父母各2万元。家庭没有其他的理财规划,共有活期存款15万元,定期存款50万元。家庭成员均没有购买商业保险。

请根据以上描述,为王老师一家设计互联网金融资产配置方案。

(1)按生命周期原理进行家庭属性分析。

(2)编制家庭资产负债表和家庭现金流量表,展现王老师夫妇的年度财务情况。

(3)家庭收入和支出分析。

(4)针对以上分析,制订王老师的互联网金融家庭资产配置计划。

(5)根据给出的配置计划建议,调查现有市场上的互联网金融产品,并设计三种详细配置方案。方案中要体现所面临的风险。

(6)跟踪配置方案中的互联网金融产品收益和波动变化情况,根据金融资产收益和风险计算方法,计算以上三种资产配置组合的投资期望收益率和波动率,并进行比较。

练习三 区块链在证券中的应用

学习目标

1.掌握区块链在证券基金业务中的应用方法与成果

互联网金融

2. 熟悉区块链技术在证券基金业务流程中的应用
3. 理解传统证券基金业务的行业痛点

能力培养目标

1. 了解区块链在证券基金业务中的应用
2. 培养大学生区块链金融结合创新的意识和能力

实训要求

1. 事先了解实训的全过程,根据实训过程的要求分组,知道自己的分工与职责。
2. 各组同学分工负责,密切配合,完成规定的事项。

实训场景中存在基金管理人、基金托管人、基金投资人、监管机构四种角色,在开始实训之前需要进行角色选定。通过角色扮演的方式完成本次实训,每个角色都有人员之后才可以开始实训操作。

(1)扫码(图10-1)进入区块链金融创新实训平台①的实训任务界面,如图10-2所示。

图 10-1 区块链金融创新实训平台

① 本实训内容在北京知链公司开发的区块链金融创新实训平台上进行。

图 10-2 实训任务界面

（2）在任务列表中找到【角色选定】任务，单击【角色选定】→【实境演练】，系统会自动切换到实境演练界面，进入到角色选定界面。共预置了四个角色，学生根据自己对角色的了解，单击角色名称后再单击【确定】按钮，完成人员角色的选定，如图10-3所示。

图10-3　角色选定

实训流程

本实训过程主要围绕基金管理人、基金托管人、基金投资人三方，以相互之间签署合同的过程展开。交易流程如图10-4所示。

区块链基金

基金管理人 ← 6.数字签名加密 — 基金托管人
基金管理人 ← 7.接收基金合同　5.签署基金合同 → 基金托管人
基金管理人 ← 3.接收&发送加密证书　4.零知识证明 → 基金托管人
基金管理人 → 1.登记资格证书　2.发送证书验证申请 → 基金托管人

9.数字签名加密　8.签署基金合同

13.合同上链（三方）

14.查看基金合同
15.查看智能合约
16.查看管理人资格证书

基金投资人　10.接收基金合同
　　　　　　11.签署基金合同
　　　　　　12.数字签名加密　监管机构

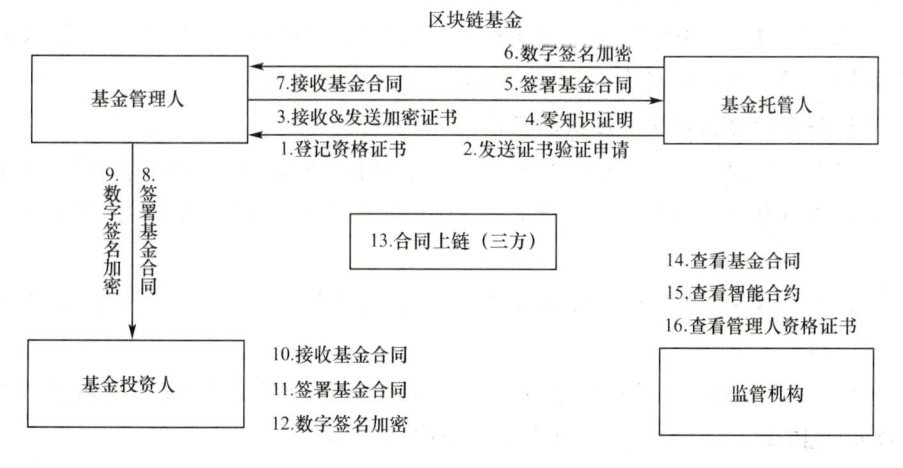

图10-4　证券基金业务流程

实训步骤

1. 基金管理人登记资格证书

（1）基金管理人角色单击【登记资格证书】任务，进入【实境演练】界面。实境演练中仿真显示"中国证券投资基金业务协会"的登记证明，以此为模板进行证书的登记。

（2）单击资格证书的底部的【登记】功能按钮。

（3）单击【登记】按钮，系统弹窗提示"是否登记？"进行二次确认。

（4）单击【确定】按钮，系统自动弹出可编辑的登记证明，由该角色的学生自主完成空格的填写。填写完成之后，单击底部的【确定】按钮，完成本次证书的填写。

（5）单击按钮后，系统会切换至【加密】窗格中，输入自己的私钥进行数字签名的加密。

（6）输入基金管理人的私钥之后，单击【加密】按钮，直接跳转至上链证书部分，代表加密之后的资格证书被记录在区块链上。上链之后会自动分配一个区块哈希。单击【确定】按钮，完成整个登记证书的任务。

2. 基金托管人发送证书验证申请

（1）基金托管人进入【发送证书验证申请】任务的实境演练中，会看到本班级内所有的基金管理人员的信息和头像。

（2）单击【发送】按钮，系统弹窗提示"是否申请验证证书"，此时可以选择【取消】、【确定】两种，单击【确定】按钮，将申请发送给基金管理人。

3. 基金管理人接收并发送加密证书

（1）基金管理人进入【接收并发送加密证书】任务的实境演练中，该任务中多了几条来自基金托管人发来的申请，记录了申请的序号、基金托管人、基金管理人、发送时间。

（2）单击【接收】按钮，系统弹窗提示"是否接收"，二次确认，完成加密证书的接收过程。

（3）完成加密证书的接收之后，"操作"栏中的【接收】变更为【发送】按钮，单击【发送】按钮，系统弹出登记证书的详细内容页面。

（4）单击【摘要】按钮，跳转至数字摘要的加密操作中，将需要加密的信息进行提取，粘贴上对方的公钥，生成信息二维码。单击【发送】按钮，完成发送的过程。

整个解密、验证的过程中,没有泄露证书中的任何内容,同时还能保证证书的正确性和完整性。

4. 零知识证明

5. 基金托管人签署基金合同

(1)基金托管人进入【签署基金合同】任务的实境演练中,选择基金管理人进行合同的签署。已签署过基金合同的管理人,不能再次签署。

(2)单击【签合同】按钮,系统弹窗显示"是否签署合同"的二次确认,单击【确定】进入私募投资基金合同的填写中。

(3)填写"私募投资基金合同",一共3页。基金托管人需按照标准填写。填写完成之后,单击"私募投资基金合同"底部的【确认】按钮,完成基金合同的签署。

6. 基金托管人数字签名加密

(1)基金托管人进入【数字签名加密】任务的实境演练中,进行加密。任务中显示了托管人与管理人之间签署的合同记录,包括记录序号、基金托管人、基金管理人、操作等信息。

(2)单击【加密】按钮二次确认"是否加密?",单击【确认】按钮,进入到数字签名界面。数字签名中需要输入对方的公钥、加密信息的哈希值、自己的私钥。

(3)基金托管人将数字签名中需要的公、私钥全部填写正确,单击【加密】按钮,可以看到加密后的密文和数字签名。再次单击【加密】按钮,将加密好的基金合同发送给基金管理人。

7. 基金管理人接收基金合同

(1)基金管理人进入【接收基金合同】任务的实境演练中,在该任务中记录了基金托管人发送的基金合同。

(2)在操作栏中,单击【接收】按钮,从接收状态变更为解密状态,单击【解密】按钮,弹窗显示解密的输入框。显示出需要解密的密文和已经加密的数字签名。

(3)单击【确定】按钮,进入解密的界面,需要输入自己的私钥,来匹配自己的公钥进行解密。

8. 基金管理人签署基金合同

(1)基金管理人进入【签署基金合同】任务的实境演练中,进行签署合同的实训操作。

(2)单击【签署】按钮,系统弹窗显示基金管理人填写的"私募基金合同"内容,进行确认操作,单击【确认】完成签署操作。

9. 基金管理人数字签名加密

(1)基金管理人进入到【数字签名加密】任务的实境演练中,选择该班级下的基金投资人,将基金合同加密发送给该基金投资人。

(2)单击【查看】进入该投资人发送界面。

(3)单击【加密】按钮,显示数字签名加密的过程。数字签名算法保证了链上接收人的唯一性以及信息的完整性。

(4)输入私钥以后,单击【确定】按钮,进入到数字签名执行后的结果界面。

10. 基金投资人接收基金合同

(1)基金投资人进入到【接收基金合同】任务的实境演练中,单击【接收】按钮,由接收变更为解密状态。

(2)单击【解密】按钮,显示需要解密的"密文"和"数字签名"。

(3)单击【确定】按钮,进入到解密密文的界面,这个解密过程和加密过程是相互对应的。

(4)输入私钥完成数字签名的解密以后,系统自动弹窗显示数字摘要和明文的哈希值。这两个哈希值,分别来自数字签名加密时进行的两重加密。

11. 基金投资人签署基金合同

(1)基金投资人进入到【签署基金合同】任务的实境演练中。

(2)单击【签署】按钮,弹窗显示"私募投资基金合同"的内容,单击【确认】按钮完成签署操作。

12. 基金投资人数字签名加密

(1)基金投资人进入到【数字签名加密】任务的实境演练中,将合同发送给监管机构,在发送之前需要将合同进行数字签名,保证合同的不可篡改性和接收人的唯一性。

(2)单击【加密】按钮,弹窗显示加密的填写框。

(3)在输入框中输入投资人的私钥,进行加密,单击【确定】按钮,查看加密后的密文和生成的数字签名。再次单击【确认】完成加密操作。

13. 三方合同上链

基金投资人、基金托管人、基金管理人合同上链,进入【合同上链】任务的实境演练中,单击【上链】按钮,完成上链操作。

14. 监管机构查看基金合同

(1)监管机构进入【查看基金合同】任务的实境演练中,进行基金合同的查看。

(2)单击【接收】按钮,弹窗显示解密的输入框,输入私钥进行解密。

(3)输入私钥后,单击【确定】按钮,弹窗显示"私募投资基金合同"的详细内容,进行查看,并单击【确认】接收。

15. 监管机构查看智能合约

(1)监管机构进入【查看智能合约】任务的实境演练。

(2)单击【接收】按钮,弹窗显示解密合同的输入框,输入监管机构的私钥。

(3)输入私钥后,单击【确认】按钮,将合同中的条款转化为智能合约。单击【关闭】按钮,完成查看合约的训练任务。

16. 监管机构查看管理人资格证书

(1)监管机构进入【查看管理人资质】任务的实境演练中。

(2)单击【查看】按钮,弹窗二次确认"是否查看证书"。

(3)单击【确定】按钮,进入到输入私钥解密资质证书的界面。

(4)输入私钥之后,单击【确认】按钮进行解密,弹出资格证书的明文。

总结与思考

上述演练案例是区块链在证券基金业务中的应用,参与者在无须相互认知和建立信任关系的前提下,通过一个统一的账本系统来确保资金和信息安全。但是在证券行业,尤其是集中式交易市场,业务效率的主要瓶颈并非是技术系统。以实时清算为例,当前技术条件也可以提供较好的支持;而从撮合效率等技术指标来看,当前尚未有区块链解决方案可以超越集中式交易场所。即使如此,我们仍认为区块链技术将会影响证券行业发展的进程。这个判断主要基于区块链可以带来的三个方面改变,即降低信任成本、降低基础设施铺设成本和降低法务成本。

(1)降低信任成本。区块链技术不一定拥有最佳的技术性能,也未提供最佳的业务弹性,但是区块链技术可以显著地降低市场主体间的信任成本。以往因缺乏信任而无法发起的业务,在使用区块链技术降低信任成本后则可以尝试开展。基于此,在证券行业中,可能会涌现出一批新的商业模式和金融产品。

(2)降低基础设施铺设成本。近年来,成套的交易结算、清算等基础设施价格逐步降低,但对于小型金融机构而言,仍是笔慎重对待的开支。目前,区块链项目大多是基于开源代码,未来基于区块链交易场所的初始铺设成本将极低。在业务正式开展后,如果交易量有限,这些机构也无须购置专用的硬件设备和铺设专用网络。

(3)降低法务成本。区块链具有基础规则公理化的特性。基于计算机代码的"智能合约"逻辑清晰,在技术成熟到一定程度后甚至可以自动执行。虽然"智能合约"并不能适应于所有的合约类型,但是仍可在一定程度上降低合约的理解、裁决和执行等法务成本。

因此,区块链会在技术和应用环境成熟到一定程度后,率先从信任成本高、业务依赖手工处理的领域融入证券行业发展进程。

参考文献

[1] 吴心弘,裴平.互联网支付发展与金融风险防范_基于支付经济学视角的研究.南京审计学报,2021,18(01):78-89.

[2] 马国光.网络支付业务模式及安全规范发展研究[J].金融电子化,2019(5):52-54.

[3] 国家信息中心,2019中国移动支付发展报告.

[4] 张雨欣.对互联网支付的理解与思考.金融天地.2019(31):285.

[5] 冯菁菁.互联网金融背景下互联网支付的现状、风险及对策建议.中国高新科技.2018(21):65-67.

[6] 吴芍希.移动支付的发展、支付风险及风险管理研究.电子商务.2021(03):29-31.

[7] 陈佳敏.第三方支付备付金对货币供给的影响[J].浙江金融,2019(9).

[8] 严凌.第三方支付对商业银行支付结算业务的影响.武汉金融.2020(01):61-64+9.

[9] Jack, William and Tavneet Suri, Mobile Money: The Economics of M-PESA, Working paper, January 2011.

[10] 中国互联网络信息中心.第46次中国互联网络发展状况统计报告.2020.09.

[11] 中国互联网络信息中心.第47次中国互联网络发展状况统计报告.2021.03.

[12] 艾瑞市场咨询有限公司.2020Q2中国第三方支付市场数据发布报告.

[13] 艾瑞市场咨询有限公司.2020Q3中国第三方支付市场数据发布报告.

[14] 艾瑞市场咨询有限公司.2020年中国第三方跨境支付行业研究报告.

[15] 董旻杰,高崇雪.浅析跨境电商及跨境支付行业.中国支付清算.2017(03):20-32.

[16] 蒋致远,陈工孟,李江海.互联网金融概论.北京:电子工业出版社,2019

[17] 唐勇,赵涤非,陈江城.互联网金融概论.北京:清华大学出版社,2017

[18] 赵华伟,郭强,彭云,张路.互联网金融.北京:清华大学出版社,2017

[19] 廖理,张伟强,王正位.互联网银行:美国经验与中国比较[M].清华大学出版社,2015.

[20] 帅青红,李忠俊,陈彩霞.互联网金融[M].东北财经大学出版社,2020.

[21] 李亚平.我国互联网银行经营模式与效率研究[D].浙江大学,2019.

[22] 乔韵涵.我国互联网银行消费金融业务发展研究[D].西南财经大学,2019.

[23] 卫亚杰.我国互联网银行的发展研究[D].首都经济贸易大学,2018.

[24] 施喜容.互联网银行线上运营模式研究[D].南京审计大学,2018.

[25] 孙威.《案例》:太平人寿保险有限公司[D].暨南大学.

[26] 吴军.互联网保险的发展现状及案例启示[J].中国经贸导刊(理论版),2017,861(14).

[27] 曹维洋.浅析网络保险的特点及优势[J].才智,2010(20):244.

[28] 何平平与车云月.互联网金融.清华大学出版社,北京,2017年10月,ISBN:9787302485247

[29] 钱敏.我国互联网保险发展的制约因素及对策分析.产业与科技论坛,2019年第18卷第10期.

[30] 史晓璐.现代经济信息.哈尔滨:黑龙江企业管理协会,2017

[31] 孙小云.全国商情.北京:中华全国商业信息中心,2016

[32] 王琛.西部皮革.成都:四川省皮革行业协会,2016

[33] 钱心宇.浙江大学.杭州:浙江大学,2019.

[34] 俞思琪.贵州财经大学.贵阳:贵州财经大学,2019.

[35] 贾娜,陈国庆,龙云安.当代金融研究.重庆:中国人民银行重庆营业管理部,2021

[36] 张玲璇.现代商业.北京:中华全国商业信息中心,2020

[37] 张泽琳,谢爱辉.大众投资指南.天津:天津市新闻出版管理局,2020

[38] 赵启星,吴为,倪怡雯.农村金融研究.北京:中国农村金融学会,2015

[39] 帅青红,李忠俊,彭岚,陈彩霞.互联网金融.大连:东北财经大学出版

社,2016

[40] 谢平.金融互联网化.北京:中信出版社,2017

[41] 何平平,车云月.互联网金融.北京:清华大学出版社,2017

[42] 余梦洁.特区经济.深圳:深圳市经理进修学院,2016

[43] 蒋梦蓝.智富时代.广州:广东省农垦总局,2018

[44] 刘洁璇.北京金融评论.北京:北京市金融学会,2019

[45] 姚文平.互联网金融[M].北京:中信出版社,2014.

[46] 刘伟毅.互联网金融[M].北京:中国经济出版社,2014.

[47] 梁剑,吴肇庆.互联网金融教程[M].四川:四川大学出版社,2015.

[48] 黄达.金融学[M].北京:中国人民大学出版社,2009.

[49] 李耀东,李钧.互联网金融框架与实践[M].北京:电子工业出版社,2014.

[50] Rochet J. C., Tirole J. Platform Competition in Two-Sided Markets[J]. Journal of the European Economic Association,2003,1(4):990-1209.

[51] Rochet J. C., Tirole J. Two-Sided Markets:A Progress Report[J]. RAND Journal of Economics,2006,37(3):645-667.

[52] 易宪容,陈颖颖,于伟.平台经济的实质及运作机制研究[J].江苏社会科学,2020(06):70-78+242.

[53] 陈荣达,余乐安,金骋路.中国互联网金融的发展历程、发展模式与未来挑战[J].数量经济技术经济研究,2020,37(01):3-22.

[54] 陈红玲,张祥建,刘潇.平台经济前沿研究综述与未来展望[J].云南财经大学学报,2019,35(05):3-11.

[55] 李安安.互联网金融平台的信息规制:工具、模式与法律变革[J].社会科学,2018(10):99-107.

[56] 孙凤艳.互联网金融监管难在何处[J].人民论坛,2017(32):102-103.

[57] 姜波,冯华.互联网金融:本质、模式、风险与监管[J].人民论坛·学术前沿,2017(20):78-81.

[58] 邱泽奇,张樹沁,刘世定,许英康.从数字鸿沟到红利差异——互联网资本的视角[J].中国社会科学,2016(10):93-115+203-204.

[59] 谢平,邹传伟,刘海二.互联网金融的基础理论[J].金融研究,2015

(08):1-12.

[60] 吴晓求.互联网金融:成长的逻辑[J].财贸经济,2015(02):5-15.

[61] 张鹏.发展平台经济　助推转型升级[J].宏观经济管理,2014(07):47-49.

[62] 王国刚.从互联网金融看我国金融体系改革新趋势[J].红旗文稿,2014(08):9-13+1.

[63] 杨凯生.互联网金融需要良好的文化支撑[J].中国金融,2014(04):46-47.

[64] 陈志武.互联网金融到底有多新?[N].经济观察报,2014-01-06(041).

[65] 杨凯生.关于互联网金融的几点看法[N].第一财经日报,2013-10-10(A10).

[66] 谢平,邹传伟.互联网金融模式研究[J].金融研究,2012(12):11-22.

[67] 徐晋,张祥建.平台经济学初探[J].中国工业经济,2006(05):40-47.

[68] 郑红梅,刘全宝.区块链金融[M].西安交通大学出版社,2020年6月第1版。

[69] [2]杨晓晨,张明.比特币:运行原理、典型特征与前景展望[J].金融评论,2014(2):38-53+124.

[70] [3]袁勇,王飞跃.区块链技术发展现状与展望[J].自动化学报,2016(3):481-494.

[71] [4]王硕.区块链技术在金融领域的研究现状及创新趋势分析[J].上海金融,2016(2):26-29.

[72] [5]任安军.运用区块链改造我国票据市场的思考[J].南方金融,2016(3):39-42.

[73] [6]姚前,汤莹玮.关于央行法定数字货币的若干思考[J].金融研究,2017(7):78-85.

[74] [7]刘瑜恒,周沙骑.证券区块链的应用探索、问题挑战与监管对策[J].金融监管研究,2017(4):89-109.

[75] [8]郝延山,龙旻明.联盟链技术在资产证券化场景的应用探索[J].清华金融评论,2017(04):39-41.

[76] [9]朱兴雄,何清素,郭善琪.区块链技术在供应链金融中的应用[J].中国流通经济,2018(3):111-119.

[77] [10] 梁丽雯.央行继续布局区块链,商业银行应用未来可期[J].金融科技时代,2018(10):92.

[78] [11] 张伟,董伟,张丰麒,岳洋,赵毅.德国区块链技术在金融科技领域中的应用、监管思路及对我国的启示[J].国际金融,2019(9):76-80.

[79] [12] 朱岩,王巧石,秦博涵,王中豪.区块链技术及其研究进展[J].工程科学学报,2019(11):1361-1373.

[80] [13] 汪涛.基于区块链的产业政策变革:解析与前瞻[J].学习与实践,2019(10):42-53.

[81] [14] 王滨.区块链对金融业风险管理的影响[J].中国金融,2019(9):75-76.

[82] [15] 刘鹏,周双.高度重视金融科技在金融变革中的重要作用[J].中国物价,2019(11):59-62.